끄덕끄덕
세계사

술술 읽히고 착착 정리되는

끄덕끄덕

2
중세에서
근대로

세계사

서경석 지음

아카넷주니어

서유럽은 어떻게
세계사의 주역이 되었을까?

　이 권의 주요 무대는 서유럽과 서아시아, 동아시아입니다. 동유럽과 인도, 동남아시아, 아메리카, 아프리카도 다루기는 하지만 그다지 비중이 높지는 않아요. '세계인의 세계사'라더니 왜 이 지역의 역사는 비중 있게 다루지 않느냐고 할지 모르겠습니다. 이 지역 사람들이 세계사 속으로 들어오면서 겪게 되는 일은 3권에서 본격적으로 다룰 예정이에요. 이 지역 사람들을 세계사 속으로 강제 편입시킨 것이 서유럽의 여러 나라인 만큼 서유럽이 어떻게 그토록 강력한 힘을 갖게 되었는지를 먼저 살펴볼 필요가 있어요.

　게르만 족의 대이동으로 서로마 제국이 멸망한 뒤 서유럽은 문명 수준이 극단적으로 퇴보해 세계사의 변방으로 전락합니다. 로마 제국 때 보유하고 있던 농업 기술도 다 잊어버리고 말지요. 당시 세계 최고의 과학 기술과 생산 수준을 가지고 있던 곳은 서아시아와 인도, 중국이었어요.

　그러던 서유럽이 생산과 문화의 수준을 빠르게 끌어올릴 수 있었던 것은 다른 문화권과의 교류를 통해서 받아들인 문물을 적극 개량했기 때문이에요. 농업 생산을 끌어올린 '말이 끄는 무거운 철제 쟁기'도 중국과 중앙아시아의 말갖춤을 개량해서 얻었고, 중세 기사들의 전투력을 극대화한 등자도 중국과의 교류로 얻었지요. 몽골 제국에서 들여온 나침반과 금속 활자, 화약은 중세에서 벗어나 근대로 뛰어오를 수 있는 계기로 작용했지요.

이것들을 처음 발명한 중국에서는 그것으로 별다른 사회 변화를 끌어내지 못했지만, 유럽에서는 커다란 사회 변화를 이끌었어요. 화약 무기는 전쟁의 양태를 근본부터 바꿔 기사 계급의 몰락을 가져왔고, 나침반은 대항해 시대에 신항로 개척의 일등 공신 역할을 했으며, 금속 활자는 종교 개혁을 이끈 최종 병기가 되었지요.

이러한 차이점은 어디에서 온 것일까요? 금속 활자를 예로 들어 살펴봅시다.

금속 활자를 최초로 발명한 곳은 고려입니다. 그런데 고려와 중국, 일본, 베트남 등지에서는 금속 활자를 다품종 소량 인쇄를 위해 사용했어요. 학술 서적 따위를 수십에서 수백 부 인쇄하는 정도로만 썼기 때문에 활판을 튼튼하게 짜 대량으로 인쇄하는 데는 전혀 관심을 기울이지 않았어요.

하지만 유럽에서는 금속 활자를 활판에다 단단하게 고정하는 데 집중했어요. 개선의 방향을 대량 인쇄용에 맞춘 거예요. 마르틴 루터의 종교 개혁이 큰 반향을 얻었던 것도 루터가 번역한 독일어 『성서』를 구텐베르크의 활판 인쇄술로 대량 인쇄해 보급했기 때문이에요.

중국을 비롯한 동아시아 문화권에서 이러저러한 발명품을 세계 최초로 내놓은 것은 사실이지만 그것의 쓰임에서 유럽과 큰 차이가 났던 거지요. 동아시아 문화권에서는 사회·정치 체제를 보조하는 소극적인 방향으로 쓰인 반면, 유럽에서는 개량에 개량을 거듭해 사회·정치·사상 체제를 완전히 뒤집어엎는 세계사의 변혁까지 불러왔어요.

세계사의 변방에 불과했던 서유럽이 어떻게 세계사를 이끄는 주역으로 발돋움했는지 지금부터 살펴볼까요?

2015년 3월
북한산을 바라보며
서경석

차례

제2부 | 근대 사회로 가는 길

제1부
중세 세계의 전개

2 이슬람 세계가 형성되다

3 프랑크 왕국이 서유럽 세계를 이루다

4 중국 남북조와 수·당 시대, 동아시아 문화권이 형성되다

5 이민족의 침입으로 유럽에 봉건 제도가 성립하다

1 게르만 족의 대이동으로 로마 제국의 국경이 무너지다

서 로마 제국이 멸망한 뒤, 유럽에서는 프랑크 왕국이 세력을 확장하고 서아시아에서
세력을 키운 이슬람 제국과 맞섰다. 중세 유럽 사회는 침입자에 대비한 봉건 제도가
바탕이 되었고 교회의 권세가 치솟다가 십자군 전쟁 실패 이후 하강의 길로 들어섰다.
중국에서는 수나라와 당나라가 차례로 중국을 통일하고, 한자를 비롯한 중국 문화가
퍼져 나가며 동아시아 문화권을 형성한다. 강한 경제력에 비해 군사력이 약했던 송나라를
무너뜨리고 원나라를 세운 몽골 족은 아시아와 유럽에 걸친 대제국을 건설했다.
이후 한족 중심의 명나라가 들어선 후 임진왜란으로 동아시아가 흔들리고 이를 틈타
만주족인 청나라가 들어서서 상공업과 무역을 발전시켰다.

9
명·청 제국과
함께 동아시아가
흔들리다

6
경제 대국 송나라가
무너지고 몽골 족이
원나라를 세우다

7
농업 혁명으로
번영한 유럽,
십자군 전쟁에
나서다

8
이슬람 세력이
세계로 퍼지다

1 게르만 족의 대이동으로 로마 제국의 국경이 무너지다

게르만 전사들

조상들의 영광을 다시 보고 말 테다! 한데…

뒤통수가 왠지 서늘해.

사산 왕조의 페르시아 전사들

유스티니아누스 황제

훈 족을 피해 로마 제국으로 들어온 게르만 족은 서로마 제국을 멸망시켰다. 6세기 중엽, 동로마 제국의 유스티니아누스 1세는 국가 전매 사업으로 국고를 튼튼히 하였고, 이를 바탕으로 게르만 족을 정복해 로마 제국을 재건하려 하였다. 그러나 실익 없이 국력을 낭비한 동로마 제국은 사산 왕조 페르시아와의 전쟁으로 위기에 빠진다.

훈 족의 침입으로 인한 대이동

고대 로마 제국을 무덤에 파묻어 유럽의 고대에 종말을 고하게 만든 장본인, 훈 족에서 시작해보자.

훈 족은 중앙아시아의 킵차크 초원 지대에서 살던 유목 민족이다. 4세기 후반, 이들은 볼가 강과 돈 강 사이의 평원 지대를 호령하던 알라니 족을 공격해 무너뜨렸다. 이윽고 여세를 몰아 동고트 족이 차지하고 있던 돈 강과 드네스트르 강 사이의 영토까지 점령했다.

훈 족 전사들은 어려서부터 말 위에서 살기에 모두가 말 타기와 활쏘기의 달인이었다. 예상을 뒤엎는 속도로 다가가 단숨에 화살을 날리는 통에, 상대방 전사들은 미처 용맹을 뽐낼 겨를도 없이 화살에 꿰뚫린 목을 부여잡고 나뒹굴었다. 초원을 뒤덮는 훈 족 전사들의 으르렁거리는 소리는 상대편 전사들에게 악마의 숨결처럼 느껴졌으리라.

악마 같은 훈 족에게서 살아남으려면 아예 이들과 맞닥뜨리지 않는 수밖에 없었다. 시시각각 다가오는 위협에 떨던 서고트 족은 오랫동안 살아온 정든 땅을 떠나기로 했다. 이들은 자신들의 영토를 포기하고 다뉴브 강을 건너 동로마 제국으로 피신했다. 서고트 족의 이동은 유럽의 북부와 중부에 살던 여러 민족의 대규모 이동에 방아쇠를 당겼다. 로마 제국의 영역 바깥에 있던 게르만 족이 로마 제국 국경 안으로 물밀듯 밀려들었다.

*게르만*이란 로마 문명의 혜택을 받지 못한 야만인이라는 뜻이다. 로마 사람들은 자신들의 제국 국경 너머 유럽 중·북부에서 살아가던 여러 민족을 이렇게 불렀다.

훈족 왕 아틸라

그 뒤 훈 족은 수많은 게르만 족을 정복하며 볼가 강에서 라인 강 동쪽 기슭에 이르는 대제국을 이루었다. 이들은 5세기 중엽 아틸라 왕 때 전성기를 맞았다. 441년, 아틸라는 도나우 강을 건너 동로마 제국으로 쳐들어가 수많은 도시를 파괴하고 약탈했다. 동로마 제국 이 훈 족에게 약속한 공물을 바치지 않았다는 게 이유였다. 443년 에는 동로마 제국의 수도인 콘스탄티노플까지 공격했다. 아틸라는 그동안 바치지 않은 공물에 대한 연체금으로 황금 2,570킬로그램 을 뜯어내고, 해마다 황금 900킬로그램을 공물로 내도록 한 뒤에 야 군사를 물렸다.

447년에 아틸라는 동로마 제국으로 다시 쳐들어갔다. 발칸 지 역이 황폐해졌고, 동로마 제국은 도나우 강 이남의 광대한 지역을 아틸라에게 넘겨주어야 했다.

아틸라의 다음 목표는 갈리아였다. 갈리아는 일찍부터 농경이 발달해 매우 부유한 지역이었다. 때마침 서로마 제국 황제의 누이 가 정략결혼으로부터 자신을 구해 달라며 아틸라에게 청혼하는 일이 일어났다. 황제는 야심만만한 누이가 결혼하면 자형이 황제 자리를 위협할까 두려워 누이의 결혼을 방해했고, 누이는 동생인 황제를 내쫓으려 음모를 꾸몄다. 황제는 누이를 동로마 제국의 수 도원으로 내쫓았는데, 그 누이가 사고를 제대로 친 것이다.

아틸라는 황제 누이의 청혼을 빌미로 얼토당토않게 서로마 제국 의 절반을 지참금으로 달라며 갈리아 땅을 요구했다. 동로마 제국 황제는 자기 땅이 아니니까 아틸라의 요구를 수락했지만, 자기 땅 절반을 빼앗기게 생긴 서로마 제국 황제는 아틸라의 요구를 거절했다.

아틸라는 451년에 갈리아로 쳐들어갔다. 당시 서로마 제국을 실질적으로 다스리던 인물은 아이티우스 장군이었다. 아이티우스는 훈 족에 쫓겨 갈리아로 들어와 있던 서고트 족과 연합군을 꾸려 훈 족에 대항했다. 양쪽은 카탈루냐 평원에서 맞붙었는데, 서고트 족 왕이 전사할 만큼 격렬한 전투가 벌어졌다. 이 전투에서 아틸라가 이끄는 훈 족 기병대가 패배했다.

체면을 구긴 아틸라는 이듬해 이탈리아로 쳐들어가 7개 도시를 노략질했는데, 이 시기 이탈리아를 휩쓴 기근과 전염병으로 물러나야 했다. 453년, 아틸라는 새로운 황제가 공물을 바치지 않는다는 이유로 동로마 제국을 침공하려다 갑자기 세상을 떴다.

아틸라가 죽은 뒤 훈 족의 대제국에는 분열의 싹이 텄다. 훈 족 전통에 따라 아틸라의 아들들이 대제국을 나누어 가지게 되었는데, 더 많은 영토와 재물을 차지하려고 서로 다투기 시작했다. 이 틈을 타 훈 족에게 정복당한 여러 민족이 반란을 일으켰다.

455년에 훈 족은 게피다이 족, 동고

아틸라
훈 족의 왕으로, 대제국을 건설했다. 들라크루아가 그린 1843~1847년 작품.

트 족, 헤룰리 족 등 여러 민족으로 이루어진 연합군에게 판노니아의 네다오 강에서 참패를 당했다. 그 뒤 훈 족은 여러 개의 지파로 나뉘어 대립하다가 6세기경에 사막의 신기루처럼 흔적도 없이 사라져 버리고 말았다.

게르만 족에게 멸망한 서로마 제국

한편 훈 족의 침공을 피해 로마 제국 국경을 넘은 게르만 족은 로마 제국의 묵인 아래 더부살이를 할 수밖에 없었다. 이들은 로마인들의 땅을 빌려 농사를 짓고 가축을 기르거나 돈을 받고 싸우는 용병으로 살아갔다. 공동체적인 전통이 강했던 게르만 족은 로마 제국의 황제나 총독들과 계약을 맺고 부족 전체가 용병으로 일하는 대신, 부족 사람들이 농사짓고 가축을 기를 땅을 얻었다.

게르만 족의 대이동 이후 로마 제국 국경은 사실상 무너졌고, 로마의 주요 도시를 방어하는 일은 게르만 족 용병들이 맡게 되었다. 그런데 동로마 제국과 서로마 제국은 처지가 사뭇 달랐다.

디오클레티아누스와 콘스탄티누스 이후 동로마 제국은 로마 제국의 중심으로 떠올랐다(제1권 11장 참조). 발칸 반도와 소아시아 반도, 지중해 동부 연

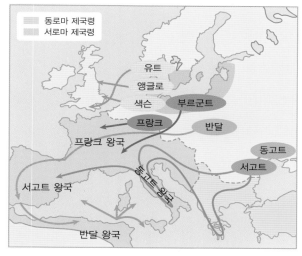

안 지방과 이집트, 북아프리카의 풍부한 물산을 바탕으로 강력한 군대를 유지하는 데 성공했다. 강력한 로마 군대를 주력으로 하고, 게르만 족 용병들을 보조로 삼아 동쪽의 파르티아나 사산 왕조 페르시아에 맞서 국경을 튼튼하게 방어할 수 있었다.

게르만 족의 대이동
훈 족의 침입으로 인한 게르만 족의 대이동은 서로마 제국의 멸망과 중세 유럽을 초래했다.

하지만 서로마 제국은 전혀 딴판의 길을 걸었다. 디오클레티아누스 이후 날로 쇠약해지고 물산이 부족해 강력한 군대를 유지할 수 없었다. 이런 상황에서 황제나 총독들과 계약을 맺은 게르만 족 용병들이 국방과 치안을 맡고 있었다.

그런 게르만 족 지도자 중에 오도아케르가 있었다. 오도아케르는 470년경에 부족을 이끌고 로마 국경을 넘어 이탈리아 반도로 들어와 용병 대장이 되었다.

당시 서로마 제국에서는 황제와 장군이 황제 자리를 놓고 서로 다투고 있었다. 오도아케르는 이탈리아 땅을 받기로 하고 장군 편에서 싸워 서로마 제국 황제를 몰아냈다. 그런데 아들을 황제 자

리에 올린 장군은 약
속을 어기고 땅을 주
지 않았다. 476년, 오도
아케르는 부족 전사들
을 이끌고 로마를 공격
해 장군을 붙잡아 죽
이고는 그의 아들인 황
제에게서 왕관을 받아
이탈리아 왕에 올랐다.

이로써 서로마 제국은 멸망하고 말았다.

유스티니아누스 1세의 로마 재건 사업

　서로마 제국이 멸망한 뒤, 게르만 족에 속하는 여러 민족이 그
영토 안에 많은 왕국을 세웠다. 이제 유럽 세계의 중심은 라틴 인
이 다스리던 지중해 세계에서 게르만 족이 다스리는 중부 유럽으
로 옮겨 갔다.

　하지만 동로마 제국은 게르만 족의 대이동이 준 충격을 버텨 냈
다. 6세기 중엽 유스티니아누스 1세 때에 이르러서는 다시금 지중
해 세계의 패권을 차지할 만큼 강성해졌다.

　삼촌의 뒤를 이어 황제가 된 유스티니아누스 1세는 로마 제국
의 영광을 되찾으려면 국력을 하나로 모아야 한다고 생각했다. 그

러려면 백성들의 충성심을 하나로 묶어야 했다.

마른행주 쥐어짜듯 끝없이 수탈하는 국가에 자부심과 충성심을 가질 백성은 없다. 유스티니아누스 1세는 우선 백성들의 부담을 덜어 주는 방향으로 법을 고쳤다. 그리고 속주 총독들과 관리들의 부정부패를 척결해 국고 횡령을 막는 한편, 대외 무역과 비단 생산 등 국가 전매 사업을 늘려 국고를 튼실하게 채웠다. 백성들의 세금 부담이 조금씩 줄어들었다.

그런데 국가 전매 사업이 늘어나면서 돈 벌 기회를 잃게 된 특권 귀족층은 갈수록 불만이 높아졌다. 532년에 이들은 도시의 하층민들을 매수하고 선동해 니카 반란을 일으켰다. 반역자들은 황궁 부근의 각종 공공건물에 불을 지르고는 원형 경기장에 모여 유스티니아누스 1세에게 각료 해임을 요구했다. 유스티니아누스 1세가 이들 받아들이자, 이번에는 아예 새로운 황제를 옹립해 유스티니아누스 1세를 내쫓으려 하였다.

유스티니아누스 1세의 부인인 테오도라 황후는 반란을 피해 도망치려는 남편을 되돌려 세워 용기를 북돋운 다음, 군대를 이끄는 여러 장군들에게서도 지원을 약속받았다. 마침내 장군들이 보낸 군대가 반역자들을 물리쳤고, 이들이 옹립한 새 황제도 처형됐다.

반역자들을 제거한 유스티니아누스 1세는 더욱 과감하게 개혁에 나섰다. 우선 속주 총독의 자리를 돈으로 살 수 없도록 법을 고쳤다. 백성들에 대한 가혹한 수탈이 사라졌고, 백성들 사이에 동로마 제국에 대한 자부심과 충성심이 높아졌다.

또한 유스티니아누스 1세는 사법 관리를 더 많이 파견하여 재

동로마 제국은 비잔티움 제국이라고도 한다. 동로마 제국의 수도 콘스탄티노플의 원래 이름이 비잔티움이기 때문이다.

뽕나무 잎을 먹여 누에를 쳐서 누에가 고치를 지으면 그 고치에서 명주실을 뽑아 천을 짜는데, 이것이 비단이다. 중국에서만 나던 비단은 한 무제 때 장건이 비단길을 개척하면서 중앙아시아와 인도, 서아시아를 거쳐 로마까지 전해졌으며 최고급 사치품의 대명사가 되었다. 중국이 독점하던 비단 제조 방법은 2~3세기에는 중앙아시아의 오아시스 국가들로, 3세기 말에는 인도로, 4~5세기에는 사산 왕조 페르시아로, 6세기 초에는 동로마 제국으로 전해졌다. 유스티니아누스 1세는 양잠 및 견직 산업을 국가에서 독점하는 **전매 사업**으로 만들어 국가 재정을 견실하게 다졌다.

판이 신속하고 공정하게 열릴 수 있도록 했다. 이로써 법률에 따라 누구나 쉽게 자신을 보호할 수 있도록 법률 서비스를 널리 제공하는 한편, 서로 충돌하는 법률 조항을 체계적으로 정비했다.

유스티니아누스 1세는 백성들의 마음을 하나로 묶기 위해 종교적인 통합에도 앞장섰다. 대표적인 결과물이 성 소피아 성당(하기아소피아), 성 세르기우스와 성 바쿠스 교회(작은 하기아소피아) 등이다.

이러한 개혁을 통해 다시 강성해진 국력을 바탕으로 유스티니아누스 1세는 제국을 재건하기로 마음먹었다. 그러기 위해 서로마 제국 영토에 왕국을 건설한 게르만의 여러 민족을 정벌하고자 했다. 533년 서북 아프리카의 반달 왕국을 정복했고, 536년에는 이탈리아 반도의 동고트 왕국을 무너뜨렸다. 에스파냐의 해안 지방도 탈환했다. 지중해는 다시 로마 제국의 호수가 되었고, 로마 제국의 영광은 부활한 듯 보였다.

『로마법 대전』
유스티니아누스 1세의 최대 업적은 『로마법 대전』을 편찬했다는 것이다. 『로마법 대전』은 『유스티니아누스 법전』이라고도 하는데, 그동안 공포된 모든 법률을 체계적으로 정비한 『법전』, 유스티니아누스 1세 이후의 법률을 모은 『신법』, 법학자들의 저작을 간추린 『학설 개요』, 법학 원리를 모은 교과서인 『법학 통론』으로 이루어져 있다. 『로마법 대전』은 영국을 제외한 유럽 각국에서 모든 법률의 바탕이 되었다.

동로마 제국의 위기

하지만 유스티니아누스 1세의 로마 제국 재건은 참담한 실패로 돌아가고 말았다. 그 이유를 크게 세 가지로 볼 수 있다.

첫째, 아무런 경제적 실익이 없는 일에 국력을 낭비했다. 디오클레티아누스 황제와 콘스탄티누스 1세가 제국의 중심을 동로마로 옮긴 것은 서로마의 경제적 생산 능력이 피폐해질 대로 피폐해졌

유스티니아누스 1세와 테오도라 황후

6세기경에 세워진 이탈리아 성 비탈레 성당에 있는 모자이크 벽화에는 황제와 황후가 각각 성찬용 접시와 성배를 들고 제단으로 나아가는 모습이 그려져 있다. 그들의 머리 뒤로는 아우라, 즉 광배가 있어 옆의 사제, 신하, 시종들과 구분된다. 아우라는 황제와 황후가 신성을 가진 초자연적인 존재임을 상징한다.

테오도라는 동물 조련사의 막내딸로 태어나 무희와 배우로 이름을 떨쳤는데, 첫눈에 반한 유스티니아누스가 '황제는 천민과도 혼인할 수 있다.'고 법을 바꿔 혼인하면서 황후 자리에 올랐다. 황후는 뛰어난 정치 감각과 과감한 결단력으로 남편을 이끌었다.

532년 원형 경기장에서의 니카 반란 때 겁에 질려 반란군을 피해 배를 타고 도망치려는 황제를 돌려 세운 일화가 특히 유명하다.

황후는 "황제 폐하이시여, 폐하께서 살아남기 원한다면 돈도 있고, 눈앞에는 바다가 있고, 배도 있으니 도망치기는 어렵지 않을 것이옵니다. 하지만 그렇게까지 해서 살아남은 다음, 과연 '죽는 것보다 나았다.'고 할 수 있겠습니까? 신첩은 '자주색 옷은 가장 고귀한 수의'라는 옛 말을 옳게 여기옵니다."라고 말해 황제의 용기를 북돋웠다.

황후는 장군들을 설득해 반역자들을 진압했고, 황제가 반역자들이 옹립한 새 황제를 용서하려 하자 과감하게 나서서 처형을 진두지휘했다.

유스티니아누스 1세와 테오도라 황후
548년에 만들어진 모자이크 벽화의 일부로,
이 벽화는 이탈리아 북동부 라벤나의
성 비탈레 성당에 있다.

기 때문이다. 더욱이 게르만 족의 대이동은 서로마의 경제적 생산 능력 저하에 쐐기를 박았다. 유스티니아누스 1세가 애써 차지한 서로마는 거둬들이는 것보다 들어가는 게 더 많았다.

둘째, 전쟁을 통해 얻은 게 없었다. 이탈리아 반도를 놓고 동고트 왕국과 벌인 전쟁은 30년 남짓 동로마 제국을 전쟁의 수렁으로 빠뜨렸다. 그렇게 천신만고 끝에 이탈리아 반도를 얻었지만 몇 년 안 가 롬바르드 족에게 일부를 빼앗겼다. 이 역시 아무런 이익도 보지 못하고 국력만 낭비한 꼴이었다.

셋째, 유스티니아누스 1세가 서로마를 되찾으려고 고군분투하는 동안 동로마 제국 전체가 위험에 빠졌다. 러시아 남부와 북동부 유럽에 살던 슬라브 족과 불가르 족, 아바르 족 등이 다뉴브 강을 건너 발칸 반도로 쳐들어왔다. 이들은 한때 동로마 제국의 수도 콘스탄티노플 부근까지 쳐들어왔다가 공물을 받고 물러날 정도였다.

유스티니아누스 1세 때의 유럽과 오리엔트
유스티니아누스 1세는 서로마 제국의 영토를 많은 부분 회복했지만 로마 제국 재건 사업으로 인해 동로마 제국 자체를 위험에 빠뜨렸다.

유스티니아누스 1세 때의 서로마 점령으로 인한 국력 낭비는 그 뒤 동로마 제국과 동쪽 국경을 맞대고 있던 또 하나의 강대국, 사산 왕조 페르시아에 절호의 기회로 작용했다.

유스티니아누스 1세가 죽은 뒤 동로마 제국은 사산 왕조 페르시아의 거센 공격에 한없이 시달려야 했다. 심지어 7세기 초에는 소아시아 반도 대부분과 지중해 동부 연안 지방, 이집트와 리비아까지 빼앗기고, 수도 콘스탄티노플이 공격당하기 직전까지 내몰렸다. 특히 사산 왕조 페르시아가 예루살렘을 점령해 그리스도가 못 박힌 것으로 여겨진 십자가를 빼앗아 간 것은 동로마 제국의 자부심에 커다란 상처를 입혔다.

다행히도 당시 황제였던 헤라클리우스는 천재적인 군사 전략가이자 용맹한 장군이었다. 헤라클리우스는 제국 내 모든 크리스트교도의 힘을 하나로 모아 사산 왕조 페르시아에 맞섰다. 헤라클리우스는 626년 콘스탄티노플을 공격하기 위해 보스포루스 해협을

헤라클리우스 황제와 호스로우 2세 사이의 전투
사산 왕조 페르시아의 호스로우 2세 군대와 싸우는 헤라클리우스 황제의 모습으로, 이탈리아 중부 아레초의 성 프란체스코 성당에 있는 프레스코 화이다. 이탈리아의 초기 르네상스 화가인 피에로 델라 프란체스카가 1452~1466년에 그렸다.

건너려던 사산 왕조 페르시아와 아바르 족의 연합군 함대를 무찔렀다. 나아가 사산 왕조 페르시아로 진격해 메소포타미아 지방 북쪽의 니네베 부근에서 페르시아군을 격파했다. 628년 헤라클리우스는 사산 왕조 페르시아와 강화 조약을 맺고 빼앗긴 십자가와 포로, 영토를 되돌려 받았다.

예루살렘 성묘교회 내 성십자가를 보관한 유물함
사산 왕조 페르시아에 빼앗겼다가 헤라클리우스 황제가 페르시아를 공략해 되돌려 받았다. 성십자가는 예수 그리스도가 못 박힌 것으로 여겨진 십자가로, 여러 개의 조각으로 나뉘어 곳곳에 보관되어 있다.

게르만 족 이동과 서로마 제국 멸망

착착 마인드맵

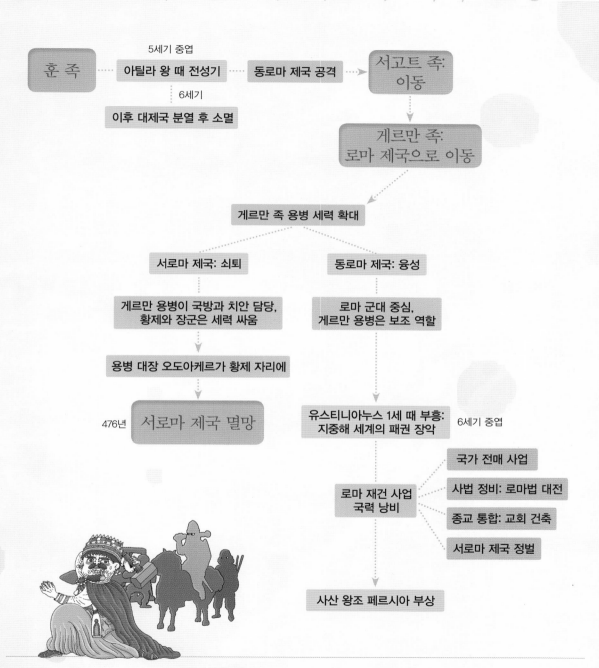

훈 족 ── 5세기 중엽
아틸라 왕 때 전성기 ── 동로마 제국 공격 → 서고트 족: 이동

6세기
이후 대제국 분열 후 소멸

게르만 족: 로마 제국으로 이동

게르만 족 용병 세력 확대

서로마 제국: 쇠퇴

게르만 용병이 국방과 치안 담당, 황제와 장군은 세력 싸움

용병 대장 오도아케르가 황제 자리에

476년 서로마 제국 멸망

동로마 제국: 융성

로마 군대 중심, 게르만 용병은 보조 역할

유스티니아누스 1세 때 부흥: 지중해 세계의 패권 장악 ── 6세기 중엽

로마 재건 사업 국력 낭비
- 국가 전매 사업
- 사법 정비: 로마법 대전
- 종교 통합: 교회 건축
- 서로마 제국 정벌

사산 왕조 페르시아 부상

2 이슬람 세계가 형성되다

무함마드

아랍 부자들

아라비아 반도가 새로운 교역로로 호황을 누리면서 사치와 향락 풍조 및 빈부 차가 심해졌다. 그런 가운데 알라의 계시를 받은 무함마드가 이슬람교를 창시하고 아라비아 반도 통일의 기초를 닦았다. 제3대 칼리프 우스만이 사산 왕조 페르시아를 멸망시키고 서아시아를 통일했고, 정통 칼리프 시대를 지나 우마이야 왕조가 들어섰다.

무함마드의 종교 개혁 운동과 이슬람교

7세기 초에 동로마 제국과 사산 왕조 페르시아 사이의 전쟁이 치열해지면서 페르시아에서 로마로 가는 비단길의 서쪽 끝이 막혔다. 페르시아나 인도, 중국의 값비싼 사치품을 동로마 제국에 팔아 큰돈을 벌던 상인들로서는 위기가 아닐 수 없었다.

"동로마 제국에 이르는 새로운 교역로를 찾아라!"

상인들이 맞닥뜨린 절체절명의 과제였고, 다행히도 그들은 새로운 교역로를 찾아냈다. 배를 통해 아라비아 반도의 해안을 따라 홍해로 거슬러 올라간 뒤, 낙타에 짐을 싣고 사막을 지나 이집트나 시리아 등지로 가서 지중해를 건너는 길이었다.

이 길을 따라 페르시아나 인도, 중국과 동로마의 값비싼 사치품이 오가면서 홍해의 아라비아 쪽 해안가에 있던 메카나 메디나 같은 항구 도시들이 졸지에 엄청난 호황을 누렸다. 상인과 선원들은 잠시 머무는 항구의 술집과 숙소에서 돈을 흥청망청 뿌려 댔다. 낙타에 짐을 싣고 사막을 가로지르는 아라비아 대상들도 큰돈을 벌었다.

그런데 이 새로운 교역로로 생긴 이익은 일부 귀족들만의 몫이었다. 빈부 격차는 갈수록 커졌고, 가난한 사람들의 불만은 높아만 갔다. 더욱이 사막을 가로지르는 교역로를 놓고 부족 간 대립도 날로 격렬해지더니 급기야 아라비아 사회에 갈등과 대립이 나타났다.

이러한 대립은 아라비아 반도의 상업 중심지이자 종교 중심지인

메카에서 두드러졌다. 동서 교역으로 큰돈을 번 귀족들은 사치와 향락에 빠져들어 그동안 섬기던 절제와 나눔의 신을 버리고, 풍요와 다산을 상징하는 외래 농경 신들을 숭배하였다. 원래 절제와 나눔의 신을 모시던 카바 신전에도 외래 농경 신을 새긴 신상들이 들어섰다. 이러한 모습에 분개하는 사람들이 갈수록 늘어났다.

그런 사람들 가운데 무함마드라는 이가 있었다. 그는 낙타에 짐을 싣고 사막을 가로질러 시리아를 오가던 대상이었으며, 큰돈을 벌었음에도 알라에 대한 깊은 신앙심에 변함이 없었다. 장삿길을 다녀온 뒤에는 늘 메카 교외의 히라 산으로 들어가 알라에게 기도드리고 명상에 잠기는 경건한 생활을 해 왔다.

무함마드는 610년경, 명상에 잠겨 있다가 신비한 일을 겪었다.

이슬람 대사원의 카바 신전
이슬람교의 예배와 순례의 중심인 신전으로, 사우디아라비아의 수도인 메카 이슬람 대사원 중앙에 있다. 회색 화산암과 대리석으로 지은 정육면체로, 그 모서리는 동서남북 방위와 일치한다. 안에는 지붕을 떠받치는 세 개의 기둥과 금·은으로 된 램프들이 매달려 있다. 신전 외부는 아름다운 무늬를 넣어 짠 거대하고 검은 비단 천인 키스와로 덮여 있다. 순례를 하는 신도들은 카바 주위를 일곱 번 돌다가 검은 돌에 입을 맞추고 손을 댄다. 이 돌은 아담이 낙원에서 추방될 때 죄를 사할 수 있도록 주어진 것이라고도 하고, 아브라함이 이스마일의 도움으로 카바를 세울 때 천사 가브리엘이 가져왔다고도 한다. 원래는 흰 돌이었지만 인간의 죄와 접하면서 검은색으로 변했다고 한다.

엄숙한 소리가 히라 산을 울리면서 빛나는 무엇인가가 그의 목을 붙잡았고, 신의 계시가 내렸다며 신의 말씀을 따라 읊으라고 명령한 것이다. 처음에는 도망치려고 했지만 그럴 수도 없었다. 계시가 끝나자마자 마음 깊은 곳에서 무엇인가 빠져나가 텅 빈 것 같은 느낌을 받았다. 그는 명상에 잠겨 자신에게 무슨 일이 벌어진 것인지 곰곰이 생각했다.

무함마드는 3년 동안 명상과 기도를 통해 그것이 알라가 대천사 가브리엘을 통해 무함마드 자신에게 내린 계시라는 것을 확신하게 되었다. 알라의 계시는 아브라함·모세·예수와 같은 예언자로서 잘못된 길을 가고 있는 사람들을 깨우치라는 것이었다.

무함마드는 그 계시를 사명으로 받들고 613년부터 사람들에게 알라의 권능을 널리 알리기 시작했다.

"신은 오직 조물주 알라밖에 없다! 외래 농경 신들을 쓸어버려라! 그것들은 신의 탈을 쓴 우상일 뿐이다! 사치와 향락으로 물든 마음을 버려라! 쌓아 올린 부를 가난한 사람들에게 나눠 주어라!"

알라에게 돌아가라는 무함마드의 가르침은 큰 파문을 일으켰고, 그의 가르침을 따르는 신자들이 늘어 갔다.

무함마드의 종교 개혁 운동에 위기감을 느낀 메카의 상인들과 종교 지도자들은 그를 없애기로 마음먹었다. 무함마드의 가족과 신자들이 박해 속에서 죽음을 맞았다. 박해는 갈수록 심해졌다. 심지어 신자들 중 일부를 크리스트교 국가인 에티오피아로 피난시켜야 할 지경이었다. 이대로 남아 있다가는 죽임을 당할 것이 분명했기 때문이다.

위기에 빠진 무함마드와 신자들은 자신들을 보호해 줄 세력을 찾기 시작했다. 다행히 메디나에서 도움의 손길을 내밀었다. 마침 메디나도 극심한 부족 간 대립을 조정해 줄 지도자가 필요했다.

무함마드는 메디나와 비밀 협약을 맺고 신자들을 삼삼오오 메디나로 보냈다. 이 소식에 깜짝 놀란 메카의 상인들과 종교 지도자들이 부랴부랴 무함마드 암살을 지시했지만, 무함마드와 신자 70여 명은 메카를 유유히 빠져나와 메디나로 피신했다. 622년의 일이다. 이 사건을 이슬람교에서는 '헤지라(이주)'라고 하는데, 이때부터 이슬람교가 시작되었다고 보아 이해를 이슬람교 원년으로 삼고 있다.

대천사 가브리엘로부터 계시를 받는 무함마드
1307년경 페르시아 타브리츠에서 출간된 『자미 알 타와리크』에 수록된 삽화.
'자미 알 타와리크'는 연대기 요약이라는 뜻인데, 흔히 '세계의 역사'라 부른다.

아라비아 반도의 여러 부족이 믿던 **절제와 나눔의 신**은 사막의 신으로, 보통 알라 또는 야훼라고 불렸다. 야훼라는 이름에서 알 수 있듯이 유대교와 크리스트교의 유일신과 같은 신이다.

메디나 사람들은 무함마드에게 충성을 약속했고, 무함마드는 메디나에서 빠르게 교세를 넓힐 수 있었다. 무함마드는 자신의 가르침을 보다 정교하게 다듬어 이슬람교의 교리를 완성했다. 이제 이슬람교도들은 메카의 신전을 향해 하루에 다섯 번 예배를 드리게 되었다. 메카는 아브라함이 알라를 섬기려고 세운 카바 신전이 있는 곳으로 이들에게 무척 중요한 성지였다. 그러니 이교도들의 수중에 그대로 놓아둘 수는 없는 일이었다.

메디나의 지배자이자 종교 지도자, 군 총사령관이 된 무함마드는 2년 뒤인 624년부터 메카의 기득권 세력에 맞서 싸움을 벌였다. 그들을 약화시키려면 무엇보다 동서 교역을 중개해 얻는 이익에 타격을 주는 것이 급선무였다. 무함마드가 이끄는 군대는 메카

우상을 파괴하는 무함마드
무함마드가 이끄는 군대가 메카를 정복하고 카바 신전의 우상들을 때려 부수는 모습. 페르시아에서 1030년경에 그린 것으로 추정한다. 1808년 인도 카슈미르 지방에서 수집한 것을 프랑스 국립 도서관에서 소장하고 있다.

쿠란
알라가 무함마드에게 내린 계시는 아랍 어로 기록되었고 이것이 이슬람교의 경전인 쿠란이다. 쿠란은 단순한 경전이 아니라 신자들이 생활하면서 지켜야 할 생활 규범으로 정치, 경제, 사회, 문화의 모든 면을 규정한다.

에서 출발하는 대상들을 습격했다.

그러자 메카의 기득권 세력이 자신들의 군대와 돈으로 매수한 여러 부족을 이끌고 메디나로 쳐들어왔다. 알라에 대한 믿음으로 뭉친 신자들은 죽음을 두려워하지 않고 용감하게 맞서 싸웠다. 630년, 6년간의 전쟁 끝에 무함마드는 메카를 정복하고 카바 신전의 우상들을 모조리 때려 부순 다음 카바 신전을 이슬람교의 최고 신전으로 삼았다.

정통 칼리프 시대에서 우마이야 왕조로

메카를 정복하자 아라비아 반도의 여러 부족이 무함마드에게 사절을 보내왔다. 아라비아 반도 통일의 기운이 무르익은 것이다. 하지만 아라비아 반도를 통일하는 일은 무함마드의 몫이 아니었다.

무함마드는 632년에 제자들과 함께 마지막 '이별의 순례'를 하면서 제자들에게 신은 유일하고, 신자는 형제이며, 자신이 죽더라도 분열하지 말 것을 당부했다.

무함마드가 죽은 뒤, 그의 제자들과 신자들은 누구를 후계자로 삼을지 고민했다. 그의 핏줄에서 찾아야 할지, 제자들 중에서 찾아야 할지가 문제였다. 제자들과 신자들은 회의를 거쳐 무함마드의 첫 번째 제자인 아부바크르를 무함마드의 후계자인 칼리프로 뽑았다. 칼리프에게는 무함마드와 마찬가지로 이슬람 공동체를 다스리는 데 필요한 종교적, 정치적, 군사적 지도력이 부여되었다.

초대 칼리프 아부바크르와 제2대 칼리프 우마르, 제3대 칼리프 우스만은 이슬람교를 널리 전파하기 위해 대대적인 정복 사업을 벌였다. 아부바크르는 아라비아 반도 중부를 차지했고, 우마르는 동로마 제국으로부터 이집트와 시리아를 빼앗았다. 우스만은 651년에 동로마 제국과의 거듭된 전쟁으로 크게 약화된 사산 왕조 페르시아를 멸망시키고 서아시아 전체를 통일했다.

무함마드가 메디나로 피신한 헤지라 이후 불과 30년도 되지 않아 동쪽으로는 인도의 인더스 강 유역에서 서쪽으로는 북아프리카의 이집트에 이를 만큼 대제국으로 발전한 것이다. 하지만 이슬람 세력의 급속한 확대는 또 다른 부작용을 낳았다.

제3대 칼리프 우스만은 메카의 명문 귀족 가문인 우마이야 가문 출신이었다. 그는 사산 왕조 페르시아와 마찬가지로 이슬람 제국을 수십 개의 속주로 나누고 총독을 파견해 다스렸는데, 자신이 속한 우마이야 가문 사람들을 비롯해 메카의 명문가 출신들을 총독으로 뽑아 썼다.

이들 가문은 대부분 새로운 교역로가 뚫리면서 큰돈을 번 기득권 세력으로, 무함마드와 제자들을 박해하다가 무함마드가 메카를 정복할 때 이슬람교로 개종했다. 그 덕에 자기 가문에 속한 총독들의 도움을 받아 가며 세금 징수와 군수품 보급을 맡아 큰돈을 벌었다. 이제 이들 명문가는 무함마드 이전보다 훨씬 강력한 힘을 갖게 되었다. 경제와 정치, 행정, 사법, 군사에서의 권력은 물론 종교적인 권위까지 손에 넣었으니 말이다.

바야흐로 이슬람 사회는 갈수록 빈부 격차가 심해졌고, 가난한 사람들의 불만도 점점 높아졌다. 신자들은 모두 형제이며, 돈을 벌면 일부를 내어 가난한 형제들과 신자들에게 나눠 주라는 가르침은 그저 생색내기용일 뿐이었다.

더욱 큰 문제는 우스만이 정복지 주민들에게 세금을 무겁게 매겨 가혹하게 쥐어짜라는 지시를 속주 총독들에게 내렸다는 것이다. 이슬람교로 개종하면 인두세를 면제해 주니까 인두세를 내지 않으려면 개종하라는 압박이었을 것이다. 하지만 총독들은 도리어 정복지 주민들의 반란을 부추길 뿐이라며 반발했다.

그러자 우스만은 본보기를 보여 주겠다는 듯 이집트 총독을 자신의 친척으로 교체했다. 그 친척은 우스만에게 잘 보이고 싶었던지 총독으로 부임한 지 1년 만에 이전 총독 때보다 세금을 무려 두 배나 거둬들였다.

그렇지만 이 일은 전혀 뜻밖의 결과를 가져왔다. 1년 만에 세금을 두 배나 거두어들이자 이집트에서는 난리가 났다. 전역에서 반란이 일어났고, 이집트의 이슬람 지도자들은 우스만에게 총독을 바꿔 달라고 요청했다. 우스만이 요청을 거부하자, 이슬람 지도자

유대교, 크리스트교, 이슬람교는 모두 같은 신을 섬긴다. 창조주이자 유일신인 야훼(여호와, 이슬람교에서는 알라)이다. 이는 헤브라이 인과 아랍 인이 서남아시아 사막에서 비슷한 역사를 누렸기 때문인데, 둘 다 아브라함을 조상으로 섬기고 있다. 하지만 세 종교는 몇 가지 점에서 크게 다르다. 유대교는 예수를 인정하지 않는다. 크리스트교는 예수를 인간의 죄를 대신 속죄한 야훼의 아들로 믿는다. 그리고 이슬람교는 예수를 알라의 계시를 받은 예언자 중 하나로 보고, 무함마드야말로 최후의 예언자라고 여긴다.

들은 메카로 사절단을 보내 직접 우스만을 만나 청원하기로 했다.

사절단을 만난 우스만은 총독을 교체하겠다고 약속했지만, 사절단이 이집트에 도착하면 모두 처형하라는 비밀 서신을 총독에게 보냈다. 비밀 서신을 가지고 이집트로 가던 전령이 사절단에게 붙잡혔고, 화가 난 사절단은 우스만을 다시 찾았다. 사절단은 우스만이 만나 주지 않자 그의 거처를 습격했고, 결국 우스만을 잡아 죽였다.

제3대 칼리프 우스만이 죽자, 이슬람 지도자들은 회의를 열어 무함마드의 사위 알리를 제4대 칼리프로 뽑았다. 알리는 이슬람 제국이 위기에 빠진 원인은 이슬람 지도자들이 세속의 권력에 물들어 가난한 사람들에게 부를 나누지 않기 때문이라고 지적했다. 나아가 사회적 정의와 평등을 이루는 것이야말로 무함마드의 가르침이라고 역설했다.

천국의 예언자들
앞에는 우스만, 우마르, 아부바크르가 정원을 거닐고, 뒤에는 알리가 아들인 후사인, 하산과 함께 무함마드의 가르침을 받는 천국의 모습을 그렸다. 알리의 공적을 담은 시집 『카바나마』에 수록된 그림으로, 17세기 인도 펀자브에서 출간되었다.

알리가 사회적 정의와 평등을 통치의 기본 이념으로 삼자, 메카의 명문가는 자신들의 기득권에 위협을 느꼈다. 그래서 알리를 없애려고 음모를 꾸몄다. 기득권 세력은 알리에게 터무니없는 요구를 내걸고는 이를 들어 주지 않는다며 반란을 일으켰다. 알리가 여러 차례 반란을 진압하자 기득권 세력은 알리에게 관용을 베풀라며 중재하는 한편, 우마이야 가문 출신의 시리아 총독 무아위야를 중심으로 세력을 키워 나가 이집트까지 차지했다. 알리는 점차 수세에 몰렸으며, 661년에 모스크(이슬람교 예배당)에서 기도하다 반란군 잔당의 칼에 목숨을 잃었다.

알리가 죽은 뒤, 무아위야가 제5대 칼리프에 올랐다. 무아위야는 이슬람 지도자들이 회의를 열어 칼리프를 뽑는 것이 정치 불안의 근본 원인이라고 보았다. 제국의 통치 이념을 뿌리째 흔든 알리와 같은 사람이 다시는 나오지 못하게 하려면 미리 후계자를 정해 제국의 정치를 안정시켜야 한다는 주장이었다.

메카의 명문가들이 무아위야의 주장을 받아들이면서 앞으로 칼리프는 우마이야 가문에서만 물려받기로 하였다. 사실상 무아위야의 자손들만 칼리프에 오를 수 있게 된 것이다. 이제 칼리프는 이슬람 공동체의 최고 지도자라기보다는 이슬람 제국의 황제나 다름없는 지위가 되었다. 이렇게 우마이야 왕조가 시작되었다.

시리아 총독이었던 무아위야는 수도를 자신의 본거지인 다마스쿠스로 옮겼다. 우마이야 왕조는 중앙아시아와 인도 서북부, 북아프리카와 이베리아 반도(지금의 에스파냐와 포르투갈)까지 영토를 넓혔다. 우마이야 왕조는 8세기 초, 피렌체 산맥을 넘어 프랑스로 쳐들어갔다. 그곳에서 이슬람 제국은 프랑크 왕국이라는 강력한 적과 만나게 된다.

우마이야 모스크
우마이야 왕조의 알 왈리드 1세가
8세기 초에 제우스 신전과
세례 요한 교회 터에 지은 모스크.
우마이야 왕조의 수도인 다마스쿠스에
있어 다마스쿠스 대사원이라고도
부른다. 돌로 지은 모스크 가운데
가장 오래된 건축물이다.

시아파와 수니파

초대 칼리프 아부바크르와 제2대 칼리프 우마르, 제3대 칼리프 우스만, 제4대 칼리프 알리는 이슬람 지도자들이 회의를 열어 뽑은 무함마드의 후예이자 이슬람교의 최고 지도자이다. 무함마드가 세상을 떠난 632년부터 알리가 목숨을 잃은 661년까지를 정통 칼리프 시대라고 한다.

제4대 칼리프 알리가 암살된 이후, 이슬람교는 시아파와 수니파로 갈라졌다. 시아파는 알리의 일족이야말로 무함마드의 정통 후계자이며, 우마이야 왕조는 비열한 음모로 알리를 암살하고 권력을 빼앗은 찬탈자라고 주장한다. 수니파는 알리가 죽은 뒤 무함마드의 정통 후계는 끊어졌고, 끊어질 위기에 빠진 무함마드의 후계를 무아위야가 다시 이었다고 주장한다.

이맘 후사인 모스크
이맘 후사인 이븐 알리는 제4대 칼리프 알리의 아들이자 무함마드의 손자이다. 아버지를 따르는 세력의 지원을 바탕으로 칼리프가 되어 우마이야 왕조에 복수하려다 이라크 중부 카르발라에서 무아위야의 아들인 야지드 1세가 보낸 군대에 패해 목숨을 잃었다(카르발라 전투). 이맘 후사인 이븐 알리의 시신을 모신 무덤이 카르발라에 있는 이맘 후사인 모스크로, 시아파 이슬람교도들의 성지이다.

이슬람 세계 형성

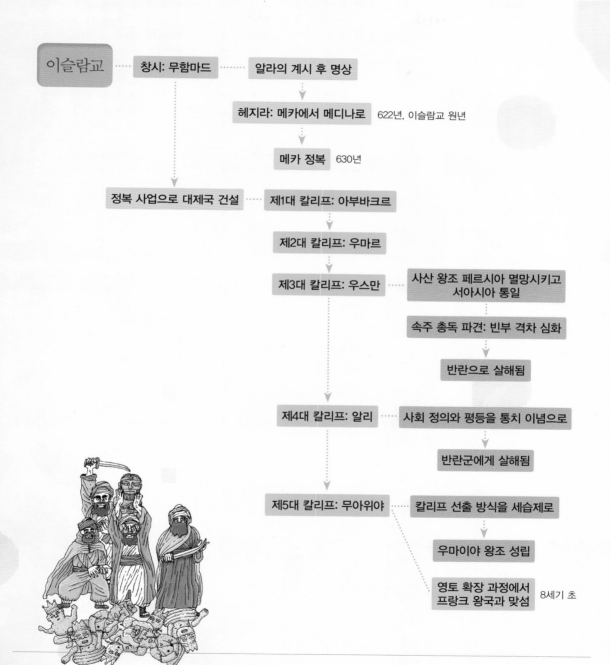

이슬람교 — 창시: 무함마드 — 알라의 계시 후 명상

헤지라: 메카에서 메디나로 622년, 이슬람교 원년

메카 정복 630년

정복 사업으로 대제국 건설 — 제1대 칼리프: 아부바크르

제2대 칼리프: 우마르

제3대 칼리프: 우스만 — 사산 왕조 페르시아 멸망시키고 서아시아 통일

속주 총독 파견: 빈부 격차 심화

반란으로 살해됨

제4대 칼리프: 알리 — 사회 정의와 평등을 통치 이념으로

반란군에게 살해됨

제5대 칼리프: 무아위야 — 칼리프 선출 방식을 세습제로

우마이야 왕조 성립

영토 확장 과정에서 프랑크 왕국과 맞섬 8세기 초

3 프랑크 왕국이 서유럽 세계를 이루다

이슬람 기병대

카롤루스 대제

게르만 족 왕국 가운데 하나였던 프랑크 왕국은 로마 가톨릭 교회로 개종함으로써 토착민 문화와 융합을 이루었다. 또한 로마 가톨릭 교회의 지원을 받아 이베리아 반도를 거쳐 중부 유럽으로 진출하려는 이슬람 제국을 막아내는 데 성공했다. 중부 유럽을 통일한 카롤루스 대제는 학문과 예술을 장려해 중세 유럽 문화의 기틀을 닦았다.

게르만 족 가운데 우세한 나라, 프랑크 왕국

앞에서 게르만 족의 대이동으로 서로마 제국이 멸망하였고, 게르만 족이 그 자리에 여러 나라를 세웠으며, 동로마 제국의 유스티니아누스 1세가 이들 나라를 공격해 로마 제국을 재건하려 했다고 이야기했다. 이 과정에서 북아프리카의 반달 왕국, 이탈리아 반도의 동고트 왕국이 무너졌다. 아울러 이슬람 제국의 우마이야 왕조가 북아프리카를 지나 이베리아 반도까지 점령하고는 피렌체 산맥을 넘어 지금의 프랑스 땅까지 진격했다는 이야기도 했다. 이 과정에서 이베리아 반도의 서고트 왕국이 무너졌다.

이렇듯 게르만 족이 세운 여러 나라는 대부분 수명이 짧았다. 반달 왕국(439~534)이 95년 남짓, 부르군트 왕국(443~534)이 90년 남짓, 동고트 왕국(493~552)이 60년 남짓 지속되었다. 그나마 서고트 왕국(415~711)이 300년 남짓, 롬바르드 왕국(568~774)이 200년 남짓 지속되었을 뿐이다. 게르만 족이 세운 나라들이 오래가지 못하고 멸망한 이유는 무엇일까?

첫째, 게르만 족은 로마 인에 비해 문화 수준이 몹시 낮았다. 서로마 제국이 멸망한 뒤 게르만 족은 원주민인 로마 인들을 군사력으로는 다스렸을지언정 그들과 하나로 융합되지는 못했다.

둘째, 게르만 족과 그들과 신앙부터가 서로 달랐다. 게르만 족은 대부분 전통으로 내려오던 다신교를 믿었고, 크리스트교로 개종했더라도 아리우스파 크리스트교를 믿었다. 정복자와 원주민의 신앙이 다른데 어떻게 융합될 수 있겠는가.

아리우스파 크리스트교는 야훼(성부)와 예수(성자)는 신성이 다른 존재라고 믿는 종파로 성부와 성자, 성령의 신성이 동일하다는 삼위일체를 부정한다. 그 때문에 325년 니케아 공의회에서 이단으로 낙인찍혀 정통 크리스트교에서 추방되었다.

이 문제는 동로마 제국 유스티니아누스 1세가 이들 나라를 공격하게 된 원인으로 작용했다. 유스티니아누스 1세에게 게르만 족여러 나라와의 전쟁은 이교도들에게 억압당하는 크리스트교 형제들, 즉 로마 가톨릭 신자들을 해방하는 '성전'이었다.

셋째, 게르만 족은 로마 제국이 이룩한 국가 기간 시설을 유지할 능력도, 의지도 없었다. 게르만 족에게 둑과 물길, 도로와 도시시설은 사용법을 알 수 없는 고대의 유산일 뿐이었다. 게르만 족은 이 시설들을 버려둔 채 농촌에서 전통 방식대로 농사를 지었다. 어느덧 로마의 실용적이고 과학적인 농법은 흔적도 없이 사라졌다. 게르만 족 전통 농법은 생산성이 매우 낮았기에 식량의 여유 비축분이 급격히 소진되었고, 이는 인구 급감으로 이어졌다. 농업에서의 잉여가 사라지면서 상업이 사라졌고, 상업이 사라지면서도시도 죽어 버렸다.

일부 역사학자가 '500년간의 야영 생활'이라고 부를 만큼 이 시기 서유럽 게르만 족 여러 나라의 생산 능력은 열악했다. 군사력의 뿌리는 경제력인데, 경제력이 뒷받침되지 않으니 나라 자체가오래갈 리 없었다.

하지만 예외가 있었다. 라인 강 서안 갈리아 지방에 자리 잡은프랑크 왕국이다.

오늘날의 프랑스와 독일 서부 지역을 가리키는 갈리아 지방은일찍부터 농경이 발달한 데다 기원전 1세기 중엽 카이사르가 속주 총독으로 부임한 뒤부터 원주민인 켈트 족에게까지 로마 문화가 널리 퍼졌다. 원래 라인 강 동안에 살던 프랑크 족은 훈 족의 침공으로 시작된 게르만 족의 대이동을 틈타 라인 강 서안의 갈리아 지방 일부를 차지하고는 세력을 넓히기 시작했다.

클로비스 1세는 프랑크 족을 하나로 묶어 프랑크 왕국을 건국한 인물이다. 프랑크 족 부족 연합을 이끄는 족장이자 용병 대장인 할아버지와 아버지의 뒤를 이어 연합 족장이 되었다. 클로비스는 476년 서로마 제국이 멸망한 틈을 타 갈리아 북부를 차지한 다음, 여러 부족으로 나뉜 프랑크 족을 하나로 통일했다. 이 힘을 바탕으로 정복 전쟁에 나서 갈리아 지방 대부분을 점령하고 프랑크 왕국을 건설했다.

클로비스는 493년에 부르군트 족이 세운 부르군트 왕국의 공주 클로틸드와 결혼했는데, 그녀는 독실한 로마 가톨릭 신자였다. 클로비스는 프랑크 족의 전통 신앙인 다신교를 믿고 있었으며, 아내의 간청에도 개종은 생각도 하지 않았다.

결혼한 지 3년 뒤, 클로비스는 정벌 전쟁에 나섰다가 톨비악 전투에서 절체절명의 위기에 빠졌다. 그는 지푸라기라도 잡는 심정으로 아내가 믿는 신에게 도움을 요청했다. 그러자 신기하게도 그의 눈에 한 줄기 활로가 보였

메로베치
프랑크 왕국의 왕은 처음에는 클로비스 1세의 핏줄로 이어졌는데, 이를 메로빙거 왕조라고 한다. 메로빙거라는 이름은 클로비스의 할아버지인 메로베치에서 따왔다. 프랑스를 대표하는 왕들의 초상화와 업적을 담은 책(1690년 출간)에 수록된 그림이다.

고, 군대를 추슬러 마침내는 패배를 승리로 바꾸었다. 클로비스는 몇몇 부하와 함께 로마 가톨릭으로 개종했다. 이로써 프랑크 족은 로마 가톨릭을 믿는 유일한 게르만 족이 되었다.

프랑크 족의 개종은 중세 서유럽에서 아주 중요한 사건 중 하나이다. 그 의미는 다음과 같다.

첫째, 로마 가톨릭으로의 개종은 정복자인 프랑크 족과 원주민인 로마 인(켈트 족)이 신앙을 중심으로 융합될 수 있는 기틀을 마련했다. 정복자와 원주민의 융합은 프랑크 왕국의 힘을 극대화했다.

둘째, 프랑크 왕국은 로마 가톨릭 교회를 매개로 동로마 제국

톨비악 전투
클로비스 1세가 패전의 나락에서 기사회생한 톨비악 전투를 그린 그림. 이 전투 이후 클로비스 1세는 로마 가톨릭 교회로 개종했다. 19세기 네덜란드 태생의 프랑스 낭만주의 화가인 에이리 셰퍼가 그렸다.

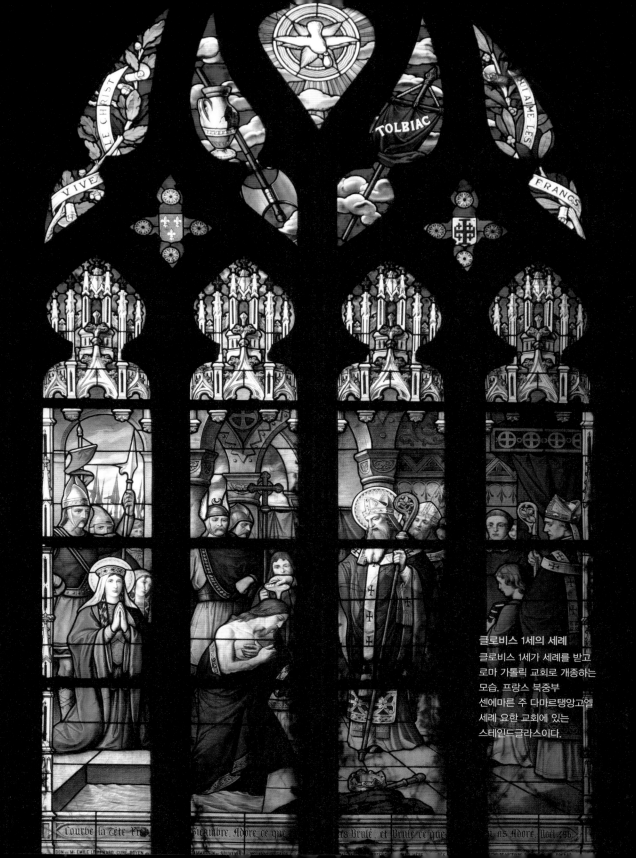

클로비스 1세의 세례
클로비스 1세가 세례를 받고
로마 가톨릭 교회로 개종하는
모습. 프랑스 북중부
센에마른 주 다마르탱앙고엘
세례 요한 교회에 있는
스테인드글라스이다.

황제에게서 명예 집정관이라는 칭호를 받았다. 이는 두 가지 이익을 가져다주었다. 하나는 교회의 우수한 인재를 행정 관료로 활용해 통치 체계를 확립할 수 있었다는 것이고, 다른 하나는 유스티니아누스 1세 때 다시 전성기를 맞은 동로마 제국과 우호 관계를 맺을 수 있었다는 것이다. 이후 경쟁자인 반달 왕국, 동고트 왕국, 롬바르드 왕국 등이 동로마 제국과의 전쟁으로 멸망하거나 약화되면서 프랑크 왕국은 어느덧 서유럽의 강자로 떠올랐다.

이슬람 제국군과 프랑크 왕국군의 대결

프랑크 왕국에도 한때 정체기가 찾아왔다. 게르만 족은 전통적으로 자식들에게 재산을 공평하게 나눠 주는데, 이것이 사달을 일으켰다. 왕국을 여러 조각으로 나눠 가진 자식들이 서로 치고받은 것이다.

또한 클로비스 1세의 후계자들은 점점 정치에 흥미를 잃고 사치와 향락에 빠져들었고, 젊은 나이에 목숨을 잃었다. 나이 어린 왕들이 잇달아 즉위하면서 궁재가 왕 대신 나랏일을 맡아 섭정을 하기 시작했다. 왕이 어른이 되어도 궁재가 나랏일을 대신했다.

7세기 중반부터는 궁재가 같은 가문에서 나왔으며, 687년에 프랑크 왕국의 궁재인 피핀(피핀 2세)이 셋으로 분열되어 있던 나라를 통일했다. 궁재가 나라를 통일했다는 말에서도 알 수 있듯이 프랑크 왕국의 주인은 사실상 피핀이었다. 714년에 피핀은 세상을

궁재는 궁정 재상의 준말로, 오늘날의 국무총리에 해당한다. 처음에는 국왕의 직영지를 관리하던 왕실 관리였지만 나중에는 궁정 관리 총괄, 인사 조언, 왕의 가족과 측근 보호, 중앙군 지휘까지 담당했다.

뜨면서 손자 셋이 뒤를 잇되, 손자들이 장성할 때까지 자신의 아내가 대신 나라를 다스리게 하라는 유언을 남겼다.

피핀은 당시로는 보기 드물게 79세까지 살았다. 워낙 오래 살다 보니 피핀의 적자들은 모두 죽고, 서자인 카를 마르텔만 살아 있었다.

카를 마르텔은 아버지의 유언을 무시하고 계모에게 반기를 들었다. 이 권력 다툼을 틈타 전국 각지에서 반란이 일어났고, 허수아비나 다름없던 왕도 한몫 거들었다. 프랑크 왕국 북쪽에 있던 적국 프리지아의 군대를 끌어들여 궁재 가문을 무너뜨리려 한 것이다. 카를은 계모에게 붙잡혀 감옥에 갇혔다. 하지만 탈옥에 성공해 자신을 지지하는 군사들과 합류한 뒤, 프리지아의 군대를 격파하고 음모를 꾸민 왕을 붙잡았다. 이를 지켜본 피핀의 아내와 손자들은 카를에게 항복했다. 마침내 궁재가 된 카를은 전국 각지에서 일어난 반군 소탕에 나섰다.

카를이 남부 아키텐의 반군 정벌에 나서자, 아키텐 공작은 이베리아 반도에 자리 잡고 있

카를 마르텔 상
베르사유 궁전에 있는 대리석 입상으로, 19세기에 장 바티스트 조셉 드베이가 조각했다.

던 이슬람 제국에 구원을 요청했다. 이슬람 제국 우마이야 왕조는
711년에 북아프리카를 지나 이베리아 반도로 쳐들어와 서고트 왕
국을 멸망시키고, 당시는 북상을 준비하고 있었다. 732년, 이슬람
경기병 1만 5,000명이 피레네 산맥을 넘어 프랑크 왕국 남부와 중
부를 휩쓸며 교회를 불사르고 재물을 약탈했다.

　이슬람 제국군과 카를 마르텔이 이끄는 프랑크 왕국군은 푸아
티에에서 맞붙었다. 이슬람 경기병은 외곽에서 화살을 날리며 프
랑크 왕국군의 단단한 보병 대오를 무너뜨리기 위해 노력했고, 프
랑크 왕국군은 대오를 유지한 채 긴 창으로 경기병의 돌진을 막
으며 전투용 도끼를 던졌다. 마침 이슬람 경기병 사령관이 전투용
도끼에 맞아 사망하면서 사령관을 잃은 이슬람 경기병은 본진이

있는 이베리아 반도로 퇴각했다.

이처럼 카를 마르텔이 서유럽으로 북상하려던 이슬람 제국군을 막아내자, 로마 가톨릭 교회는 그를 사악한 이교도들의 침략에서 서유럽을 지켜낸 영웅으로 칭송했다.

한편 푸아티에 전투에서 이슬람 경기병의 위력을 본 카를 마르텔은 중장기병 육성의 필요성을 느꼈다. 이슬람 경기병의 활발하고 격렬한 움직임이 등자 때문이라는 사실은 카를 마르텔에게 중장기병 육성이 그다지 어려운 일이 아니라는 생각을 심어 주었다. 그는 중장기병에게 전마와 말갖춤, 갑옷과 무기를 장만할 수 있도록 땅과 사람을 주었다. 이러한 조치는 이후 중세 유럽을 대표하는 기사 계급의 탄생을 낳았다.

서로마 제국 황제가 된 카롤루스 대제

카를 마르텔이 세상을 뜬 뒤, 카를의 두 아들이 힘을 합쳐 프랑크 왕국을 다스렸다. 그러다가 형이 수도원으로 들어가는 바람에 피핀 (피핀 3세)이 단독으로 프랑크 왕국을 다스리게 되었다. 그는 허수아비일 뿐인 왕을 더는 모시고 싶지 않았다. 그래서 로마 교황에게 편지를 보냈다.

"나라를 다스릴 힘이 없는 왕을 모시는 게 현명한 일일까요?"

당시는 롬바르드 왕국이 로마를 노리고 있던 때였기에 로마 교황에게는 외부의 도움이 절실히 필요했다. 로마 교황을 도울 만한 힘을 가진 곳은 단 두 군데, 동로마 제국과 프랑크 왕국밖에 없었다. 그중 동로마 제국은 이슬람 제국을 막아내기도 버거워 보이는 데다 자신보다 높은 황제에게 구걸하는 것 같아 싫었다. 교황은 프랑크 왕국을 동반자로 삼기로 했다. 교황은 이렇게 답신했다.

"통치력이 있는 왕이 낫다. 로마 교황의 권위로 그대에게 프랑크의 왕위를 허락하노라."

751년, 피핀은 왕을 폐하고 스스로 왕위에 올랐다. 이로써 메로빙거 왕조가 끝나고 카롤링거 왕조가 시작되었다.

폐왕은 수도원에 감금되었고, 새로운 왕을 맞이하는 대관식이 거행되었다. 대관식은 대주교와 성직자들이 주관했는데, 프랑크 왕국과 로마 교황의 밀월 관계가 시작되었음을 알리는 상징적인 사건이라 하겠다.

753년 겨울, 롬바르드 왕국이 로마를 포위하자 로마 교황은 험한 산지를 지나 프랑크 왕국으로 피신했다. 로마 교황은 피핀과 두 아들에게 축복을 내렸고, 그에 답례라도 하는 양 피핀은 대군을 이끌고 롬바르드 왕국을 공격했다. 롬바르드 왕은 로마 교황에게서 빼앗은 땅과 재산을 돌려주기로 약속했다. 그 뒤로도 롬바르드 왕이 약속을 어기고 로마 교황의 영토를 공격하면, 로마 교황은 피핀에게 구원을 요청했고 피핀은 군대를 보내 롬바르드군을 무찔렀다. 이를 통해 피핀은 로마 교황의 가장 강력한 후원자로 자리 잡았다.

피핀과 로마 교황의 교감은 영국과 라인 강 동쪽 기슭에서 로마 가톨릭 교회의 선교 사업을 체계적으로 지원하는 데까지 이어졌

카롤링거 왕조라는 이름은 피핀의 아들이자 중세 유럽을 통틀어 가장 위대한 정복자인 카롤루스 대제에서 따왔다.

다. 이 선교 사업에는 오랜 시간이 걸렸지만, 로마 가톨릭 교회로 통일된 유럽 세계를 낳았다. 이는 로마 교황과 카롤링거 왕조 모두에게 이로운 일이었다. 선교 사업은 피핀과 그 아들 카롤루스의 북방 정복을 신앙적으로 뒷받침했고, 프랑크 왕국을 노리던 북방 게르만 족들의 야욕도 뿌리 뽑았기 때문이다.

피핀이 죽은 뒤, 프랑크 왕국은 두 아들이 나눠 가졌다. 피핀의 맏아들인 카롤루스(프랑스 어로는 샤를마뉴)는 동생과의 격렬한 권력 다툼 끝에 프랑크 왕국을 차지했다. 그리고 로마 교황과의 약속을 밥 먹듯 어기던 롬바르드 왕국을 공격해 아예 멸망시켜 버렸다. 카롤루스는 로마 교황에게 꽤 넓은 땅을 희사해 교황령의 기틀을 만들어 주고, 자신은 롬바르드 왕국 영토 대부분을 차지했다. 이후 그는 북방 정복에 나섰다. 북방 정복은 북방 선교와 맞물려 프랑크 왕국을 반석 위에 올려놓았다.

이제 프랑크 왕국은 이베리아 반도를 제외하고 서유럽 대부분을 차지하게 되었다. 서로마 제국 멸망 이후 최초로 서유럽을 통일한 대제국이 탄생한 것이다.

799년에 반대파들의 습격을 받은 로마 교황이 카롤루스의 궁전으로 피신하자, 카롤루스는 대군을 이끌고 로마로 가 반대파를 진압하고 교황의 권위를 드높여 주었다. 교황은 이에 대한 보답으로 카롤루스에게 서로마 제국 황제의 관을 씌워 주었다.

로마 교황이 그렇게 한 까닭은 성상 숭배를 둘러싼 동로마 제국과의 분쟁에서 독자적인 길을 가겠다는 속셈이 있었기 때문이다. 그러려면 서유럽에서도 동로마 제국 황제에 맞먹는 새로운 권위와

서로마 제국이 멸망한 뒤, **로마 교황**을 중심으로 한 로마 가톨릭 교회는 로마 제국의 보호를 받지 못하게 되었다. 이에 동로마 제국 황제와 콘스탄티노플 총대주교를 중심으로 한 동로마 제국 교회에서 거리를 두기 시작했다. 8세기에 이르자, 동로마 제국에서 성상 파괴 운동이 벌어지면서 로마 가톨릭 교회와 동로마 제국 교회의 분열은 돌이킬 수 없게 되었다.

권력이 탄생할 필요가 있었고, 로마 교황은 카롤루스를 동반자로 선택했다. 이제 서유럽은 동유럽과 전혀 다른 길을 걷기 시작했다.

카롤루스 대제의 아들 루트비히 1세가 840년에 죽자, 그의 세 아들이 격렬한 다툼을 벌였다. 차남 샤를 2세와 3남 루트비히 2세는 서로 손을 잡고 퐁트누아에서 장남 로타르 1세의 군대를 격파하였다. 체면을 구긴 로타르 1세는 두 동생을 응징하기 위해 온 힘을 쏟아 부었다.

한편 귀족과 성직자들은 내란이 오랫동안 지속되지 않을까 걱정이 태산 같아 중재에 나섰다.

카롤루스 대제의 대관식
로마 교황 레오 3세가 800년 성탄절 미사 때 카롤루스 대제에게 서로마 황제의 관을 씌워 주는 대관식 장면을 담은 프레스코 화. 이탈리아 르네상스를 대표하는 화가인 라파엘로가 1514~1515년에 그렸다. 바티칸 궁전 라파엘로의 방 중 '보르고의 화재' 방 서쪽 벽에 있다.

세 형제는 843년에 귀족과 성직자의 중재를 받아들여 베르됭 조약을 맺었다. 조약에 따라 장남 로타르 1세가 중부 제국(로트링겐, 부르군트, 북이탈리아)을, 차남 샤를 2세가 서프랑크 왕국(프랑스)을, 3남 루트비히 2세가 동프랑크 왕국을 각각 나눠 가졌다. 중부 제국, 서프랑크 왕국, 동프랑크 왕국은 오늘날 이탈리아, 프랑스, 독일의 기원이 되었다.

— 베르됭 조약에 의한 경계
···· 메르센 조약에 의한 경계

메르센
베르됭
동프랑크 왕국
파리
푸아티에
서프랑크 왕국
중부 제국
로마 교황령
로마

프랑크 왕국의 분열
게르만 족의 분할 상속제에 따라 프랑크 왕국은 중부 제국, 동프랑크 왕국, 서프랑크 왕국으로 쪼개졌다. 이들 왕국은 치열한 전투 끝에 베르됭 조약과 메르센 조약에 따라 국경을 정하였는데 각각 이탈리아, 독일, 프랑스의 모태가 되었다.

카롤링거 르네상스

카롤루스 대제 때는 학문과 문화 예술이 크게 부흥했다. 성직자와 수도사들이 중심이 되었으며, 이 시대의 문예 부흥을 카롤링거 르네상스라고 한다. 서로마 제국이 멸망하면서 사라진 문화와 예술의 명맥을 유지했다는 점에서 의미가 있다. 이를 통해 로마 문명과 크리스트교, 게르만 족 전통이 하나로 녹아든 문화가 만들어졌고, 여기에서 오늘날 서유럽 문화가 자라났다.

아헨 대성당 외관(위), 아헨 대성당 내부(아래 왼쪽), 카롤루스 대제의 유해가 담긴 황금 관(아래 가운데), 황금 관에 새겨진 카롤루스 대제의 흉상(아래 오른쪽)

독일 아헨에 있는 아헨 대성당은 북유럽에서 가장 오래된 성당으로 796년에 카롤루스 대제가 짓기 시작했다. 936~1531년에 독일 왕 30명과 여왕 12명이 대관식을 열어 황제 교회 또는 아헨의 성 메리 왕립 교회라고도 불린다. 카롤링거 르네상스를 대표하는 건축물인 아헨 대성당에는 카롤루스 대제의 유해가 담긴 황금 관이 모셔져 있다.

프랑크 왕국의 서유럽 형성

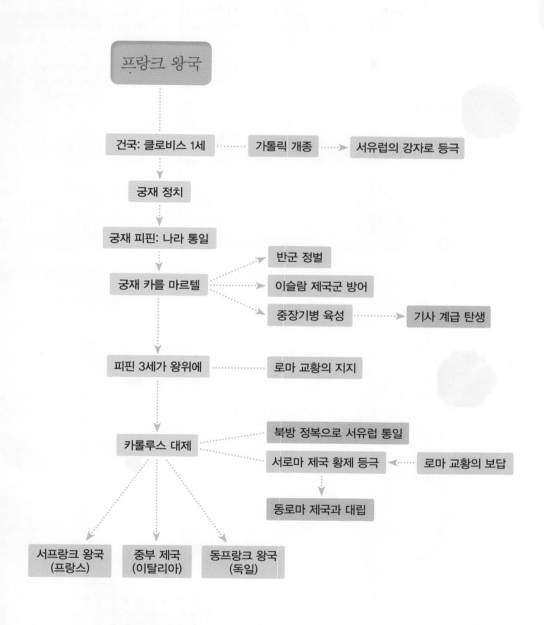

프랑크 왕국

건국: 클로비스 1세 ····→ 가톨릭 개종 ····→ 서유럽의 강자로 등극

궁재 정치

궁재 피핀: 나라 통일

궁재 카를 마르텔 ····→ 반군 정벌

····→ 이슬람 제국군 방어

····→ 중장기병 육성 ····→ 기사 계급 탄생

피핀 3세가 왕위에 ····→ 로마 교황의 지지

카롤루스 대제 ····→ 북방 정복으로 서유럽 통일

····→ 서로마 제국 황제 등극 ←···· 로마 교황의 보답

····→ 동로마 제국과 대립

서프랑크 왕국
(프랑스)

중부 제국
(이탈리아)

동프랑크 왕국
(독일)

4 중국 남북조와 수·당 시대, 동아시아 문화권이 형성되다

삼국의 혼란을 수습한 진나라는 왕위 다툼과 이민족의 침입으로 멸망했다. 강남과 강북으로 나뉘어 발전한 남북조 시대는 수나라가 중국을 통일하면서 끝났다. 대운하 건설과 고구려 원정으로 백성의 불만을 산 수나라가 멸망하고 뒤를 이은 당나라는 국제적이고 개방적인 문화를 꽃피웠다.

혼란의 시대, 위·진·남북조

유럽이 4세기 말부터 시작된 게르만 족의 대이동으로 격변을 맞을 때 중국을 비롯한 동아시아도 혼란을 겪었다. 외척과 환관의 준동으로 쇠퇴하기 시작한 후한이 '황건적의 난'이라는 농민 반란으로 혼란에 빠져들었고 지방 호족 세력들의 반란이 이어졌다. 220년에 조조의 아들 조비가 위를 세우면서 후한은 결국 멸망했고, 뒤이어 유비가 촉한을 세우고 손권이 오를 세우면서 중국이 셋으로 갈라졌다. 이 시기를 '삼국 시대'라고 한다.

셋으로 갈라진 중국을 다시 통일한 것은 위나 촉한, 오 등의 삼국이 아니라 사마 씨가 세운 진나라였다. 제갈량과의 불꽃 튀는 전략 대결로 유명한 사마의가 위나라의 병권을 장악한 이후, 그 아들 무제 사마염이 268년에 위나라를 멸망시키고 세운 나라이다. 진나라는 그보다 4년 전인 264년에 이미 촉한을 멸망시켰고, 280년에는 오나라를 무너뜨림으로써 중국을 다시 통일했다.

하지만 중국의 통일된 상태는 그리 오래가지 못하였다. 통일 후

삼국 시대를 이끈 세 영웅, 조조·유비·손권 상(왼쪽부터) 조조 상은 싱가포르에, 유비 상은 중국 청두 시 무후사에, 손권 상은 중국 난징 시 매화산에 있다.

사마염이 나랏일에 뜻을 잃고 사치와 향락에 빠져들었기 때문이다.

후한 말부터 약 100년 동안 계속된 혼란과 전쟁으로 온 국토가 황폐해졌다. 국토를 되살리고 줄어든 인구를 다시 늘리려면 개간과 농업을 장려하고 세금을 줄여 백성들이 살아갈 기틀을 마련해야 했다. 하지만 그 일에 나서는 사람은 아무도 없었다. 황제는 나랏일에 뜻을 잃었고 외척(황후의 가족과 친척)들은 그 틈을 파고들어 부정부패와 매관매직을 일삼았다.

위가 썩으면 아래도 썩는 법이다. 지방관들은 호족들과 결탁해 백성에게 세금을 무겁게 매겼다. 백성들은 대부분 땅과 자유를 잃고 호족들의 대토지를 소작 부치는 전호(소작농)가 되었으며, 생활이 갈수록 팍팍해졌다.

290년에 무제 사마염이 죽은 뒤, 아들인 혜제가 뒤를 이으면서 사태는 더욱 악화되었다. 무능하고 어리석은 혜제가 즉위하자, 그의 외가와 처가가 권력 다툼을 벌였기 때문이다.

혜제의 처가는 혜제의 숙부와 형제 등 번왕들을 끌어들여 외가 세력을 없애고 권력을 손아귀에 넣었다. 그 뒤 이들은 권력을 더욱 튼튼히 틀어쥐기 위해 혜제의 숙부와 형제 등을 이간질해 서로 죽이도록 만들었다. 심지어 황태자를 폐하고 죽이기까지 했다. 이에 분개한 번왕들이 사병을 이끌고 궐기해 혜제의 아내와 처가 사람들을 모조리 죽였다.

그렇지만 이들 역시 백성보다 권력이 우선이었다. 번왕들은 300년부터 306년까지 무려 7년 동안 황제 자리를 놓고 사병들을 동원해 서로 치열하게 다투었다. 모두 여덟 명의 번왕이 황제 자리를

진 무제 사마염
중국 당나라 초기인 7세기에 염립본이 그린 그림으로, 13명의 황제를 두루마리에 그린 〈역대제왕도권〉에 수록되어 있다.

*혜제*의 어리석음과 무능에 관해 송나라의 사마광은 역사책 『자치통감』에서 다음과 같은 이야기를 전한다. 기근이 심하게 들어 굶어 죽는 사람이 많다고 신하들이 말하자, 혜제가 탄식하며 이렇게 말했다. "백성들은 어리석기 짝이 없구나. 고기 죽을 끓여 먹으면 될 텐데……."

다투었다고 하여 '8왕의 난'이라고 한다. 8왕의 난은 진나라를 뿌리부터 뒤흔들었다. 국토는 더욱 황폐해졌고, 백성은 전쟁과 기근의 고통 속에 죽어 나갔다.

더 큰 문제는 이들 번왕이 병력을 늘리기 위해 북방과 서방의 유목 민족들을 용병으로 받아들였다는 점이다. 용병으로 참가한 유목 민족들은 전쟁터를 돌아다니며 진나라가 예상보다 허약하다는 것을 깨달았다.

특히 병주(지금의 산시 성 북부)로 들어와 있던 흉노의 족장 유연은 304년에 '한'이라는 나라를 세우고 왕을 자처했다. 그는 한나라를 세운 유방과 촉한을 세운 유비의 뒤를 이어 한나라를 다시 세운 것이라며 정통성을 표방했다. 그러자 전쟁과 학정에 지친 백성들은 유연의 한나라에 기대의 눈길을 보냈다.

진나라는 한 왕을 자처한 유연을 토벌하기 위해 여러 차례 군사를 보냈으나 어이없이 패배했다. 사기가 오른 유연은 305년에 군사를 보내 이웃한 사주(지금의 산시 성 남부)를 장악했다. 그러자 갈족 지도자 석륵과 한족 유민 지도자 왕미가 유연에게 귀순해 세력이 크게 불어났다. 이에 힘입어 유연은 308년에 황제에 올라 진나라와 경쟁하는 황제의 나라임을 선포했다.

310년에 유연이 죽자, 유총이 형을 몰아내고 황제에 올랐다. 유총은 311년 진나라의 수도 낙양을 함락한 뒤, 진나라 황제인 회제를 붙잡았다. 그런 다음 군사를 둘로 나누어 유요는 장안에 임시로 세워진 진나라 조정을 공략하게 하고, 석륵은 동쪽을 공략하게 했다. 316년에 유요가 장안을 공략해 민제를 붙잡음으로써 진나

번왕은 황제의 친척들 중 지방을 분봉받은 왕을 가리킨다.

한은 319년에 나라 이름을 '조'로 바꾸었고, 329년에 석륵이 세운 '조'에 멸망하였다. 두 나라 이름이 같아 흉노의 유연이 세운 조나라를 전조, 갈족의 석륵이 세운 조나라를 '후조'라고 한다.

라는 건국한 지 48년, 중국을 통일한 지 36년 만에 멸망하고 말았다. 삼국을 통일한 진(晉)은 중국을 최초로 통일했던 진(秦)과 전한을 멸망시킨 왕망의 신에 버금갈 만큼 단명한 왕조다.

이후 화이허 강 이북의 중국 땅에는 북방과 서방의 유목 민족들인 선비, 흉노, 갈, 저, 강이 열여섯 나라를 세우고 서로 다툼을 벌였다. 이를 5호 16국이라 한다.

화이허 강 이북에 어지러이 세워진 유목 민족 왕조들 사이의 다툼은 5세기 초에 끝났다. 선비족이 세운 북위가 이 왕조들을 멸망시키고 북중국을 통일하였기 때문이다.

한편 진의 왕족과 귀족들을 비롯한 한족은 양쯔 강 이남(강남)으로 피난을 가서 건업(지금의 난징)을 도읍으로 동진(317~420)을 세웠다.

동진은 강남을 본격적으로 개발하여 북중국을 모두 합친 것보다 훨씬 많은 물산을 생산하였다. 따뜻하고 비가 많이 내리는 강남의 아열대 기후 조건과 양쯔 강의 풍부한 물을 끌어들이고 빼내는 관개 농법으로 다모작 벼농사를 지을 수 있었기 때문이다.

벼는 단위면적당 수확량이나 종자 대비 수확량에서 최고를 자랑하는 다수확 작물로, 식량의 왕 중 왕이다. 그런 벼를 삼모작 이상 하니 수확량이 얼마나 많겠는

북위(386~534/535)는 얼마 뒤 동위(534~550)와 서위(535~556/557)로 나뉘었고, 이들은 각각 북제(550~577)와 북주(557~581)로 이어졌다.

개마 무사 상
철갑옷을 입힌 말을 탄 유목 민족 기마대는 강력한 돌파력으로 보병대를 유린하였다. 철갑옷을 입은 말을 탄 유목 민족 무사의 모습을 흙으로 빚어 구운 흙 인형으로, 고구려 개마 무사를 연상케 한다. 북위 때 만들어진 작품으로, 프랑스 파리 세르니쉬 박물관에서 소장하고 있다.

가. 쌀을 주로 재배하는 강남 지방은 보리나 밀, 조, 수수 등을 주로 재배하는 화북 지방과는 비교할 수 없을 만큼 곡물 생산량이 많아 이때부터 이미 중국의 곡창 지대로 자리 잡았다. 동시에 남부가 중국 경제의 중심이 되었고, 중국 문화의 중심 역시 북부에서 남부로 서서히 이동해 갔다.

선비족의 황금 허리띠 장식
신령스러운 동물을 새겨 넣은 화려한 허리띠 장식으로, 동물 모양을 새겨 넣은 모습에서 스키타이 문화의 영향을 엿볼 수 있다.

　동진이 시작한 강남 개발은 송(420~479), 제(479~502), 양(502~557), 진(陳, 557~589) 왕조로 이어졌다. 삼국 시대의 오를 포함하여 동진, 송, 제, 양, 진 등 난징을 도읍으로 삼아 발전한 여섯 개의 왕조를 6조라고 한다.

　북방 이민족들이 세운 화이허 강 이북의 왕조들을 북조, 한족이 세운 양쯔 강 이남의 왕조들을 남조라고 하며, 북조와 남조가 서로 대립하며 발전하던 이 시기를 남북조 시대라 부른다. 남북조 시대에는 북방 이민족이 중국 북부를 다스리면서 다음과 같이 커다란 변화가 나타나기 시작했다.

　첫째, 그때까지 사회 질서를 유지해 오던 유교 이념이 쇠퇴한 반면, 인도에서 중앙아시아를 거쳐 불교가 들어와 백성들에게 뿌리내렸다. 북조의 이민족 지배층들은 불교의 전륜성왕과 왕즉불 사상이 왕권을 강화하고 이민족과 한족을 하나로 묶는 데 도움을 준다고 생각해 적극적으로 받아들였다. 중국에 들어온 불교는 중생 구제를 중시하는 대승불교였기에 왕실 불교를 벗어나 백성들에게까지 뿌리내릴 수 있었다.

　둘째, 이 시기에는 왕조가 워낙 자주 바뀌어 정치적으로 혼란했

전륜성왕은 인도 아소카 왕처럼 다르마(법)로 세계를 다스리는 왕을 가리키고, **왕즉불**은 왕이 곧 부처라는 생각을 뜻한다. 이러한 생각은 왕권 강화와 중앙 집권화에 큰 도움이 되었다.

으므로 현실에서 도피하려는 풍조가 유행했다. 세속을 벗어나 자연 속에 은거하면서 평화롭게 지내려는 바람은 노장사상과 청담 사상에 대한 관심을 끌어올렸고, 죽림 7현이 선비들의 이상이 되었다. 민간에서는 노장사상과 신선 사상이 결합하여 도교가 만들어졌다. 태평도나 오두미교처럼 백성들 속에 깊게 뿌리내려 중국의 대표적인 민중 종교로 발전했다.

셋째, 이 시기에는 추천을 통해 널리 인재를 등용하는 9품중정제로 관리들을 뽑았다. 그런데 시간이 지나면서 추천이 일부 유력 가문에만 집중되어 대대로 관직을 독점하게 되었다. 이들 유력 가문은 지방에 대토지를 소유하고 수만에서 수십만의 전호를 거느리며 수많은 사병도 보유한 지방 호족 출신이었다. 다시 말해 중

룽먼 석굴 노사나대불

룽먼 석굴은 중국 허난 성 뤄양 시 남쪽에 있는 석굴 사원으로, 북위 효문제 때부터 만들기 시작해 당나라 때 완공했다. 룽먼 석굴 중앙의 봉선사동은 가장 큰 석굴로, 노사나대불과 보살상, 나한상 등을 모셨는데, 당나라 측천무후 때인 675년에 완성되었다.

앙 권력과 지방 호족이 결합해 문벌 귀족을 형성한 것이다. 이들 문벌 귀족은 화려한 귀족 문화를 발전시켰다.

넷째, 정치적으로는 혼란했지만 이 시기에 과학 기술, 특히 약학·천문학·식물학·화학에서 대단한 발전이 이뤄졌다. 외바퀴 손수레와 돛이 발명되었고, 처음으로 석탄이 연료로 사용되었다.

중국을 다시 통일한 수나라

남북으로 갈라져 대립하던 중국은 양견이 589년에 양쯔 강 이남의 한족 왕조 진나라를 멸망시키면서 다시 하나가 되었다.

수 문제 양견은 북주의 명문가 출신으로, 북제를 정복하기 위한 전쟁에서 크게 활약했다. 그 공으로 황태자인 선제에게 큰딸을 시집보내게 되었다. 이후 선제가 579년에 아들 정제에게 황제 자리를 물려주었다. 그러자 양견은 외조부의 자격으로 섭정을 하면서 실권을 장악했다. 이윽고 581년에 외손자에게서 선양이라는 명목으로 황제의 자리를 빼앗고는, 후환을 없애려고 외손자를 죽였다.

양견은 나라 이름을 수로 고치고 중국 통일을 서둘렀다. 둘째 아들 양광에게 대군을 주어 남조의 진을 정벌하라 명했고, 양광은 곧바로 출정해 진을 멸망시켰다.

양견은 이민족 국가였던 북주 출신이라 학문적 소양은 깊지 않았지만, 세상의 흐름을 꿰뚫어 볼 줄 아는 전략가였다. 그는 남북조를 통일한 수나라가 이전의 여러 나라처럼 단명하지 않으려면

선양은 혈연이 아닌 사람에게 왕위를 물려주는 것을 뜻하는 말이다.

크게 세 가지가 필요하다고 생각했다.

첫째, 왕조가 단명하지 않으려면 무엇보다 황권이 강해야 한다. 그러려면 황제가 외척이나 환관, 특히 문벌 귀족들에게 휘둘리지 않아야 했다. 문벌 귀족들이 지닌 힘의 원천은 끼리끼리 추천하는 9품중정제였다. 양견은 새로운 관리 선발제로 과거제를 실시했다. 과거제는 시험 성적으로만 관리를 선발하는 공정하고 획기적인 제도였다.

둘째, 250여 년 동안 남북으로 갈라져 이질감이 심화된 남북을 하나로 묶어야 한다. 이를 위해 가장 효율적인 방법은 남북 간의 경제적 통합을 이루는 것이었다. 양견은 남북을 물길로 잇는 대운하를 계획했다. 하지만 대운하 건설은 얼마 가지 않아 난관에 봉착했다. 대규모 토목 공사에 동원된 백성들의 불만이 터져 나온 것이다. 농민 반란이야말로 왕조 멸망의 전주곡임을 잘 알고 있던 양견은 곧바로 공사를 중단했다.

셋째, 백성의 생활이 안정되어야 한다. 대운하 공사 중단에서 알 수 있듯이 양견은 수 왕조의 운명을 좌우하는 열쇠가 여기에 있다고 보았다. 그래서 북위와 서위에서 시행하다 중단된 균전제와 부병제를 전국적으로 실시했다.

균전제는 모든 농민에게 토지를 고르게 나누어 주고 거기에서 거둔 곡물 중 일부를 세금으로 납부하게 하는 토지 제도이자 조세 제도이다.

부병제는 21~59세의 모든 농민이 농한기에 군대에 모여 군인으로 복무하는 병농일치의 병역 제도이다. 세 명 중 한 명은 1~2개월씩 군인으로 복무하고 나머지 두 명은 복무자를 돕는데, 이를 돌아가면서 했다. 하지만 그중 한 번은 3년 동안 국경에서 장기 복무를 해야 했다.

균전제와 부병제 실시로 민생이 안정되었고, 국고도 가득 찼다. 이를 바탕으로 양견은 국경을 위협하는 이민족 정벌에 나섰다. 먼

낙신부도

동진의 화가 고개지가 조식의 『낙신부』를 그림으로 묘사한 작품이다. 조식은 조조의 아들로 형인 조비와의 권력 다툼에서 패한 뒤 칠보시를 지은 인물이다. 서로 다른 시공간을 살아가는 조식과 낙수의 여신인 낙신의 사랑이 자연스럽게 중첩되어 그려지는 걸작으로, 적극적으로 구애하는 낙신과 망설이고 주저하는 조식의 모습이 대조를 이룬다. 송나라 때 베껴 그린 그림이 베이징 고궁 박물관에 소장되어 있다.

저 돌궐을 이간질해 동서로 분열되도록 한 다음, 공격과 회유를 병행했다. 또한 598년에는 말갈병 1만 명을 동원해 요서 지방을 선제공격한 고구려를 응징하기 위해 30만 군사를 원정군으로 보냈다. 때마침 장마철이어서 원정군은 전염병과 기근으로 크게 고생하다 임유관에서 고구려의 강이식 장군에게 궤멸당하는 수모를 겪었다.

말년에 이르러 양견은 황제가 되기 위해 외손자를 죽였다는 죄책감에 시달렸다. 그는 죄책감을 덜기 위해 전국 각지에 수많은 절을 짓고 정성껏 마련한 공물을 부처에게 공양했다. 그래도 죄책감과 불안감은 사라지지 않았다. 양견은 시름시름 앓다 604년에 세상을 떴다.

양견이 세상을 뜨자 둘째 아들인 양광이 황제 자리에 올랐는데, 그가 바로 폭군으로 유명한 수 양제이다. 그의 폭군 이미지가 얼마나 강했던지 그가 아버지인 양견과 황태자인 형 양용을 독살했다거나 시해했다거나 하는 소문이 떠돌 지경이었다.

수 양제는 황제에 즉위하자마자 낙양을 제2 수도로 정하고 궁궐을 새로 지었다. 이듬해인 605년에는 대운하 공사를 다시 벌였다. 중국의 곡창 지대인 강남 항저우와 정치 및 군사 중심지인 화북 베이징을 잇는 대운하를 만드는 것이었다. 610년까지 6년 동안 연인원 1억 5,000만 명이 넘는 엄청난 인력이 동원되었다.

그나마 대운하는 남북의 경제적 통합을 이루고 국력이 크게 성장하는 발판이 되기나 했지, 낙양의 새 궁궐은 오로지 양제의 과시욕과 사치 성향을 드러냈을 뿐이다. 새 궁궐을 쌓는 데에는 매

수 문제 양견
수나라를 세운 양견은 균전제를 실시하여 21~59세의 모든 농민에게 토지를 6만 제곱미터씩 나누어 주고, 죽으면 국가에 반납하되 5분의 1은 영구히 소유할 수 있도록 했다. 또한 토지 소유에 상한선을 두어 가장 높은 지위의 가문일지라도 6만 제곱킬로미터 이상은 소유할 수 없도록 했다. 염립본이 그린 〈역대제왕도권〉에 수록되어 있다.

월 200만 명의 백성이 동원되었고, 전국 각지에서 수집한 각종 희귀한 바위와 나무를 낙양으로 올려 보내느라 수십만 명이 죽어 갈 정도였다.

612년에 양제는 양견이 실패한 고구려 원정에 다시 나섰다. 전투 부대만 113만 명, 보급 부대는 그 두 배인 200만 명이라 부대의 행렬이 무려 1,040리나 되었다고 한다. 수나라 군대는 기세등등해서 요동성으로 진격하였지만, 몇 달 동안 요동성에서 가로막혔다. 초조해진 양제는 30만 별동대로 요동성을 우회해 고구려의 도읍 평양성을 공격하였다. 고구려의 을지문덕은 싸우다가 패한 척 도망치면서, 논밭을 불태우고 우물을 메워 별동대의 보급을 막았다. 굶주림에 지쳐 더는 싸울 수 없게 된 별동대는 허겁지겁 후퇴하다 살수(청천강)에서 고구려군의 총공격을 받아 몰살당하고

대운하

대운하가 완공된 뒤, 양제는 길이 200척에 높이 4층이나 되는 용선을 타고 오갔다. 용선 뒤로 황후와 후궁, 신하, 승려, 도사 등을 실은 화려한 배들이 200여 리나 줄지어 늘어섰다. 이 배들을 끄는 데에도 백성들이 동원됐는데, 그 수가 연인원 8만여 명에 달했다. 당시는 백성들의 원성이 높았지만, 대운하는 강남과 화북을 잇는 중국 물류의 대동맥으로 지금까지 작동하고 있다.

말았다. 별동대의 참패로 양제는 군대를 물릴 수밖에 없었다.

대운하 건설과 고구려 원정에 따른 대규모 인력 동원은 농민과 지방 호족들의 반발을 불러왔다. 617년에 전국 각지에서 터진 대 대적인 반란으로 수나라는 중국을 통일한 지 30년 만인 618년에 멸망하고 말았다.

수 양제 양광
염립본이 그린 〈역대제왕도권〉에 수록되어 있다.

당나라의 기틀을 다진 태종 이세민

617년 전국적인 반란이 일어났을 때 발 빠르게 군사를 일으킨 이 가 이연이다. 이연은 이모가 수 문제 양견의 황후였기 때문에 어 려서부터 양견의 총애를 받아 승승장구했다. 그는 야심에 찬 둘째 아들 이세민(당 태종)의 권유에 따라 군사를 일으켜 장안을 점령 했다. 그러고는 양제의 손자를 황제로 세우고 실권을 장악했다. 이 듬해에 이종사촌인 양제가 살해되자 스스로 제위에 올라 수도를 장안으로 하여 당나라를 세웠다.

이때 전국 각지에서는 군벌들이 저마다 독립하여 천하를 놓고 서로 다투었다. 강남 지방에서는 남조를 계승한다며 독립을 꿈꾸 었고, 수나라에 복속했던 동돌궐도 중국의 혼란을 틈타 세력을 키워 나갔다.

이연이 새 왕조의 기틀이 되는 각종 제도를 준비해 시행하는 동 안, 이세민은 지방 군벌들을 정복해 새 왕조의 장애물을 제거했 다. 그는 강남 지방도 정복하고 돌궐도 몰아내 새 왕조를 반석 위에 올려놓았다.

그런데 형제들이 이세민의 공을 시기해 암살 음모를 꾸몄다. 626년, 음모를 미리 안 이세민은 부하 장수들을 동원해 형제들을 죽이고 실권을 차지했다. 자식들의 골육상쟁을 지켜본 이연은 사흘 뒤에 이세민에게 황제 자리를 물려주었다.

태종 이세민은 수 문제 양견이 시행하기 시작한 각종 제도를 더욱 정교하게 다듬어 나라의 기틀을 튼튼하게 다졌다. 토지 제도로 균전제, 조세 제도로 조용조, 군사 제도로 부병제를 시행하였는데 역대 중국에서 가장 이상적인 통치 제도로 평가받고 있다.

또한 국자감을 세워 인재를 양성하는 한편, 관리 선발 방법으로 과거제를 정착시켰다. 명문가의 사병을 줄이고, 백성들을 징집해 군사를 충당했다. 이러한 제도들은 문벌 귀족 중심의 권력 구조를 바꿔 정치를 안정시키는 데 크게 이바지했다. 중국인들은 이처럼 훌륭한 태종의 통치를 당시 연호를 따서 '정관의 치'라고 부르며 지금도 떠받들고 있다.

안으로 나라의 기틀을 다져 국력을 하나로 집중하는 데 성공한 태종은 주변의 여러 민족을 정벌하기 시작하였다. 630년에 동돌궐을, 634년에 토욕혼을 정벌했다. 642년에는 고구려에서 영류왕과 온건파 귀족들이 강경파인 연개소문을 없애려다 모조리 죽임을 당하는 일이 발생했다. 이에 태종은 연개소문을 토벌한다는 명분을 내걸고 645년에 고구려를 침공했다. 하지만 안시성에서 가로막혀 퇴각했다.

당 고조 이연
당나라의 건국자 이연은 태자인 이건성이 동생인 이세민을 암살하려다 죽임을 당하자, 이세민에게 황제 자리를 물려주고 상황으로 물러났다.

조용조의 조(租)는 전세, 용(庸)은 부역, 조(調)는 공납을 뜻한다.

태평성대에서 내전의 나락으로

고구려 정벌에 실패한 태종은 649년에 세상을 떴고, 셋째 아들 고종이 뒤를 이었다. 고종은 태종의 대외 정책을 그대로 이어받아 신라와 손을 잡고 백제와 고구려를 멸망시켰고, 서돌궐도 멸망시켰다. 이러한 정복 전쟁의 성공은 고종이 잘해서라기보다 태종이 남긴 군사 제도와 뛰어난 장수들, 용감한 군대 덕분이었다. 아무튼 고종 때에 이르러 당나라는 누구도 도전할 수 없는 거대한 제국으로 발전하였다.

하지만 고종은 국내 정치에서는 나약한 통치자였다. 고종은 아버지 태종의 후궁이었던 측천무후를 자신의 후궁으로 들여앉혔다. 측천무후는 다른 후궁들과 황후를 내쫓은 후 황후가 되었고, 고종이 병석에 드러눕자 고종 대신 23년 동안 나라를 다스렸다.

신하의 간언에 귀 기울인 당 태종

오늘날 중국인 대부분은 중국 역사상 가장 위대한 군주로 당 태종을 꼽는다. 태종의 가장 뛰어난 점은 신하들의 간언을 새겨듣고 잘못을 고치려 했다는 것이다.

사실 태종에게 신하들이 제대로 된 간언을 올리기란 여간 어려운 일이 아니었다. 태종에게는 형제들을 모두 죽이고 황제의 자리에 오른 냉혹한 군주라는 이미지가 강했다. 표정도 딱딱하고 엄해 신하들이 겁을 먹기 일쑤였다. 이를 잘 알았던 태종은 반드시 온화한 얼굴로 신하의 의견을 들었고, 늘 가까운 곳에 신하의 자리를 마련해 두고 신하들과 이야기하고자 했다. 태종은 신하들의 충고를 기뻐하고 옳은 말이라 칭찬하며 즉시 수정했다. 이에 호응해 신하들도 태종에게 간언을 자주 올렸다. 그 내용도 태종이 방탕하다는 것에서 공주의 결혼 준비가 사치스럽다는 것까지 다양했다.

태종이 신하들과 나눈 이야기를 모아 놓은 것이 『정관정요』인데, 중국은 물론 우리나라와 일본, 베트남 등에서 왕을 교육하는 제왕학 교과서로 널리 쓰였다.

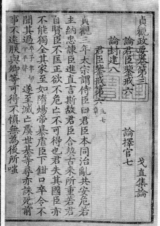

정관정요 표지와 내지(왼쪽부터)
정관정요는 당 태종 이세민과 위징, 방현령, 두여회 등 신하들이 나눈 문답을
통해 정치의 요체를 밝힌 책으로, 동아시아 문화권에서는 황제나 왕이
꼭 읽어야 하는 제왕학 교과서로 쓰였다. 10권 40편.

고종이 죽은 뒤에는 아들 둘을 황제로 올려 대신 나라를 다스리다가, 690년에는 아들을 내쫓고 스스로 황제가 되어 나라 이름을 '주'로 바꾸었다.

불행 중 다행으로 측천무후는 자신의 핏줄로 새 왕조를 장악하려는 생각 없이 인재를 적재적소에 배치해 나라를 다스린 탁월한 통치자였다. 특히 사회적 지위와 관계없이 유능한 인물을 직접 골라서 쓴 인사 정책은 문벌 귀족 중심 사회를 사대부 문인 관료 중심 사회로 바꾸었다.

705년에 측천무후가 죽은 뒤 아들인 예종이 황제 자리에 올랐으며, 그 뒤를 예종의 셋째 아들인 현종이 이었다. 현종은 할머니 측천무후의 뛰어난 정치 감각을 고스란히 물려받은 통치자였다.

현종은 비대해진 관료 조직을 수술해 무능한 관료들을 내쫓았고, 대운하를 보수해 경제를 활성화시켰다. 재정에 특화된 관료들의 노력으로 그동안 세금을 내지 않던 사람들을 조사해 세수를 크게 늘렸다. 도로와 대운하가 정비되면서 물자의 유통이 확대되었고, 화폐 발행과 유통도 더욱 활발해졌다. 재정이 크게 늘어나면서 백성들에게 세금 부담을 주지 않고도 60만 명에 이르는 강력한 군대를 유지할 수 있었다.

정치적 안정과 경제적 번영은 현종을 나태와 향락으로 이끌었다. 현종은 양귀비에게 빠져들어 양귀비의 친인척을 요직에 무더기로 등용했다. 특히 양귀비의 6촌 오빠인 양국충은 파락호에서 재상으로 올라 나라를 쥐락펴락했다. 그런 양국충에게 지방의 절도사들은 눈엣가시나 다름없었다. 그들이 주요 요충지에서 군대를

측천무후
18세기 중국에서 간행된 86황후의 초상화첩에 수록된 그림. 이 책은 영국 도서관에 소장되어 있다.

당 현종
당 현종은 초기에는 나랏일을 잘 이끌어 당나라를 번영으로 이끈 현군으로 이름 높았지만, 만년에는 나랏일을 등한시해 안·사의 난을 불러들였다.

장악해 왕이나 다름없는 권세를 누리고 있었기 때문이다. 양국충은 본보기로 지방 절도사 중 가장 세력이 컸던 안녹산을 제거하려 하였다.

안녹산은 서역인 출신 절도사로 군사 18만 명을 휘하에 두고 있었다. 그가 부하인 사사명과 함께 755년 말에 반란을 일으켰는데, 이를 '안·사의 난'이라 한다. 반란군이 당나라의 수도 장안을 치자 현종은 피난길에 올랐다. 그런데 도중에 현종을 호위하던 군사들이 반란을 일으켜 양국충과 양귀비를 죽였다. 현종은 아들인 숙종에게 황제 자리를 물려주고 쓸쓸하게 죽음을 맞았다.

절도사 때문에 나라가 망하다

당나라는 안·사의 난을 9년 만인 763년에 겨우 진압했다. 하지만 그 여파로 이후 급속한 쇠퇴의 길로 접어들었다.

먼저 황권이 약화되고 귀족들의 세력이 커졌다. 귀족들은 농민들의 땅을 힘으로 빼앗거나 헐값에 사들여 대지주가 되었다. 땅을 잃거나 빼앗긴 농민들은 귀족들의 땅을 경작하고 소작료를 바치는 전객(소작농)이 되었다. 이는 자기 땅을 경작해 나라에 세금을 바치고 병역 의무를 다할 자영 농민이 몰락했음을 의미한다. 전객은 귀족에게 소작료와 부역을 바칠 뿐 나라에 세금과 부역, 병역을 바칠 의무가 없기 때문이다. 토지 제도가 무너지자 조세 제도와 병역 제도도 무너진 것이다.

결국 중앙 정부에서는 자영 농민에게 매기던 부역과 공납을 없애고 토지와 재산의 많고 적음에 따라 세금을 매기는 양세법을 실시하였다. 자영 농민의 병역 의무를 바탕으로 한 부병제도 폐지하고 직업 군인을 뽑아 월급을 주는 모병제를 실시하였다.

당과 이슬람 제국의 대접전, 탈라스 전투

8세기 중엽, 이베리아 반도와 북아프리카, 서아시아를 차지하고 있던 이슬람 제국은 중앙아시아로 세력을 뻗어 나갔다. 이슬람 제국의 팽창에 따라 중앙아시아의 여러 소국이 당나라의 영향권에서 이탈하려는 조짐을 보이자, 당나라는 고구려 유민 출신 장군 고선지에게 747년과 750년 두 차례에 걸쳐 서역 원정을 지시했다. 고선지는 토번 족과 소발률국, 타슈켄트 지방의 석국 등 서역의 여러 나라를 정벌했다. 그런데 현종이 장안으로 압송된 석국 군주를 처형하면서 사태가 꼬이기 시작했다. 석국 왕자가 이슬람 제국에 구원을 요청한 것이다.

중앙아시아에 개입할 빌미를 잡은 이슬람 제국은 이듬해인 751년에 서역의 여러 나라와 연합군을 형성했다. 당나라는 고선지에게 제3차 원정을 지시했다. 이슬람 제국이 중심이 된 서역 연합군과 당나라가 중심이 된 서역 동맹군은 오늘날의 키르기스스탄 탈라스 강 유역의 평원에서 맞붙었다. 병력은 둘 다 5만 내외로 팽팽한 균형을 이루고 있었다.

전장의 팽팽한 균형은 동맹군으로 믿었던 카르룩군이 당나라 군대를 배후에서 급습하면서 급속히 기울었다. 카르룩은 이슬람 제국과 손잡고는 당나라와 동맹을 맺은 척 위장한 것이었다. 카르룩군에 배후를 찔린 당나라 군대는 궤멸에 가까운 타격을 받고 퇴각할 수밖에 없었다.

탈라스 강
탈라스 강은 키르기스스탄의 탈라스 주에서 발원해 카자흐스탄으로 흐르는 강으로, 751년에 이 지역에서 아바스 왕조의 이슬람 제국 군대와 당나라 군대가 맞붙었다.

다음으로 지방 절도사들의 권력이 더욱 강해졌다. 절도사는 군대의 힘을 바탕으로 왕이나 다름없는 권력을 행사하였다. 중앙 정부가 절도사 자리에서 내쫓으면 반란을 일으킬 정도였고, 절도사들의 반란을 진압하려고 다른 절도사들의 군대를 동원하려면 그에 상응하는 대가를 주어야 했다. 그 대가는 보통 절도사가 다스리는 영역에서의 관리 임명권, 조세 징수권, 사법권이었다. 심지어 절도사 자리에 대한 세습을 인정해야 하는 경우도 있었다. 상황이 이렇게 되자 당나라는 이름만 나라일 뿐 사실상 절도사들의 연합 정권에 불과해졌다.

875년에 몰락한 농민들이 일으킨 황소의 난으로 더욱 쇠약해진 당나라는 907년에 절도사 주전충에게 멸망하고 말았다.

개방적이고 국제적인 당나라 문화

수나라와 당나라는 북방과 서방의 유목 민족이 주축이 된 북조와 한족 중심의 남조가 합쳐져 만들어진 통일 왕조였다. 따라서 이 시대의 문화는 유목 민족의 강건하고 야생적인 기풍과 한족의 화려하고 귀족적인 기풍을 동시에 갖추고 있었다.

당나라는 북방과 서방의 유목 민족들을 정복해 비단길을 장악하고 중앙아시아와 인도, 서아시아 등과 활발하게 접촉하고 교역했다. 그런 까닭에 개방적이고 국제적인 문화가 발달했다. 비단길의 동쪽 출발점인 당나라의 수도 장안은 인구 100만이 넘는 세계

이정기와 이사도

당나라를 무대로 활약한 우리 조상들은 누가 있을까? 파미르 고원을 넘어 이슬람 제국과 맞선 고구려 출신 장군 고선지, 동아시아 바다의 해적을 소탕하고 당·신라·일본을 잇는 무역으로 이름을 떨친 해상왕 장보고, 황소를 토벌하러 떨쳐 일어서라는 격문을 써 이름을 날린 천재 학자 최치원 등이 당장 떠오를 것이다. 그런데 산둥 지방에 고구려 유민의 나라를 세운 이정기와 그의 손자 이사도를 기억하는 사람은 많지 않다.

고구려 출신 장수 이정기는 오늘날의 산둥 성에 해당하는 평로·치청 절도사였다. 산둥 지방의 군대를 지휘하면서 안·사의 난을 진압한 공으로 절도사 자리를 자손들에게 물려줄 권리를 얻었으며, 당나라의 발해·신라 외교를 전담하며 친발해·반신라 정책을 펼치기도 하였다.

당나라 중앙 정부가 지방 절도사들을 토벌하면서 평로·치청도 함께 무너뜨리려는 음모를 꾸몄다. 그러자 이정기의 손자 이사도가 816년에 반란을 일으켰다. 이사도 군대는 대운하의 물길을 막아 중앙 정부를 압박하고 장안을 공격하기도 하는 등 위세를 떨치다가 819년에 토벌되고 말았다. 한편, 장보고가 해상왕이 될 수 있었던 것은 평로·치청 토벌 전쟁에서 이름을 떨쳤기 때문이다.

장보고와 견당선

장보고는 당나라로 가 무령군 소장이 되어 이정기와 이사도가 일으킨 평로·치청의 난을 진압하는 데 공을 세웠다. 군대에서 나와 신라인들의 상업망을 이용해 장사로 큰돈을 번 다음, 신라로 돌아와 청해진 대사가 되었다. 해적을 소탕해 동중국해의 패권을 차지한 장보고는 당·신라·왜를 잇는 삼각 무역을 주도하면서 강진·해남에 청자 도요지를 만들어 청자 국산화에 앞장섰다.

러산 대불
중국 쓰촨 성 러산 시에 있는
세계 최대의 불상으로 1996년에
세계 문화유산에 올랐다.
713년에 조각하기 시작해
803년에 완성했다. 전체 높이
71미터, 폭 28미터의 미륵불이다.
머리 길이는 14.7미터,
어깨너비는 24미터이다.

최대의 국제도시 중 하나였다. 우리나라와 일본, 베트남은 물론 동남아시아 여러 나라와 인도, 이슬람 제국, 비잔티움 제국(동로마 제국)에서 사절단과 상인, 승려, 유학생이 몰려들었다.

당나라는 외국인 유학생만을 위한 과거인 빈공과를 통해 우수한 인재를 끌어들이는 한편, 이들을 통해 주변 여러 나라에 친당 세력을 심기도 했다. 신라 말에 활약한 6두품 출신 학자인 최치원도 당나라로 유학 가서 빈공과에 합격하여 관직을 맡았다.

당나라에는 비단길과 초원길, 바닷길을 통해 세계 각지의 문물과 종교 등이 흘러들었다. 인도의 불교, 페르시아의 조로아스터교와 마니교, 이슬람 제국의 이슬람교, 유럽의 경교(네스토리우스파 크리스트교) 등 다양한 종교가 전래되어 유행했다.

특히 불교는 대중 속에 깊이 뿌리내려 대중 종교로 자리 잡았다. 우리나라와 일본의 승려들은 당나라로 유학 가 불교를 깊이 연구하고 불교 경전과 부처의 진신사리를 가져오기도 했다. 현장, 의정, 혜초처럼 인도를 순례하고 불교 경전을 가져오는 경우도 있었다.

당나라 때는 시도 발달했다. 이백과 두보 등이 남긴 시는 중국은 물론 우리나라와 일본, 베트남에서도 크게 유행했다. 또한 당삼채와 청자 등 우수한 도자기들도 많이 만들어졌다. 특히 청자는 동아시아와 중앙아시아, 서아시아에까지 비싼 값으로 수출될 만큼 명품이었다.

당삼채
낙타를 탄 서역인의 모습을 흙으로 빚어 만든 당삼채 도자기로, 비단길을 통한 국제 교역상을 잘 보여 주는 걸작이다. 당삼채는 당나라의 대표적인 도자기로 주로 백색, 녹색, 갈색의 3색 유약을 칠해 구웠기 때문에 삼채라는 이름이 붙었다. 중국 상하이 박물관에 소장되어 있다.

동아시아 문화권의 형성

 남북조 시대와 수·당 시대에는 한자와 율령 체제, 유교, 불교를 특징으로 하는 중국의 문화가 고구려, 백제, 신라, 발해, 일본, 베트남으로 전해졌다. 이들 나라에서는 독자적인 문자가 만들어진 뒤에도 한자가 대표적인 기록 문자로 널리 쓰였고, 중국의 율령 체제를 받아들여 독자적인 법령 체제를 구축했다. 유교는 통치 이념이자 교육 이론, 사회 규범으로 자리 잡았고, 불교는 백성들을 하나로 묶는 신앙으로 뿌리내렸다. 그 결과 중국·우리나라·일본·베트남을 잇는 동아시아 문화권이 만들어졌다. 베트남, 신라, 발해, 일본 등은 중국의 문화를 받아들여 통치 체계를 정비했다.

 특히 우리나라는 중국의 문화를 일본에 전해 주는 다리 역할을 하였다. 4세기 중엽에 세워진 야마토 정권은 백제, 가야와 밀접한

이 시기에는 당과 활발히 교류해 선진 문물을 받아들였으며, 이때부터 *일본*이라는 나라 이름을 공식적으로 사용했다.

호류 사(왼쪽 위)와 금당 벽화 (왼쪽 아래, 복원), 백제관음상 (오른쪽)

호류 사는 일본 나라 현에 있는 절로, 쇼토쿠 태자가 607년에 건립한 것으로 알려져 있다. 금당과 호류 사 5층탑은 세계에서 가장 오래된 목조 건축물로 담징이 그린 금당 벽화가 있었지만, 1949년 화재로 불탔다. 이 절에는 백제관음상이라는 높이 2미터가 넘는 목조 관음보살 입상이 있는데, 부드러운 미소와 11등신의 날씬한 자태로 일본 국보 1호이다. 이 관음상의 제작 경위를 두고 백제의 귀화인이 만들었다는 설, 임진왜란 때 옛 백제 땅인 충청도와 전라도 절에서 훔쳐 갔다는 설까지 다양하다. 호류 사와 호류 사 소장 유물은 삼국과 왜의 문화 교류를 보여 주는 귀중한 자료이다.

관계를 맺고 중국의 선진 문물을 받아들였다. 6세기 말, 7세기 초 섭정이 되어 왕 대신 나라를 다스렸던 쇼토쿠 태자는 중국에 사신을 보내 선진 문물을 직접 수입해 정치 개혁을 이루고 불교문화를 발전시켰다. 이를 아스카 문화라고 한다.

쇼토쿠 태자는 호류 사를 비롯한 여러 사원을 지었다. 호류 사 금당에 고구려 승려 담징이 그린 벽화가 있었다고 하는데, 1949년 화재로 불에 타 사라졌다. 호류 사의 백제관음상은 빼어난 걸작으로 알려져 있으며 백제인이 조각했다고 전한다.

7세기 중엽에는 야마토 정권의 실권자인 소가 씨를 내쫓는 다이카 개신이 일어났다. 다이카 개신 이후 일본은 당나라의 율령 체제를 도입하고 국왕 중심의 중앙 집권 체제를 확립하였다.

일본은 8세기에 나라로 도읍을 옮기고, 도다이 사를 세웠다. 도다이 사 옆에는 일본 왕실의 보물을 보관하는 쇼소인이 있는데, 신라의 가야금과 바둑판, 민정문서 등이 발견되어 일본이 통일신라와도 활발히 교류했음을 보여 준다.

8세기 말에는 헤이안으로 도읍을 옮기고 일본 고유의 독자적인 문화를 발전시켰는데, 이를 국풍 문화라고 한다. 한자의 초서를 본떠 일본 문자인 '가나'가 만들어진 것도 이때이다. 불교도 일본의 독자적인 종교인 신도와 결합해 일본식으로 변했다.

중국 삼국 시대에서 당나라까지

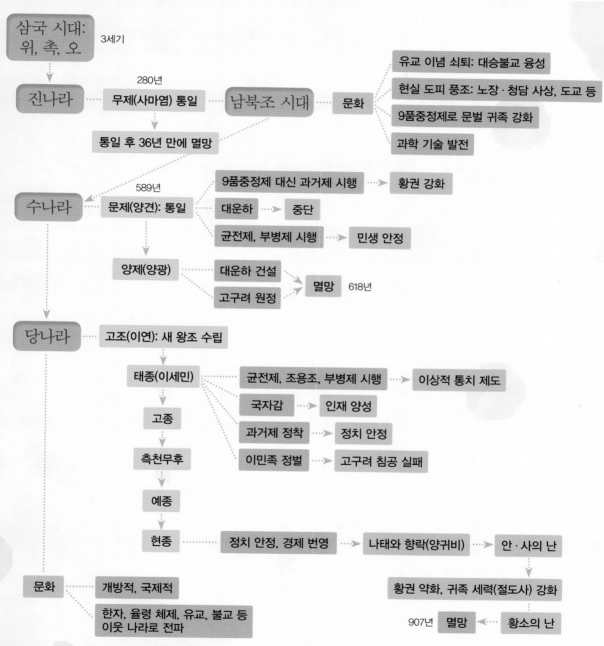

삼국 시대: 위, 촉, 오 · 3세기

진나라

280년 · 무제(사마염) 통일

통일 후 36년 만에 멸망

남북조 시대 → 문화
- 유교 이념 쇠퇴: 대승불교 융성
- 현실 도피 풍조: 노장·청담 사상, 도교 등
- 9품중정제로 문벌 귀족 강화
- 과학 기술 발전

수나라

589년 · 문제(양견): 통일
- 9품중정제 대신 과거제 시행 → 황권 강화
- 대운하 → 중단
- 균전제, 부병제 시행 → 민생 안정

양제(양광)
- 대운하 건설
- 고구려 원정 → 멸망 618년

당나라

고조(이연): 새 왕조 수립

태종(이세민)
- 균전제, 조용조, 부병제 시행 → 이상적 통치 제도
- 국자감 → 인재 양성
- 과거제 정착 → 정치 안정
- 이민족 정벌 → 고구려 침공 실패

고종

측천무후

예종

현종 ····· 정치 안정, 경제 번영 → 나태와 향락(양귀비) → 안·사의 난
→ 황권 약화, 귀족 세력(절도사) 강화
907년 멸망 ← 황소의 난

문화
- 개방적, 국제적
- 한자, 율령 체제, 유교, 불교 등 이웃 나라로 전파

5 이민족의 침입으로 유럽에 봉건 제도가 성립하다

9세기 이후 마자르 족과 노르만 족(바이킹)의 침입을 받은 유럽 사람들이 높고 튼튼한 성을 가진 기사들에게 생명과 재산을 맡기면서 중세 봉건 제도가 만들어졌다. 외부의 침입이 잦아든 뒤 중세 유럽의 종교가 로마 가톨릭 교회로 통일되면서 교회의 권세는 갈수록 높아졌다. 급기야 교황의 권세가 국왕의 권세를 누르는 일이 벌어졌다.

마자르 족과 바이킹의 침입

9세기 중엽에 이베리아 반도를 제외한 서유럽 전역을 통일했던 프랑크 왕국이 셋으로 쪼개진 뒤, 서유럽에는 새로운 위기가 다가왔다.

중앙아시아의 유목 민족인 마자르 족은 카스피 해 부근의 초원 지대에 살다가 서쪽으로 이동해 슬라브 족과 훈 족을 정복했다. 그러고는 오늘날의 우크라이나, 루마니아, 헝가리, 유고슬라비아에 정착해 발칸 반도 남부의 비잔티움 제국(동로마 제국)으로 쳐들어갔다. 아울러 마자르 족 일부는 동프랑크 왕국을 돌파해 오늘날의 프랑스 남동부까지 쳐들어가 노략질했다.

중앙아시아의 초원 지대를 주름잡던 유목 민족답게 마자르 족은 말을 타고서도 활을 귀신같이 쏠 줄 알았다. 이들이 어쩌나 용맹하고 잔인했는지, 프랑크 왕국과 비잔티움 제국 사람들은 마자르 족의 '마' 자, 헝가리의 '형' 자만 들어도 두려움에 벌벌 떨 정도였다. 판타지 소설이나 게임에 보면 '오거'라는 무시무시한 괴물의 이름이 자주 등장하는데, 헝가리를 뜻하는 고대 터키어 '오구르'에서 온 것이다.

마자르 족은 955년 신성 로마 제국(동프랑크 왕국) 황제 오토 1세와의 싸움에서 대패한 뒤 서유럽 약탈을 그만두었다. 약 20년 뒤에 마자르 족은 크리스트교로 개종했다.

마자르 족과 노르만 족 (바이킹)의 침입
9세기 중엽 마자르 족과 노르만 족의 침입은 유럽에 봉건 제도를 낳았다.

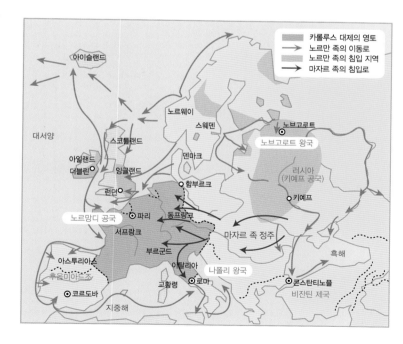

이것만 보아도 당시 사람들이 마자르 족을 얼마나 두려워했는지 짐작할 수 있다.

당시 사람들을 두려움에 빠뜨린 것은 마자르 족만이 아니었다. 북부 유럽의 노르만 족 바이킹들은 한술 더 떴다.

위대한 항해자이자 모험가였던 바이킹이 늘어나는 인구 압력을 버텨내기에 스칸디나비아 반도는 너무 춥고 거칠었다. 바이킹은 뛰어난 항해술을 바탕으로 북해의 아이슬란드를 거쳐 그린란드와 북아메리카 대륙에 식민지를 건설하고 정착을 시도했다. 한 걸음 더 나아가 아이슬란드와 영국 사이에 있는 여러 섬에 전진 기지를 건설하고 영국과 아일랜드를 건드리는 한편, 서유럽 연안 지방의 마을들을 습격하거나 배를 타고 강을 따라 내륙 지방까지 빠르게 움직여 마구 헤집고 다녔다.

크리스트교를 믿지 않는 바이킹에게 교회와 수도원은 그야말로 군침 흘릴 만한 먹잇감이었다. 교회와 수도원에는 신자들이 바친 십일조(10분의 1세)가 창고에 가득 쌓여 있었고, 금은보화로 치장한 성상이 교회와 수도원 곳곳을 장식하고 있었다.

바이킹은 배가 다닐 수 있는 곳이면 어디든지 빠르게 접근할 수 있었다. 사람들이 미처 예상하지 못한 시점에 공격 목표에 빠르게 접근한 다음 허점을 귀신같이 찾아서 단번에 공격했다. 심지어 배에다가 말까지 싣고 다니면서 배가 정박한 주변 마을을 초토화시키기도 했다.

바이킹은 반항하는 사람들은 본보기로 잔혹하게 죽인 뒤 그 머리를 잘라 발로 차고 놀 만큼 잔인하기 짝이 없었다(바이킹의 이러한 놀이에서 축구가 시작되었다고 한다).

바이킹은 10세기 초에는 아예 센 강 하구에 거점을 차려 놓고는 해마다 서프랑크 왕국 전체를 상대로 세금을 받아 가듯 상습적인 약탈을 자행했다. 심지어 911년에는 파리를 포위해 공격하기도 했다. 비록 공성전에 능숙하지 못해 파리를 점령하지는 못했지만, 서프랑크 왕국으로서는 간담이 서늘한 일이었다. 결국 서프랑크 왕국은 바이킹이 크리스트교로 개종하는 대가로, 센 강 하류 지방과 노르망디 지방 일부를 영지로 넘겨주어야 했다. 바이킹은 노르망디 지방을 야금야금 먹어 들어가 서유럽에 왕국 건설의 발판을 마련했다.

바이킹의 다음 목표는 지중해의 이탈

파리를 포위한 바이킹
바이킹이 911년에 파리를 포위하자, 서프랑크 왕국은 개종을 조건으로 센 강 하류 지방과 노르망디 지방 일부를 영지로 넘겨주어야 했다. 그림은 19세기 독일의 역사 잡지에 수록된 바이킹 관련 삽화이다.

바이킹 배
노르웨이 오슬로 대학교
문화역사 박물관(바이킹
선박 박물관)에 전시된
오세베르크 호.

리아 반도와 시칠리아 섬이었다. 바이킹은 그쪽으로 조금씩 천천히 이주했다. 이들은 지방 귀족에게 용병으로 고용되었으며, 이탈리아를 차지하려는 비잔티움 제국이나 이슬람 세력과 용감하게 싸웠다. 전투가 치열해질수록 용병으로 오는 바이킹이 늘어났다. 세력이 늘어난 바이킹은 급기야 자신들을 고용한 귀족들을 몰아내고 시칠리아 섬과 이탈리아 남부를 다스렸다.

한편 서프랑크 왕국 센 강 하류 지방과 노르망디 지방에 뿌리내린 바이킹은 노르망디 공국을 건설했다. 1066년에 노르망디 공작 윌리엄은 바이킹을 이끌고 도버 해협을 건너 영국을 침공해 잉글랜드의 왕이 되었다. 이를 영국사에서는 '노르만 침공'이라 하는데, 잉글랜드에서 노르만 왕조가 출범하는 계기가 된 사건이다.

한편 바이킹의 또 다른 일파는 8세기 중엽에 러시아로 진출했다. 9세기 중엽에는 러시아 북서부 노브고로트 지방을 차지하고 노브

가죽을 거래하는 바이킹
노브고로트 공국을 세운 류리크와 형제들이 862년에 스타라야 라도가 지역에 도착해 원주민들과 짐승 가죽을 거래하는 모습. 빅토르 바스네초프의 1913년경 작품이다.

고로트 공국을 세웠다. 노브고로트 공국은 9세기 말에 러시아 남서부의 키예프를 점령하고 도읍을 그곳으로 옮겨 키예프 공국으로 발전했다.

침략자들의 위협이 만든 봉건 사회

마자르 족과 바이킹의 준동은 서유럽을 공포의 도가니로 몰아넣었다. 이들의 침략을 받으면 십중팔구는 생명과 재산을 모두 잃었기 때문이다. 멀리 떨어진 국왕이나 지위 높은 귀족들의 군대는 그림의 떡이었다. 국왕이나 귀족들이 군대를 이끌고 가면 침략자들은 이미 사라진 지 오래였고, 마을은 폐허로 변해 있었다.

설령 국왕이나 귀족들이 이끄는 군대가 침략자들을 만난다 해도 섬멸하리라는 보장이 없었다. 자칫 평원에서 잘못 맞닥뜨리면 몰살당하기 십상이었다.

하지만 마자르 족과 바이킹에게도 약점은 있었다. 높고 튼튼한 성곽에 웅크린 적을 공격하는 공성전에 미숙하다는 것이다. 그런 성 안에 웅크리고 있는 적을 효과적으로 공격하려면 공성 병기의 제작과 운용을 중심으로 한 다양한 공성 전술이 필요하다. 하지만 이들은 그런 전술을 갖고 있지 않았다. 그러니까 이들에게서 살아남으려면 높고 튼튼한 성곽 안에 숨어야 했다.

사람들은 자신과 가족, 이웃의 생명과 재산을 보호해 줄 힘을 간절하게 바랐다. 가까운 곳에서 자신들을 보호하고 구원해 줄 힘을

바이킹은 노르망디 공국, 노르만 왕조 잉글랜드, 시칠리아 왕국, 노브고로트 공국 등을 세우면서 중장기병 운용과 **공성전**에도 능숙해졌다.

말이다. 그래서 자신들을 보호해 줄 가능성이 조금이라도 있는 사람, 높고 튼튼한 성곽을 가졌고 강력한 군대를 거느린 사람과 군사 지도자에게 앞다투어 몰려갔다. 생명을 보호해 주는 대가로 자신이 가진 땅을 바쳤고 더 나아가 자신의 자유, 신체까지 바쳤다. 그렇게 사람들은 자유민에서 농노로 바뀌었다.

하지만 성곽과 군대를 가지고 있더라도 군사 지도자 혼자의 힘으로 마자르 족과 바이킹을 막지는 못했다. 군사 지도자들은 자신보다 더 높고 크고 튼튼한 성곽과 더 강력한 군대를 가진 또 다른 군사 지도자를 찾아가 적들의 침공에서 보호해 주는 대가로 성곽과 군대, 땅, 주민을 바치고 충성을 맹세하였다.

중세 성
잉글랜드 남동쪽 이스트 서섹스 로더 강변에 있는 보디암 성의 모습. 로더 강과 높고 튼튼한 성벽이 난공불락의 요새임을 잘 보여 준다.

이러한 일은 오랜 기간에 걸쳐 일어났으며, 이에 따라 새로운 사회 체제가 만들어졌다. 바로 중세 봉건 사회다.

중세 기사
중세 기사들이 착용하던 판금 갑옷과 투구, 신발의 모습. 막시밀리안 가에서 15세기경에 쓰던 물건이다.

가까이에서 지켜 주는 영주에게 충성

봉건 사회의 꼭대기에는 군사 지도자들이, 밑바닥에는 농노들이 있었다.

성곽과 군대를 가진 군사 지도자들은 하나하나가 육중한 갑옷을 입고 말을 탄 기사였다. 국왕, 귀족, 기사 등으로 지위는 달라도 모두 기사였다. 기사들은 서로 계약을 맺어 주군으로 모시고 충성을 맹세하는 대가로 땅과 농노를 받았다. 실제로는 자기 땅과 농노를 보호의 대가로 바친 다음 충성을 맹세하고 돌려받은 것이었지만, 세월이 흐르면서 충성을 대가로 땅과 농노를 받는 경우도 점점 늘었다.

부하 기사가 계약을 깨뜨리고 군대를 동원하기로 한 명령을 어기거나 공물을 바치지 않으면 주군은 그에게 준 땅과 농노를 몰수했다. 부하 기사가 땅과 농노를 그냥 돌려줄 리 없으니 대개는 영지전이 벌어졌다. 반대로 주군이 계약을 깨뜨리고 적의 침공에서 자신과 자신의 영지를 보호해 주지 않으면 부하 기사는 주군에 대한 충성을 철회하였다. 이렇듯 중세 유럽의 봉건제는 철저히 서로 간의 계약을 바탕으로 한 관계였다.

농노들은 여러 의무를 지는 대가로 영주에게서 땅을 받아 거기에서 나는 곡식과 가축으로 생활하였다. 농노에게는 영주가 직접 경영하는 땅(직영지)에서 일하고, 공물을 바치며, 영주가 가진 방앗간·창고·쟁기 따위 시설을 쓰고 사용료를 낼 의무가 있었다.

영지를 이루는 장원의 모습
15세기 말 프랑스에서 출간된 『농촌에 보탬이 되는 책』에 수록된 삽화로 흙 파기, 김매기, 양털 깎기, 쟁기질, 나무 베기, 소 잡기 따위 장원에서 이루어지는 다양한 농사일을 보여 준다. 이 책은 영국 도서관에 소장되어 있다.

영주들은 주군에게서 받은 땅과 농노들에게 나오는 수입으로 생활하였다. 농노들이 직영지에서 부역으로 농사지어 거둔 곡식과 공유지 목초로 기른 가축, 농노들이 내는 공물과 시설 사용료가 주된 수입원이었다. 그 돈으로 영주는 가족을 먹여 살리고 자식들을 가르쳤으며 말과 갑옷, 무기를 사고 병사들에게 봉급을 주었다.

힘이 세건 약하건 영주들은 자기가 다스리는 영지에서 절대적인 권력을 행사했다. 아무리 주군이라도 부하 기사가 다스리는 땅에 대해서는 간섭할 수 없었다. 간섭을 했다가는 충성 맹세가 철회되었고, 피 튀기는 싸움을 치러야 했다.

이렇게 영주들이 누구의 간섭도 받지 않고 마음대로 다스리다 보니 권력이 지방으로 분산될 수밖에 없었다. 결국 중세 유럽의 봉건 국가들에서는 왕도 가장 힘이 센 기사에 불과했다. 말로는 국가라지만, 수많은 기사가 다스리는 영지의 연합일 뿐이었다.

교황은 해, 황제는 달

서유럽을 위협하던 이교도 마자르 족과 바이킹이 10세기에 크리스트교로 개종하면서 중세 유럽은 다시 크리스트교 일색이 되었다. 이제 서유럽에서 로마 가톨릭 교회를 위협할 요소는 더 없었다.

중세 서유럽 인들은 기사건 농노건 모두 독실한 크리스트교 신자였다. 장원마다 교회가 있었고, 사제가 있었다. 기사건 농노건 신자들은 모두 자발적으로 교회에 십일조를 냈다. 신앙심을 과시하려고 교회에 땅을 기부하고, 주교나 대주교에게 영지를 나누어 주는 왕이나 귀족도 많았다.

더욱이 카롤루스 대제 이후 교회와 수도원의 성직자들은 국왕을 도와 행정을 담당하는 고관을 맡고 있었다. 중세 유럽에서는 교회와 수도원이 지식인을 양성하는 유일한 기관이었기 때문이다. 주교나 대주교를 비롯한 성직자들이 국왕의 총애를 받았고 그들은 국왕을 주군으로 모시는 대가로 거대한 영지를 하사받아 대영주가 되었다.

시간이 지날수록 교회는 부자가 되었고, 주교나 대주교의 권세는 점점 커졌다. 이제 성직은 세상에서 가장 수지맞는 장사가 되었고, 이러한 상황은 교회와 성직자의 타락을 부추겼다.

남몰래 여자와 결혼해 자식까지 보는 성직자들이 늘어났다. 아내와 자식이 풍족한 생활을 누리도록 해 주려면 돈이 많이 필요했다. 이들은 교회와 교구, 대교구의 돈을 자기 돈처럼 흥청망청 써 댔다. 시간이 지날수록 이들이 돈을 버는 방법은 더욱 다양하고

세냥크 수도원
프랑스 프로방스 지방에 있는
시토회 수도원으로, 1148년에
건축되었다. 수도원 운동 당시의
모습을 엿볼 수 있는 소박한
건축물이다.

교묘해졌다. 돈을 받고 성직을 팔기도 하고, 구원을 미끼로 돈을
우려내기까지 했다.

교회와 성직자들의 타락이 심해지자 이에 반대해 청렴과 노동,
경건한 신앙생활을 강조하는 수도원 운동이 나타나기도 했다.

교회 개혁 운동은 11세기 중엽 이후 더욱 강력해졌다. 이 운동
의 강력한 후원자였던 신성 로마 제국 황제 하인리히 3세는 교황
이 주재하는 대관식을 통해 황제의 관을 쓰고 싶었다. 하지만 그가
1046년에 로마로 갔을 때 맞닥뜨린 상황은 그야말로 어처구니없는
것이었다. 이탈리아 인 세 명이 서로 자신이 교황이라 주장한 것이
다. 하인리히 3세는 이들을 내쫓고, 자신의 신하인 독일인 주교를
교황에 앉혔다. 이후에도 하인리히 3세는 세 차례나 더 교황을 임
명했다.

문제는 하인리히 3세가 정치 감각이 떨어지는 인물이라 신성 로

마 제국의 분열을 방치했다는 것이다. 그의 영향력은 갈수록 줄어들었고, 그 와중에 그레고리우스 7세가 추기경단의 선거에서 압도적인 지지로 교황에 선출되었다. 그레고리우스 7세는 교회 개혁에 앞장서 성직자들의 절대복종과 순결(혼인 금지)을 강조했다. 한 걸음 더 나아가 국왕과 황제는 교황의 명에 복종하여 세상을 복음화하고 개혁하는 일에 나서야 한다고 주장했다. 이를 위해서는 황제나 국왕 같은 세속인들이 더는 성직자를 임명해서는 안 되고, 오직 교황과 교회만이 성직자를 임명할 수 있다고 주장했다. 황제나 국왕에게서 성직 임명권을 박탈한 것이다.

당연히 황제와 국왕은 교황이 관습을 무시하고 분란만 일으킨다며 반발하고 나섰다. 하지만 교황은 "주께서는 '나는 관습이다.'라고 말씀하지 아니하고, '나는 진리이다.'라고 말씀하셨다."며 이들의 반발을 일축했다.

아버지인 하인리히 3세에 뒤이어 신성 로마 제국 황제가 된 하인리히 4세는 그레고리우스 7세의 조치에 반발해 그를 교황 자리에서 내쫓았다. 그러자 그레고리우스 7세는 하인리히 4세를 파문함으로써 맞서는 한편, 황제에게 불만을 품고 있던 제후들을 꼬드겼다. 황제에게 반항할 기회만 노리던 이 제후들은 그레고리우스 7세와 손을 잡았다. 이듬해까지 파문 취소 조치를 받지 않으면 황제 자리에서 내쫓겠다고 결의한 것이다.

하인리히 4세는 어처구니가 없었지만, 발등에 떨어

카노사의 굴욕
당시에는 이단으로 찍혀 파문되면 누구든 그 사람을 죽여도 상관없었다. 따라서 황제에 대한 파문은 휘하 제후들에게 공공연하게 반란을 선동하고 조직하는 정치 행위였다. 그림은 에두아르드 슈바이저가 1852년경에 그린 〈카노사의 하인리히〉로, 독일 뮌헨의 막시밀리안 박물관에 소장되어 있다.

중세 유럽 문화를 장악한 가톨릭

로마 가톨릭 교회가 중세 유럽 봉건 사회의 신앙과 사상을 일색화한 이 시기에는 신학이 모든 학문의 중심이었다. 당시 신학은 그리스 철학의 방법론을 이용해 눈에 보이지 않는 신의 존재를 합리적으로 증명하려고 하였다. 이를 스콜라 철학이라고 한다.

교황권이 절정에 달했던 13세기 중엽에 활약한 신학자 토마스 아퀴나스는 『신학대전』을 집필해 스콜라 철학을 집대성했다.

한편 이 시기에는 천국에 다다르려는 사람들의 소망을 담아 높고 뾰족한 탑과 높고 둥근 아치형 천장, 화려한 스테인드글라스 유리창을 특징으로 한 고딕 양식이 크게 유행하였다.

짓는 데 600년 이상 걸린 쾰른 대성당
높이 157.38미터로 유럽에서 두 번째,
세계에서 세 번째로 높은 고딕 양식 성당이다.

성당 내부 모습
높은 천장이 경건함을 더한다.

아름다운 스테인드글라스
아름답고 화려한 스테인드글라스에는 성당에 얽힌
다채로운 이야기가 담겨 있다.

크리스토포로스 입상
아기 예수를 업고 가는 거인으로 묘사되는 크리스토포로스는
고대 로마 제국 때 순교한 등산가·운동선수·짐꾼·여행자의
수호성인이다.

진 불부터 꺼야 했다. 북이탈리아의 카노사 성에 있는 그레고리우스 7세를 찾아가 사흘 동안 눈밭에 서서 빌었고, 그제야 교황은 황제의 파문을 취소했다. 이를 '카노사의 굴욕'이라 부르는데, 교황의 권력이 황제를 넘어선다는 것을 잘 보여 주는 사건이다.

발등의 불을 끈 하인리히 4세는 제후들을 잘 구슬려 황제의 권위를 굳건히 하는 데 성공했다. 하인리히 4세와 그 아들 하인리히 5세는 그레고리우스 7세를 비롯한 교황들과 성직 임명권을 놓고 약 50년간 계속해서 싸웠다. 결국 1122년에 황제와 교황 양측은 타협에 이르렀는데, 성직 임명권은 교황과 교회에 있지만 영주가 된 주교나 대주교는 황제에게 충성을 맹세해야 한다는 내용이었다.

이후 교황은 종교뿐만 아니라 정치에서도 막강한 권한을 행사했다. 13세기에 교황권은 절정에 달했다. 교황 인노켄티우스 3세가 '교황은 해, 황제는 달'이라고 비유할 정도였다.

인노켄티우스 3세
성 베네딕도 수도원 성스러운 동굴(사크로 스페코)에 그려진 프레스코 화.

중세 유럽 사회

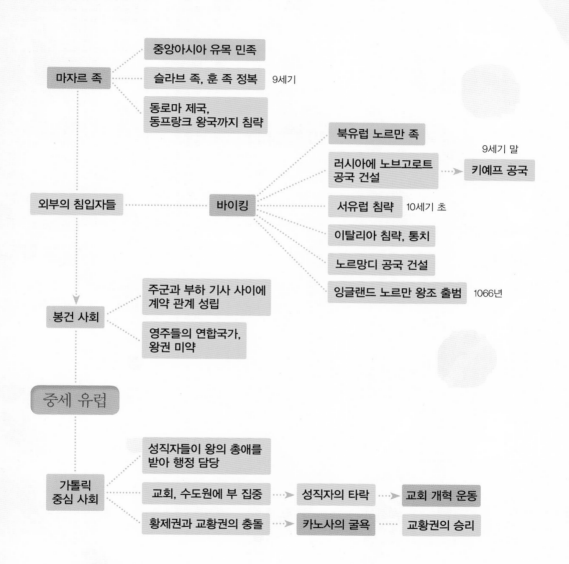

마자르 족
- 중앙아시아 유목 민족
- 슬라브 족, 훈 족 정복   9세기
- 동로마 제국, 동프랑크 왕국까지 침략

외부의 침입자들 …… **바이킹**
- 북유럽 노르만 족
- 러시아에 노브고로트 공국 건설 → 키예프 공국   9세기 말
- 서유럽 침략   10세기 초
- 이탈리아 침략, 통치
- 노르망디 공국 건설
- 잉글랜드 노르만 왕조 출범   1066년

봉건 사회
- 주군과 부하 기사 사이에 계약 관계 성립
- 영주들의 연합국가, 왕권 미약

중세 유럽

가톨릭 중심 사회
- 성직자들이 왕의 총애를 받아 행정 담당
- 교회, 수도원에 부 집중 → 성직자의 타락 → 교회 개혁 운동
- 황제권과 교황권의 충돌 → 카노사의 굴욕 …… 교황권의 승리

6 경제 대국 송나라가 무너지고 몽골 족이 원나라를 세우다

지방 절도사들의 반란으로 당나라가 멸망하고 나서 송나라가 5대 10국의 혼란을 수습하고 중국을 통일했다. 송나라는 군인 반란을 막기 위해 문치주의를 택하면서 국방력이 약해졌고, 유목 민족에게 막대한 공물을 바쳐야 했다. 남송을 멸망시키고 원나라를 세운 몽골 족은 아시아와 유럽에 걸친 대제국을 건설하고 동서 문화 교류에 크게 이바지했다.

5대 10국의 혼란을 끝장낸 조광윤

유럽에서 중세 봉건 제도가 형성되기 시작한 10세기에 동아시아의 중국은 어떤 상황이었을까? 907년에 절도사 주전충이 반란을 일으켜 당나라를 멸망시킨 뒤, 후량이라는 나라를 세웠다.

하지만 주전충이 아무리 황제라고 떠들어도 절도사들은 콧방귀만 뀔 뿐이었다. 자기들도 주전충과 똑같이 절도사요, 똑같이 군대를 거느린 군벌이었다. 그런 절도사들이 자신들과 별반 차이가 없는 주전충에게 충성을 바칠 리 없었다.

결국 후량은 후당에 멸망하였고 후진, 후한, 후주가 뒤를 이었다. 이들 다섯 왕조는 중국의 정치적 중심지인 화북 지방을 차지하고 있었기에 5대라고 부른다. 화북의 다섯 왕조는 지방에 대한 통제력이 약했다. 결국 화북을 제외한 나머지 지역도 절도사들이 스스로 왕을 자처하며 열 개의 나라를 세웠는데, 이들 지방 정권을 10국이라 한다.

이들 나라가 50여 년 동안 서로 치고받고 싸우면서 중국은 5대 10국 시대라는 분열과 혼란의 시대를 맞았다. 이 혼란과 분열의 배후에는 당시 중국 화북 지방의 동북쪽에 자리 잡은 강대국 거란이 있었다.

거란은 야율아보기가 916년에 거란족을 통일해 세운 나라다. 926년에 동북아시아의 강대국이었던 발해를 무너뜨리고 몽골 고원에서 만주 평원에 이르는 대제국으로 성장했다.

거란이 강대국으로 성장하자, 거란의 군대와 손잡고 황제의 자

주전충
주전충의 본명은 온인데, 황소의 난을 진압한 공으로 '전부를 바쳐 충성하라'는 뜻의 '전충'이라는 이름을 하사받았다. 하지만 소종을 살해하고 아들인 13세의 소선제(애제)를 황제로 옹립한 다음, 황제 자리를 선양받고 후량을 세웠다. 이듬해에 주전충은 소선제를 독살하고 당나라 고관 30여 명을 처형해 그 시신을 황허 강에 던져 버렸다.

리에 오르려는 절도사들이 곳곳에서 생겨났다. 거란에서 대군을 빌려 후당을 멸망시키고 후진을 세운 석경당이 대표적인 예였다. 석경당은 거란에서 대군을 빌리는 조건으로 두 가지를 약속했다. 하나는 연운 16주를 거란에 넘긴다는 것이었고, 다른 하나는 해마다 공물을 바친다는 것이었다.

야율아보기
916년에 거란족을 통일해 거란을 세웠다.

후진은 오래가지 못했다. 석경당의 뒤를 이은 아들이 공납을 중단하겠다고 통고하며 약속을 뒤집은 것이다. 거란은 대군을 보내 응징에 나섰고, 몇 차례의 공방전 끝에 석경당의 아들을 사로잡았다. 결국 후진은 946년에 멸망했다. 이듬해 거란은 나라 이름을 요로 바꾸었다.

후진이 망한 뒤 후한과 후주가 뒤를 이어 화북 지방을 차지했다. 이 시기에 요나라 군사와 손잡고 황제 자리에 오르려는 군벌이 속출했다.

그런 군벌들을 토벌하며 명성을 떨친 이가 후주 군대의 총사령관인 조광윤이다. 960년에 조광윤은 후주 군대를 이끌고 군벌을 토벌하러 가다가 부하 장수들의 추대로 황제에 올랐다. 조광윤은 군대를 돌려 나이 어린 황제에게서 정식으로 황제 자리를 물려받아 나라 이름을 송으로 고쳤다. 송 태조 조광윤이 지방 정권들을 정복하기 시작하면서 5대 10국의 혼란은 마침내 막을 내렸다.

조광윤은 송나라가 이전 왕조와 달리 오랫동안 지속되려면 무엇보다 지방 절도사의 병권을 없애고 황제가 군대를 장악해야 한다고 보았다.

연운 16주는 지금의 베이징과 다퉁을 중심으로 한 지역으로, 허베이 성에 속하는 유, 계, 탁, 단, 순, 영, 막, 신, 규, 유, 무, 울의 12개 주와 산시 성에 속하는 운, 환, 응, 삭의 4개 주를 합한 16개 주를 가리킨다.

어느 날, 조광윤은 자신을 추대한 부하 장수들을 모두 불러 잔치를 베풀었다. 침통한 표정을 짓고 있는 조광윤을 보고 부하들이 의아해했다. 조광윤은 부하들이 지금처럼 병권을 갖고 있다면 언젠가는 황제 자리를 굳건히 지키기 위해 부하들을 모조리 숙청해야 할 텐데 그런 자신의 처지가 안타깝다고 대답했다. 이야기를 들은 부하들은 모두 병권을 반납하고 은퇴했고, 조광윤은 군대를 완전히 장악할 수 있었다.

송 태조 조광윤
원나라 때 쓰인 왕운의
『서화목록』에 수록된 그림으로,
타이베이 국립 고궁 박물원에
소장되어 있다.

하지만 조광윤은 이것만으로 문제가 해결될 수는 없다고 보았다. 후손들이 모두 자기처럼 결단력이 강하고 똑똑할 수는 없다. 언제 무능한 황제가 나와 군대를 장악한 장수에게 황제 자리를 빼앗길지 모른다. 그런 가능성을 없애려면 군대의 힘을 약화시켜야 한다. 모든 권력은 무력에서 나오기 때문이다.

결국 조광윤은 군대를 이끄는 무신들보다 문신들에게 높은 벼슬을 내려 무신들을 감찰하도록 했다. 문신들의 일도 여럿이 분담하게 해 권력 분립을 꾀했다. 아울러 지방군은 치안만 맡고, 중앙군이 국방을 맡도록 해 지방 군대의 힘을 약화시키고 군사 반란을 막았다.

이처럼 문신을 우대하는 정치 제도를 문치주의라고 한다. 문치주의는 황제가 절대 권력을 행사하는 황제 독재 체제로 이어졌다.

문치주의로 문신들의 역할이 더욱 중요해지면서 문신들을 공정하게 뽑는 일이 어느 때보다 중요해졌다. 조광윤과 후계자들은 과거제를 공정하게 운용하기 위해 더욱 노력했다. 그 결과 대를 이어 특권을 누려오던 문벌 귀족은 사라지고, 사대부라는 새로운 지배

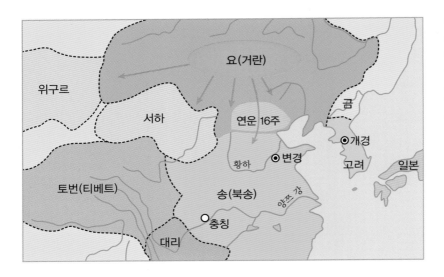

11세기 동아시아 지도
송나라는 요나라와 서하에 해마다 공물을 바치고 평화를 유지하였다. 하지만 송나라와 요나라가 다투는 분쟁 지역인 연운 16주는 동아시아 평화를 위협하는 화약고였다.

층이 나타났다. 사대부는 유교적 지식을 갖춘 지주층으로, 과거제를 통해 관직에 올라 송나라 사회를 이끌어 갔다.

공물로 산 송나라의 평화

송나라가 문치주의를 통치 이념으로 채택하면서 군사력은 크게 약화되었다. 이 틈을 노리고 1004년에 요나라 성종이 송나라로 쳐들어왔다. 송나라는 황제 진종이 직접 군사를 이끌고 나와 맞섰지만, 역부족을 느끼고 요나라와 강화를 맺었다. 전연에서 두 나라가 맹세했다고 하여 '전연의 맹'이라 부른다. 이 강화 조약은 연운 16주를 요나라 영토로 인정하고 요나라와 송나라가 형제 관계를 맺되, 평화의 대가로 매년 요나라에 은 10만 냥과 비단 20만 필을 바친다는 내용이었다. 돈으로 평화를 산 셈이었지만, 그 뒤 두 나라는

100년 이상 평화롭게 지낼 수 있었다.

송나라의 힘이 예상보다 약하다는 사실이 밝혀지자, 이번에는 중국 북서쪽, 지금의 간쑤 성과 산시 성에 자리 잡은 티베트계 종족인 탕구트 족이 쳐들어왔다. 탕구트 족은 1035년 이원호가 황제에 올라 나라 이름을 대하로 하였는데, 송나라에서는 서쪽에 있다고 서하라 불렀다. 송나라는 1044년에 이들과도 강화를 맺고 평화의 대가로 해마다 은 5만 냥, 비단 13만 필, 차 2만 근을 주기로 약속하였다.

두 나라에 바치는 공물 탓에 송나라의 재정은 날로 악화되었다. 송나라는 재정을 늘리려고 소금과 철, 차, 술, 백반 등 일용품에다 막대한 세금을 매겼다. 자연히 백성들의 생활이 힘들어졌다. 살기 힘들어진 농민들은 빚을 내야 했고, 빚을 못 갚아 땅을 빼앗기는 농민이 많아졌다. 지주들이 소유한 땅이 갈수록 늘었고, 지주의

백반은 흰색 광물 가루로, 밀가루 반죽을 탄력 있게 만들고 염색할 때 색깔을 선명하게 하며 지혈제와 지사제로 쓰인다.

왕안석과 오선생
왕안석과 그에게 영향을 미친 다섯 철학자를 새긴 조각상으로, 중국 닝보 박물관에서 전시하고 있다. 왼손에 두루마리를 들고 있는 이가 왕안석이다.

왕안석의 신법

왕안석의 신법은 어떤 내용이었기에 그토록 보수 세력의 반대가 심했던 걸까? 신법은 크게 다음과 같은 다섯 가지로 이루어졌다.

① 가뭄과 홍수로 황폐해진 땅을 다시 개간해 새로운 경작지를 조성하고, 저수지와 수로 등 수리 시설을 확충해 농업 생산을 늘리려 한 농전수리법
② 농민에게 낮은 이자로 돈을 빌려 주는 청묘법
③ 도시 중소 상인들에게 낮은 이자로 돈을 빌려 주는 시역법, 부역을 시키지 않는 대신 재산에 따라 차등을 두어 세금을 거두고 그 돈으로 실업자들을 고용해 일을 시키는 모역법
④ 정부의 조달 정책을 바꿔 재정을 효율적으로 운용하고 백성들의 부담을 덜어 주는 균수법
⑤ 백성들로 민병대를 만들고 말을 기르게 해 국방력을 강화하려 한 보갑법과 보마법

무거운 세금 때문에 백성들이 높은 이자로 빚을 내고 빚을 못 갚아서 소작농으로 굴러떨어지는 악순환이 지속되고 있는 상황이었다. 이 고리를 끊기 위해 백성들의 세금 부담을 줄이고, 나라에서 낮은 이자로 돈을 빌려 주며, 땅이 없어 살 수 없게 된 실업자들을 나라에서 고용하려는 것이 신법의 목적이다. 왕안석은 재정을 효율적으로 운용하면 이에 드는 재원을 충당할 수 있다고 보았다.

하지만 부자와 지주들로서는 나라에 세금을 더 많이 내야 하는 데다 높은 이자로 백성들의 땅을 빼앗지 못하게 된 것이 못마땅했다. 이런 이유로 부자와 지주들이 반발하면서 왕안석의 신법은 표류하고 말았다.

왕안석
왕안석은 문장력이 몹시 뛰어나
당송 팔대가의 한 사람으로 꼽힌다.

땅을 빌려 소작을 부치는 농민이 많아졌다. 그럴수록 소작료가 높아졌고, 백성들의 처지는 나날이 어려워졌다.

신종은 개혁 사상가 왕안석을 중용해 어려움을 풀고자 하였다. 왕안석은 백성들의 부담을 덜어 주는 신법을 실시해 부국강병을 이루려 하였다. 하지만 신법으로 손해를 보게 되는 보수 세력이 극렬히 반대하고 나섰다. 정계는 왕안석의 신법을 지지하는 개혁 세력과 이를 저지하려는 보수 세력으로 갈라졌고, 이들 사이의 당쟁으로 정치 혼란이 극심해졌다. 신법에 환호하던 백성들은 신법 실시가 지지부진하자 깊은 절망에 빠져들었다.

금나라와 남송의 대립

이러한 상황에서 동아시아 정세가 다시 요동치기 시작했다. 만주 지방의 여진족이 1115년에 아구다를 중심으로 하나로 뭉쳐 금나라를 세운 것이다. 새로 탄생한 금나라의 기세는 무서웠다. 만주와 몽고를 지배하던 요나라를 공격하며 영토를 늘려 나갔다.

이를 본 송나라는 금나라를 설득해 서로 손잡고 요나라를 멸망시키기로 밀약을 맺었다. 송나라가 요나라에 바치던 공물을 금나라에 주는 대신 금나라와 송나라가 함께 요나라를 공격하고, 요나라가 멸망하면 금나라가 요나라 영토를 모두 차지하되 송나라 땅이었던 연운 16주를 되돌려 준다는 것이었다.

송나라와 금나라는 1125년에 요나라를 협공해 멸망시켰고, 밀약에 따라 송나라는 연운 16주를 돌려받았다. 그런데 송나라는 금나라에 약속한 공물을 보내기는커녕 금나라에 속해 있던 여진 족의 여러 부족을 꼬드겨 반란을 일으키도록 부추겼다. 내분을 부추기려는 송나라의 작전에 화가 난 아구다는 1127년에 대군을 이끌고 송나라로 쳐들어갔다.

금나라 군대는 아무런 대비도 하지 못한 송나라 군대를 격파하고, 바로 송나라의 도읍 카이펑을 공격했다. 순식간에 카이펑을 함락한 금나라 군대는 송나라 황제 휘종과 흠종을 비롯해 수많은 대신과 귀족, 백성들을 포로로 붙잡아 갔다. 송나라는 이때 사실상

금 태조 아구다 상
금나라 초기 수도인 하얼빈에 있다.

멸망하였다.

그런데 한없이 밀리던 송나라 군대가 화이허 강을 방어선으로 금나라 군대를 막아내는 데 성공했다. 한숨을 돌린 송나라의 황족과 대신들은 임안(지금의 항저우)을 도읍으로 삼고, 고종을 황제로 추대해 나라의 명맥을 이어 갔다. 이렇게 화이허 강 이남으로 줄어든 송나라를 이전의 송나라와 구분해 남송이라 부른다.

그 뒤 금나라와 남송은 화이허 강을 사이에 두고 대치 상태에 들어갔다. 한때 남송의 장군 악비가 군사를 이끌고 화이허 강을 건너 북진하였지만, 정권을 차지하고 있던 진회 등 대신들이 전면전을 우려해 철수를 명령하면서 대치 상태로 되돌아갔다.

경제 성장으로 서민 문화가 발전한 송나라

송나라는 평화의 대가로 요나라와 서하에 막대한 공물을 바쳤다. 해마다 막대한 공물을 주고도 나라 경제가 별 탈 없이 돌아가려면 경제 규모가 갈수록 커져야 한다. 송나라가 바로 예였다. 백성들의 피땀 어린 노력이 공물의 형태로 빠져나갔지만, 막대한 국부 유출이라는 난관을 극복하고 경제 성장을 이루었다.

특히 남송 때에는 경제 성장이 더욱 눈부셨다. 홍수와 가뭄 피해를 막기 위해 둑을 높이 쌓고 물길을 촘촘히 내는 한편, 국가에서 황무지 개간을 장려하여 농경지 증가가 두드러졌다. 가뭄과 추위에 강하면서 빨리 자라는 벼 품종도 들여오고, 퇴비를 만들어

구국의 영웅 악비와 매국노의 대명사 진회

남송의 장군 악비는 구릉지가 많은 강남 지역의 지리적인 이점을 잘 이용하여 금나라의 기마 공격을 막아 냈다. 심지어 금나라가 점령했던 일부 지역을 수복하기까지 했다. 한 걸음 더 나아가 북진에 온 힘을 쏟아 잃어버린 영토를 모두 되찾고자 했다.

하지만 주화파의 우두머리였던 재상 진회는 악비의 움직임이 전쟁의 확대와 남송의 멸망으로 이어질 수 있다고 우려했다. 결국 진회 등 주화파는 1141년에 악비를 옥에 가두고 처형하는 한편, 북방 영토를 포기하고 금을 섬기며 조공을 바친다는 내용의 굴욕적인 화의를 맺었다. 후세 사람들은 악비를 구국의 영웅으로 떠받들었고, 진회는 '한간(매국노)'의 대명사로 일컬으며 경멸하였다.

악비
남송 화가 유송년이 그린
〈중흥사장도〉의 일부분이다.

꿇어 엎드린 진회 부부 상
진회와 아내 왕씨의 조각상으로, 중국 항저우 악왕묘에 있다. 그 옆에는 진회에 붙어 악비를 죽음으로 몰아넣은 장준과 만사설의 무릎 꿇은 상도 함께 있다.

지력을 회복할 수 있게 되면서 벼의 다모작이 본격화되었다. 이러한 노력으로 식량 생산이 크게 늘면서 인구도 1억 명 이상으로 급증했다.

또 하나 중요한 것은 차와 면화 등 상품 작물의 재배가 확대되어 도시와 상업이 발달할 기틀을 마련했다는 것이다. 송나라에서는 인구 10만 명이 넘는 도시가 무려 46개나 될 만큼 도시화가 진척되었다. 특히 송나라의 수도 카이펑과 남송의 수도 항저우는 인구 100만이 넘는 세계 최대의 도시였다.

수공업도 무척 발달했다. 특히 청자와 비단은 우리나라와 일본, 베트남은 물론 이슬람 세계에서도 인기가 높아 생산이 크게 늘었다.

이렇게 상공업이 발달하자 상인과 수공업자들은 자신들의 이익을 지키고자 동업 조합인 '행(行)'을 만들었다.

국내 상공업과 해외 교역이 발달하면서 화폐가 널리 사용되었다. 997년에 8억 개의 주화를 발행하던 것이 1085년에는 60억 개를 발행하게 되었다. 하지만 이것만으로는 교역에 필요한 화폐를 감당할 수 없었다. 국가에서는 은을 화폐로 인정해 화폐 공급을 늘렸지만, 그래도 상품 유통을 감당하기에는 턱없이 모자랐다.

상인들은 차와 비단 등 고가의 물품으로 고액 거래를 대신했는데, 이들 물품은

지금도 페르시아 만과 이집트 일대에서는 송나라 때 만들어진 청자 파편들이 발견된다. 이는 당시 **교역**이 얼마나 활발했는지를 잘 보여 준다.

송나라 청자
10~11세기에 산시 성 여주요에서 제작된 송 청자로, 프랑스 파리 기메 박물관에 소장되어 있다.

파손과 변질의 위험이 높아 화폐로 쓰기에는 적당하지 않았다. 새로운 고액 화폐가 필요했고, 상인들은 신용으로 유통하는 어음과 지폐를 고안해 냈다.

　상품 화폐 경제의 발달과 도시화의 진척은 서민들의 문화 활동을 자극했다. 서민을 대상으로 한 만담과 곡예·연극·동물 공연 등이 발달했고, 대도시에는 이를 위한 전문 공연장까지 생겨났다.

　국내 상공업과 해외 교역의 발달은 과학 기술의 발달로 이어졌다. 화약이 무기로 사용되기 시작했다. 활판 인쇄술도 발달해 각

종 도서가 널리 보급되었다. 나침반을 이용해 먼바다까지 항해할 수 있게 되면서 남송 때에는 송나라 상인들이 해상 교역의 주도권을 쥐었다. 송나라 상인들은 페르시아 만과 홍해까지 바닷길을 연결해 동서 문물의 교류를 확대해 나갔다.

동남 연안 지방의 항구들은 국제 교역 도시로 유명했는데, 광저우와 취안저우는 대표적인 항구 도시였다. 국가에서는 주요 항구 도시에 시박사를 두어 무역을 감독하고 관세를 매겼다.

청명상하도
중국 북송시대 한림학사였던 화가 장택단이 북송 수도인 개봉(카이펑)의 청명절 풍경을 그린 그림이다. 당시 개봉은 네 개의 주요 운하가 모여 있는 곳이라 막대한 세곡과 물자가 모여드는 물자의 집산지로, 인구가 60~70만 명에 달하는 세계 최대의 도시였다. 세밀하게 묘사된 개봉의 풍경은 송나라의 발달된 사회 경제상을 잘 보여 준다. 베이징 국립 고궁 박물관 소장.

세계 최대 유목 제국의 기틀을 닦은 칭기즈 칸

금나라와 남송이 화이허 강을 사이에 두고 대치하던 13세기 초, 몽골 고원에서는 동아시아, 아니 세계를 뒤흔드는 일이 벌어지고 있었다.

12세기에 몽골 족은 서로 대립하느라 힘을 한데 모으지 못해 금나라의 지배를 받고 있었다. 보르지긴 족 족장 예수게이가 타타르 족에게 독살되자, 같은 부족 사람들은 예수게이의 아내 호엘룬과 그 자식들을 내쫓았다. 어린 테무친과 동생들은 오논 강에서 잡은 물고기에 풀뿌리를 넣어 끓인 죽으로 겨우 목숨을 이어 나갔다. 하지만 힘들고 고단한 삶 속에서도 테무친은 아버지의 죽음에 대한 복수와 부족 탈환, 몽골 족 통일의 꿈을 버리지 않았다.

몇 년 뒤에 청년이 된 테무친은 세력을 키울 결정적인 계기를 잡았다. 케레이트 족 족장 토그릴과 어릴 적 친구 자무카가 전사 2만 명을 빌려 준 것이다. 테무친의 용맹함과 귀신같은 지휘 능력을 이용해 다른 부족들을 견제하려는 속셈이었다. 테무친은 이들 병력을 지휘해 메르키트 족, 주르킨 족을 연달아 격파했다. 테무친은 유목민 부족들을 격파할 때마다 족장과 유력자들을 모두 죽이고 부족민들을 자기 군대로 끌어들였다. 테무친의 군대는 갈수록 늘어났고, 힘을 키운 테무친은 아버지의 원수 타타르 족을 무너뜨려 원수를 갚았다.

금나라는 날로 강성해지는 몽골 족에 부담을 느껴 토그릴과 자무카, 테무친 사이를 이간질했다. 토그릴에게는 몽골 왕의 칭호를 내리고 테무친에게는 그보다 낮은 칭호를 내려 하나로 뭉치지 못

칭기즈 칸
칭기즈 칸은 '전 세계를 다스리는 군주'라는 뜻이다. 이름에 걸맞게 칭기즈 칸은 세계 정복에 나섰다. 원 황제들의 초상화를 담은 책자에 수록된 그림으로, 원본은 타이베이 국립 고궁 박물원에 소장되어 있다.

하도록 한 것이다. 이런 속셈이 맞아떨어졌는지 토그릴과 자무카는 테무친의 세력이 강성해지자 두려움을 느껴 다른 부족들을 모아 테무친을 공격했다. 하지만 테무친의 세력은 이미 이들을 훨씬 앞서 있었다. 결국 테무친은 자무카와 토그릴의 군대를 잇달아 물리치고 몽골 족을 통일했다.

1206년, 오논 강가에 몽골 족 족장들이 모두 모여 족장 회의(쿠릴타이)를 열고는 테무친을 칭기즈 칸으로 추대했다. 마침내 전 세계를 두려움에 떨게 하는 몽골 제국이 모습을 드러냈다.

몽골 족은 어려서부터 말 위에서 생활하기 때문에 말을 잘 탔고, 말 위에서 활도 잘 쏘았다. 칭기즈 칸은 그런 몽골 족 전사들을 1,000명씩 모아 모두 95개의 1,000인대를 만들었다. 9만 5,000명의 막강한 경기병대가 천재적인 전략가의 손에 쥐어지면서 바야흐로 온 세계가 깜짝 놀랄 일이 벌어졌다.

칭기즈 칸은 1207년 중국 북서쪽에 있던 서하를 공격했고, 1215년 금나라의 베이징을 함락했으며, 1218년 서요를 정복해 양쯔 강 이북의 중국과 만주를 발아래에 두었다.

1219년에는 칭기즈 칸의 보호를 받고 있던 이슬람 대상들이 호라즘에게 몰살당하는 사건이 일어났다. 호라즘은 셀주크 튀르크에서 독립한 이슬람 왕조로 사마르칸트를 중심으로 동서 교역을 독점해 번성해 왔다. 그런 이들이었으므로 칭기즈 칸의 보호 아래 자신들의 교역 독점을 위협하는 이슬람

호라즘의 마지막 술탄 잘랄 웃 딘의 용기에 감탄하는 칭기즈 칸

1219년에 칭기즈 칸이 호라즘 정벌에 나서자 호라즘 술탄인 알라 웃 딘은 카스피 해 방향으로 도주해 병사하였다. 1221년에 아들인 잘랄 웃 딘이 술탄으로 즉위해 카불 근교에서 몽골군 선발대를 격파하자 칭기즈 칸이 본대를 이끌고 추격에 나섰다. 잘랄 웃 딘은 인더스 강 하류 딘코트에서 결전을 벌였지만, 중과부적으로 대패하고 몇몇 부하와 함께 인더스 강을 건너 살아남았다. 이를 지켜본 칭기즈 칸은 "남자는 저 사람 같지 않으면 안 된다."고 감탄해 마지않았다. 1540년경에 마수드 오스마니 쿠히스타니가 쓴 『아부카이르 칸의 역사』에 수록된 삽화이다.

대상들이 눈엣가시나 다름없었다.

호라즘을 정벌하러 나선 칭기즈 칸은 보이는 족족 도시를 파괴하고 주민들을 죽이면서 전진했다. 자신에게 도전하는 자의 말로가 어떻게 되는지 본보기로 삼은 셈이었다. 결국 호라즘은 1222년에 멸망했다.

칭기즈 칸은 1223년에는 우랄 산맥을 넘어 러시아 남부 흑해까지 진출하여 만주에서 흑해에 이르는 거대한 몽골 제국을 건설하였다. 칭기즈 칸은 1226년에 서하를 정벌하고는 1227년에 세상을 떠났다.

유럽을 뒤흔든 세계 정복의 말발굽 소리

칭기즈 칸이 죽자 몽골 족은 족장 회의를 열어 칭기즈 칸의 셋째 아들 오고타이를 후계자로 결정했다. 유목민들은 전통적으로 맏아들이 아니라 능력이 뛰어난 아들에게 지위와 재산을 물려주었다.

오고타이는 아버지의 뜻을 이어 오르혼 강변에 수도 카라코룸을 건설하고 세계 정복을 계속해 나갔다. 몽골은 1231년 고려를 침공하는 한편, 1234년에는 남송과 손잡고 금나라를 공격해 멸망시켰다. 1235년에는 맏형 주치의 아들인 조카 바투에게 몽골군 5만을 주어 서부 정벌에 나섰다.

바투의 군대는 중앙아시아의 초원 지대를 거쳐 1240년까지 러시아를 정복한 뒤, 폴란드로 쳐들어갔다. 대나무를 쪼개는 기세로 거침없이 내달리는 몽골군의 기세에 유럽은 화들짝 놀랐다. 바투의 부하 바이다르가 이끄는 별동대 2만이 폴란드 슐레지엔 지방을 침공하자, 이 지방을 다스리던 하인리히 2세는 부랴부랴 여러 나라에 원군을 요청했다.

독일과 폴란드에서 온 중무장한 기사 3만 명이 모이자 하인리히 2세는 발슈타트로 나아갔다. 독일-폴란드 연합군의 중무장 기사 3만 명과 몽골의 경기병 2만 명이 맞붙었다. 말을 타고 쏜살같이 다가와 화살을 날리고는 눈 깜짝할 새에 빠져나가는 몽골 경기병들의 공격에 연합군 중무장 기사들은 손 한 번 못 쓰고 패하고 말았다. 하인리히 2세와 기사들도 대부분 전사하였다.

바투군
1238년 2월, 바투가 이끄는 몽골군이 러시아 남부 수즈달을 공격해 약탈하는 장면을 그린 그림. 16세기에 만들어진 연대기의 삽화이다.

한편, 바투가 이끄는 본대 3만 명은 헝가리로 나아갔다. 헝가리왕 벨라 4세는 오스트리아와 연합군을 이루어 모히에서 몽골군과 맞섰다. 연합군 5만 명이 강을 끼고 방어선을 펴자, 몽골군은 어려움에 빠졌다. 바투는 부대를 둘로 나눠 수보타이의 별동대로 하여금 몰래 강을 건너 빙 돌아 포위하게 하는 한편, 다리를 지키는 연합군을 투석기와 쇠뇌로 공격하면서 다리를 건넜다.

연합군과 몽골군이 접전을 벌이는 동안, 우회한 수보타이 별동대가 뒤를 덮쳤다. 이 전투로 연합군은 대부분 전사하고 말았다. 하지만 수보타이의 별동대가 조금만 늦었더라도 바투의 본대가 궁지에 몰렸을 정도로 힘든 싸움이었다.

독일, 폴란드, 오스트리아, 헝가리 네 나라가 몽골군에 크게 패하자 유럽은 순식간에 두려움에 사로잡혔다. 유럽 사람들은 동양에서 온 이교도 군대의 엄청난 위력에 놀라 몽골군을 '지옥에서 온 누런 악마의 군대', 즉 '타타르'라고 불렀다. 유럽 여러 나라는 모든 나라의 군대를 하나로 모아 십자군을 조직해 맞서려 하였다.

그러던 중 바투에게 오고타이가 죽었다는 소식이 전해졌다. 바투는 유럽 정벌을 그만두고 군대를 돌렸다. 그제야 유럽 여러 나라는 안도의 한숨을 내쉬었다.

몽골 제국의 중심인 원나라와 4한국

1241년 오고타이가 죽은 뒤, 누가 뒤를 이을 것이냐를 놓고 몽골 제국은 둘로 쪼개질 뻔했다. 임시로 제국의 통치를 맡은 오고타이의 아내 토레게네는 맏아들 구유크에게 제국을 물려주려 하였다. 하지만 바투를 비롯한 유력자들의 반대가 심해 구유크가 뒤를 잇는 데는 무려 5년이나 걸렸다. 1246년 구유크가 칸에 오르자, 화가 난 바투는 자신의 군대가 있는 러시아 남부 초원 지대로 돌아가고 말았다.

구유크는 칸에 오른 지 3년 만인 1248년에 병으로 죽었고, 칭기즈 칸의 막내아들 툴루이의 맏아들인 몽케가 뒤를 이었다. 몽케는 할아버지 칭기즈 칸의 뜻을 이어 세계 정복의 야망을 불태우기 시작했다. 몽골 경기병의 질주가 다시 시작된 것이다.

몽골군의 유럽 침공 이후 한동안 유럽 인들에게는 황화라는 말이 유행했다. '황인종이 유럽에 재앙을 가져온다.'는 뜻이다. 유럽 인들이 그만큼 몽골군을 두려워했다는 이야기이다.

몽케는 넷째 동생 쿠빌라이와 함께 남송을 침공하였다. 남송의 저항이 만만치 않자, 1253년에 쿠빌라이는 험하고 높은 산을 넘고 넘어 대리를 기습했다. 험한 산에 둘러싸여 안전하다고 방심하던 대

리는 멸망했고, 남송은 북쪽의 몽케와 남쪽의 쿠빌라이를 동시에 상대하느라 진땀을 흘려야 했다.

1255년, 몽케는 여섯째 동생 훌라구에게 서아시아 평정을 맡겼다. 훌라구는 이란·이라크 등을 차례로 점령한 뒤, 1258년에 아바스 왕조의 수도인 바그다드를 점령해 멸망시켰다. 훌라구는 기수를 시리아로 돌려 시리아 정벌에 나섰다.

그런데 1259년, 군대를 직접 이끌고 남송을 공격하던 몽케가 병으로 죽었다. 훌라구는 형의 뒤를 이어 누구를 칸의 자리에 올려야 하는지 결정하는 족장 회의에 참석하기 위해 시리아 정벌을 부하에게 맡기고 몽골 고원으로 돌아가야 했다.

부리나케 몽골 고원으로 향하기는 훌라구의 형 쿠빌라이도 마찬가지였다. 몽케의 뒤를 이어 칸에 오르려는 야심에 불타던 쿠빌라이는 남송에 휴전을 제안하고는 몽골 고원으로 회군했다. 쿠빌라이 일행이 금나라 수도였던 카이펑 근처에 도착했을 즈음, 전령

이 달려와 소식을 알렸다. 몽골 고원의 족장 회의에서 막냇동생인 아리크부카를 칸으로 추대하기 직전이라는 이야기였다.

쿠빌라이는 선수를 쳐야겠다고 생각하고 카이펑에서 자신을 지지하는 유력자들을 모아 스스로 칸에 올랐다.

산 하나에 두 마리의 호랑이가 살 수 없듯 두 사람의 칸이 서로를 내버려 둘 수는 없었다. 쿠빌라이와 아리크부카는 군대를 이끌고 맞붙었고, 쿠빌라이가 이겼다.

쿠빌라이가 승리하는 모습을 지켜본 훌라구는 형에게 충성을 맹세한 뒤 자신의 군대가 있는 서아시아로 되돌아갔다. 그 사이 훌라구의 부하가 이끄는 서아시아 원정군은 시리아를 완전히 정복한 뒤 이집트를 향해 남하하다 아인잘루트에서 이집트의 맘루크 왕조에 크게 패해 후퇴한 뒤였다. 훌라구는 서아시아 원정군을 추슬러 바그다드로 돌아가, 티그리스 강을 경계로 맘루크 왕조와 맞섰다. 이렇게 해서 훌라구가 이끄는 서아시아 원정군은 이란과 이라크를 바탕으로 일한국을 세웠다. 나중에 쿠빌라이는 몽골 제국의 행정 체계를 정비하면서 일한국을 훌라구 일가의 것으로 인정했다.

한편 동생 아리크부카와의 싸움에서 승리한 쿠빌라이는 몽골 제국이 발전하려면 중국의 통치 방법을 받아들여야 한다고 생각

원세조출사도
1280년에 원나라 화가 유관도가 그렸다고 전하는 작품으로, 타이베이 국립 고궁 박물원에 소장되어 있다.

했다. 몽골 제국은 곳곳에 황금 알을 낳는 거위를 가지고 있었다. 황금 알이 탐나 거위를 죽인다면 더는 황금 알을 구할 수 없다. 반항하는 자들을 모조리 죽이고 약탈한 다음, 도시를 불태우는 것은 거위를 죽이는 일이나 다름없었다. 손해도 이런 손해가 없다.

쿠빌라이는 몽골군에게 살인과 약탈, 파괴를 금했다. 정복지의 유력자들을 죽이는 대신 협력하도록 만들었다. 이렇게 되자 몽골에 반대하는 세력이 줄어들었다. 이래 죽나 저래 죽나 마찬가지이니 원 없이 싸우다 죽겠다던 사람들에게 한 가닥 살 길이 열리면서 저항의 의지가 꺾인 것이다. 30년 남짓 몽골 제국에 결사 항전하던 고려가 화친한 것도, 남송의 저항 의지가 약화된 것도 이러한 정책 때문이었다.

쿠빌라이는 남송의 강경파가 몽골 사신을 억류한 것을 빌미로 1279년 남송을 멸망시키고 중국을 모두 차지하였다. 쿠빌라이는 나라 이름을 '대원(원)'으로 바꾸고 수도를 몽골 고원의 카라코룸에서 중국 북부의 베이징으로 옮겼다.

쿠빌라이 칸은 만주에서 러시아에 이르는 세계 최대의 제국을 만들었다. 그러고는 몽골 제국의 행정 체계를 자신이 직접 다스리는 원나라 외에 오고타이한국, 차가타이한국, 일한국, 킵차크한국 등 4한국으로 정비하였다. 제국의 통일성을 유지하기 위해 각 가문의 통치권을 인정한 것이다.

쿠빌라이 칸은 정복지의 유력자들을 끌어들여 튼튼한 통치 체제를 쌓아올렸고, 그 덕분에 100여 년 동안 제국을 유지할 수 있었다.

세계 최강 몽골군의 비밀

칭기즈 칸이 세계 정복에 성공할 수 있었던 비밀은 무엇일까?

첫째, 상대 부족을 격파하면 족장과 유력자들을 모두 죽이는 결단력이다. 충성을 바칠 대상을 잃어버린 부족민들은 칭기즈 칸에게 충성을 바치게 된다.

둘째, 정복민들을 차별하지 않고 자기 군대로 끌어들이는 포용력이다. 군대를 보내 정복민들을 감시하는 대신 군대를 보충할 수 있어 하나의 돌로 두 마리 새를 잡는 셈이었다.

셋째, 상대방의 장점을 자신의 상황에 맞게 바꾸어 적용하는 유연성이다. 구름사다리와 충차, 화약, 끓는 기름, 쇠뇌, 투석기 등을 써서 성을 공격하는 법은 서하와 금나라, 호라즘 등과 싸우면서 배운 것이다.

이를 통해 양성한 몽골군은 무적을 자랑하는 세계 최강의 군대였다. 그 요인은 무엇이었을까?

첫째, 가벼운 무장으로 빠르게 진격하는 경기병. 몽골군은 엄청난 속도로 말을 달려 상대의 허를 찔렀다. 몽골군의 진격 속도를 잘못 계산한 상대방은 갑작스럽게 나타난 몽골군의 공격에 허둥대다 패하고 말았다.

둘째, 자신의 장점과 적의 약점을 극대화하는 전술. 몽골군은 말 위에서도 활을 기막히게 잘 쏜다. 30~50미터 거리에서 쏜 화살이 철판도 뚫을 만큼 위력이 대단했다. 발슈타트 전투에서 볼 수 있듯이 몽골군 경기병은 유럽의 중무장 기사들에게 쏜살같이 다가가 화살을 날리고 빠져나갔다. 웬만큼 말을 다루지 못하면 써먹을 수 없는 전술이었지만, 어려서부터 말 타는 법을 배운 몽골군에게는 식은 죽 먹기였다. 반면에 중무장으로 기동성이 느려진 유럽의 기사들은 손 한 번 못 써 보고 화살에 맞아 죽어 갔다. 이처럼 몽골군은 자신의 장점과 적의 약점을 제대로 이용할 줄 알았다.

셋째, 보급이 필요 없는 이상한 군대. 흔히 전쟁의 승패를 좌우하는 건 보급이라고 말한다. 잘 먹고 잘 쉰 군대는 굶주리고 피곤한 군대보다 잘 싸우기 때문이다. 일반적으로 군대의 이동 속도는 보급 부대의 이동 속도에 좌우되기 때문에 느릴 수밖에 없다. 하지만 몽골군은 보급 부대가 필요 없기 때문에 1만 킬로미터 가까이 떨어진 유럽까지 빠르게 진격할 수 있었다.

왜 보급 부대가 필요 없을까? 비밀은 소의 위나 방광으로 만든 부대인 '보르츠'에 있다. 보르츠에는 소 한 마리를 잡았을 때 나오는 고기가 통째로 들어간다고 한다. 몽골 고원의 건조한 기후가 수분 함량이 우주 식량보다 훨씬 적은 고깃가루를 만들어 내기 때문이다. 쇠고기 100킬로그램이 25킬로그램 정도로 줄어드니 보르츠에 300~400킬로그램 정도의 소 한 마리에서 나오는 고기 100~140킬로그램이 들어간다는 것도 일리가 있는 셈이다(부피로 따지면 15~21리터).

아무튼 몽골 병사들은 안장 양쪽에 보르츠 두 개를 매달고 원정길에 나섰다. 먹을 때는 보르츠에서 엄지손가락 한두 마디 정도를 덜어내어 뜨거운 물이나 차에 넣고 불려서 먹었다. 보르츠 하나면 병사 한 사람이 50일간 배불리 먹을 수 있었다고 하니 보르츠 두 개면 다른 어떤 식량 보급 없이도 100일간 먹는다는 이야기이다. 군데군데 산재한 마을을 털어 식량을 구한다면 1년 이상을 버틸 수 있고, 보르츠만 먹는다면 마을을 털 필요가 없기 때문에 엄청난 속도로 진격할 수 있었다.

몽골 전사
몽골 울란바토르의 국립
역사박물관에 소장된
그림.

칭기즈 칸은 제1 황후인 보르테 이외에도 수십 명의 황후와 황비들을 아내로 맞아 9남 7녀를 두었다. 그중 칭기즈 칸의 뒤를 이을 자격을 갖춘 이는 보르테와의 사이에서 태어난 주치, 차가타이, 오고타이, 툴루이였다. 칭기즈 칸의 뒤를 오고타이와 오고타이의 맏아들 구유크가 이은 뒤, 툴루이의 맏아들 몽케가 칸의 자리를 차지했다. 이후 칸의 자리는 언제나 툴루이 가문의 차지였다.

몽케가 죽은 뒤 넷째 동생인 쿠빌라이가 막냇동생인 아리크부카와 싸워 칸의 자리에 올랐다. 쿠빌라이는 남송을 멸망시킨 뒤 중국은 원나라로 이름을 바꿔 자신이 다스리고, 칭기즈 칸의 둘째 아들 차가타이 일가의 차가타이한국, 칭기즈 칸의 셋째 아들 오고타이 일가의 오고타이한국, 칭기즈 칸의 맏아들 주치의 맏아들 바투 일가의 킵차크한국, 툴루이의 여섯째 아들 훌라구 일가의 일한국이라는 4한국으로 나누어 통치 체계를 정비했다.

더욱 활발해진 동서 문화 교류

몽골 제국은 인류 역사상 가장 넓은 영토를 가진 제국이었다. 동으로는 오호츠크 해에서 서로는 소아시아까지 아시아 대부분이 몽골 제국에 속했다.

13~14세기는 지금처럼 철도도, 자동차도, 전화도, 인터넷도 없던 시대이다. 몽골 제국은 어떻게 이 넓은 땅을 다스렸을까?

몽골 제국은 베이징에서 지중해까지 7,000킬로미터를 두 달 만

패자
몽골 제국의 역참 통행증으로, 이를 제시하면 말과 숙박 시설을 이용할 수 있었다. 우리나라의 마패와 비슷한 구실을 했다.

에 달릴 수 있는 교통 체계를 가지고 있었다. '역참'이라고 하는 것인데, 15킬로미터 남짓한 거리마다 마구간과 숙박 시설을 두어 정부에서 관리하는 체계였다. 제국 곳곳에 촘촘히 역참을 두어 거미줄처럼 연결한 것이다. 역참을 통해 중앙의 명령과 지방의 보고가 빠르게 소통되었기에 넓은 땅을 효과적으로 다스릴 수 있었다.

지원통행보초
쿠빌라이가 다스리던 1287년에 발행한 지폐로, 은 2관에 해당하는 가치를 지녔다. 오늘날로 치면 고액권 또는 수표에 해당한다. 왼쪽은 원판, 오른쪽은 실물이다.

몽골 제국은 외국에서 들어오는 물품에 한 번만 관세를 물렸고, 지역마다 거두던 통행세를 없앴다. 세계 최강 몽골군의 토벌로 도적 떼도 사라졌다. 교역이 크게 늘어났고, 산업도 매우 발달했다.

사람들은 물건과 물건을 교환하는 대신 화폐를 이용해 물건을 사고팔았다. 큰 규모로 거래할 때에는 나라가 보증하는 지폐로 거래하기도 했다. 이 지폐를 '지원통행보초'라고 하는데, 이 돈을 받지 않으면 사형에 처했다. 몽골 제국 안이라면 언제, 어디에서나 이 돈을 쓸 수 있었다는 이야기이다. 화폐가 통일되면서 상공업이 더욱 발전했다.

바야흐로 페르시아의 양탄자, 중국의 비단·도자기·차, 인도와 동남아시아의 향신료 등이 제국 곳곳에서 팔리고, 이탈리아 도시국가들의 원거리 무역을 통해 유럽에서까지 팔리는 시대가 활짝 열렸다.

이러한 상공업의 발달은 서민 문화의 발달로 이어져 서민들을 대상으로 한 연극(잡극, 원곡)이 크게 유행했다.

동서 문화가 활발히 교류하면서 다양한 외래문화가 원나라로 들어왔다. 몽골 족은 주로 티베트 불교인 라마교를 믿었는데, 이슬람교나 로마 가톨릭에 대해서도 관대했다.

몽골 제국이 다스리던 시기에 중국의 여러 기술이 유럽으로 흘러들어 갔는데 화약, 나침반, 인쇄술이 그것이다.

화약의 도입은 화약 무기의 개량으로 이어졌다. 대포와 총 같은, 먼 거리를 날아 강력한 파괴력을 발휘하는 화약 무기는 중세 유럽의 기사 계급이 몰락하는 결정적인 계기로 작용하였다. 나침반의 도입은 바다를 가로지르며 항해할 수 있게 해 신항로 개척으로 이어졌다.

독일에서는 구텐베르크가 몽골 제국에서 들여온 인쇄술을 개량해 활판 인쇄술을 발명하였다. 활판 인쇄술은 『성서』를 대량으로 인쇄해 많은 사람이 읽을 수 있도록 함으로써 종교 개혁의 물결이 유럽을 휩쓰는 데 크게 이바지하였다.

이처럼 몽골 제국을 통해 활성화된 동서 문화의 교류는 유럽의 변화, 더 나아가 세계의 변화로 이어졌다.

무너지는 원나라

달도 차면 기우는 법이다. 세계 최강을 자랑하던 몽골 제국도 곳곳에서 삐거덕거리기 시작했다. 풍요로운 농경 지역을 지배하면서 유목민이 지닌 강인함을 잃고 사치와 향락에 빠졌기 때문이다. 사치와 향락을 위해 엄청난 지폐를 발행했기에 물가가 덩달아 상승했고, 이는 몽골 제국의 경제 파탄과 국력의 약화를 가져왔다.

중국을 다스리던 원나라는 신분을 넷으로 나누고 차별 대우를 했다. 몽골인, 색목인, 한인, 남인 순이었다. 색목인은 눈이 파란 중앙아시아와 서아시아인, 한인은 화이허 강 이북의 한족과 고려인·거란족·여진족, 그리고 남인은 화이허 강 이남의 한족을 가리킨다. 끝까지 저항한 남송 사람들을 남인이라 하며 본보기로 괴롭힌 것이다.

남인들은 원나라의 국력이 약해지자, 1351년 백련교도들을 중심으로 반란을 일으켰다. 백련교도들은 머리에 붉은 띠를 두르고 원나라와 맞서 싸웠기에 홍건적이라고 불렸다. 원나라는 군대를 보내 홍건적을 토벌하려 하였지만, 워낙 많은 사람이 넓은 지역에서 들고일어나 모두 토벌할 수가 없었다. 곳곳에서 토벌이 이루어지긴 했지만, 몽골군은 힘이 조금씩 소모되면서 갈수록 약해졌다.

몽골군이 전과 달리 허약하다는 사실이 알려지자, 반란이 중국 전역으로 확대되었다. 당시 반란군을 이끈 사람으로는 백련교도들을 기반으로 한 유복통과 한림아, 호북의 서수휘와 진우량, 안휘의 곽자흥과 주원장, 강소의 장사성 등이 유명했다.

이 가운데 주원장이 이들 반란군을 하나로 통합해 1368년 명나라를 세웠다. 명 태조 주원장은 곧바로 북벌군을 일으켜 그해 가을, 원나라를 몽골 고원으로 내쫓고 중국을 통일하였다.

몽골 족은 중국을 다시 차지하려고 북원을 세우고 명나라와 싸웠으나 더는 명나라의 상대가 되지 못했다. 초원 지대를 놓고 부족들 사이에 다툼이 거듭되면서 몽골의 힘은 갈수록 약해졌다.

일한국이나 킵차크한국도 마찬가지였다. 한번 흔들리기 시작하니 모래 위에 지은 누각처럼 와르르 무너지고 말았다.

칭기즈 칸의 세계 정복

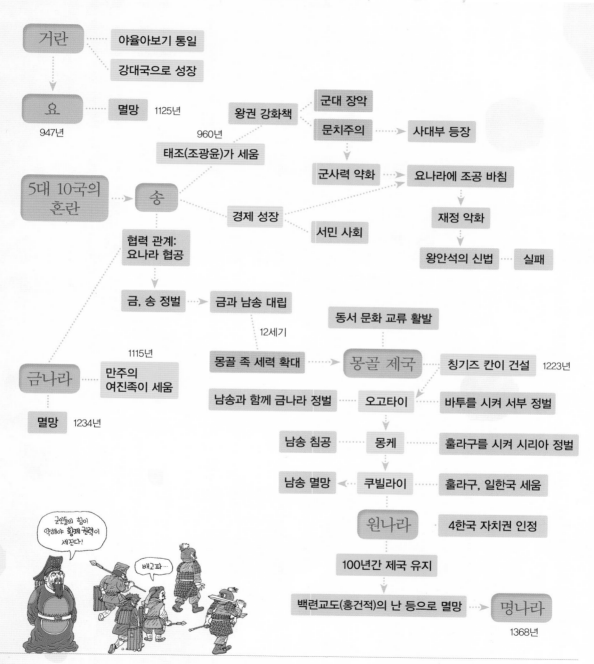

거란
- 야율아보기 통일
- 강대국으로 성장

요 ····· 멸망 1125년
947년

5대 10국의 혼란 → 송

960년
태조(조광윤)가 세움

왕권 강화책
- 군대 장악
- 문치주의 → 사대부 등장
- 군사력 약화 → 요나라에 조공 바침

경제 성장
- 서민 사회

요나라에 조공 바침
- 재정 악화
- 왕안석의 신법   실패

협력 관계:
요나라 협공

금, 송 정벌 → 금과 남송 대립
12세기

금나라
1115년
만주의
여진족이 세움

멸망 1234년

동서 문화 교류 활발

몽골 족 세력 확대 ····· 몽골 제국   칭기즈 칸이 건설 1223년

남송과 함께 금나라 정벌   오고타이   바투를 시켜 서부 정벌

남송 침공   몽케   훌라구를 시켜 시리아 정벌

남송 멸망 ← 쿠빌라이   훌라구, 일한국 세움

원나라   4한국 자치권 인정

100년간 제국 유지

백련교도(홍건적)의 난 등으로 멸망 → 명나라
1368년

군웅들의 힘이
약해야 황제 권력이
세진다!

배고파

7 농업 혁명으로 번영한 유럽, 십자군 전쟁에 나서다

십자군 기사들

이슬람 전사들

11세기 이후 유럽은 철제 쟁기를 쓰고 3포제로 농법을 바꾸면서 농업 생산이 크게 늘었고, 이는 잉여의 확대와 상업 및 도시의 부활을 가져왔다. 이즈음 로마 가톨릭 세력과 이슬람 세력 간에 십자군 전쟁이 시작되어 200여 년간 지속되었다. 십자군 전쟁이 실패하면서 교회와 교황의 권세가 추락했고, 이는 교황청의 아비뇽 이전과 교회의 대분열로 이어졌다.

유럽 사회에 변화의 물꼬를 튼 농업 혁명

이제 다시 중세 유럽의 봉건 사회로 눈을 돌리자. 앞에서 마자르 족과 바이킹의 침공에 대한 대응으로 중세 유럽의 봉건 사회가 형성되었으며, 마자르 족과 바이킹의 침공이 10세기 후반쯤에 끝났다고 이야기했다. 바야흐로 중세 유럽의 봉건 사회가 안정을 되찾은 것이다.

중세 유럽의 봉건 사회에서 변화의 물꼬는 농업에서 시작되었다.

476년에 서로마 제국이 멸망한 뒤, 유럽의 생산 수준은 크게 후퇴하였다. 게르만 족의 대이동이 가져온 전쟁의 소용돌이는 비옥한 농토를 황폐하게 했다. 더욱이 로마의 선진적인 농업 기술도 어느덧 역사의 뒤안길로 사라졌다.

이 시기 유럽 인들은 고대 로마로 치면 거지나 다름없을 정도로 가난했다. 10세기경에 대부분의 농민은 쇠로 만든 농기구는커녕 나무로 만든 농기구조차 없이 거의 맨손으로 농사를 지어야 했을 만큼 형편이 나빴다.

이런 상황은 11세기에 접어들면서 조금씩 바뀌기 시작했는데, 다음과 같은 이유에서이다.

첫째, 전쟁과 혼란이 끝나면서 유럽의 인구가 늘어나기 시작했다. 11세기의 인구는 7세기보다 평균 38퍼센트 늘어났고, 같은 시기 프랑스에서는 무려 45퍼센트나 늘어났다. 기존 방식대로는 늘어나는 인구를 먹여 살릴 수 없었다. 기근이 되풀이되었고, 굶어 죽는 사람이 늘어만 갔다. 절박한 상황을 돌파할 수 있는 무언가가 필요했다.

둘째, 경제에 관심을 쏟는 영주들이 늘어났다. 전쟁이 끝나면서 똑똑한 영주들은 철을 무기류 생산에 투입하는 대신 농기구 생산에 투입했다. 늘어난 인구에 철제 농기구가 보급되면서 황무지 개간을 통해 농경지가 어마어마하게 생겨났고, 작물 수확도 크게 늘었다.

철제 농기구 보급으로 재미를 본 영주들은 한 걸음 더 나아가 어떻게 하면 보다 효과적으로 개간지를 늘리고 수확을 늘릴지 고민하기 시작했다. 영주들이 과학 기술 영농을 고민하며 농기구 개량에 나선 것이다. 그 결과 여덟 마리의 소가 끄는 매우 무거운 쟁기를 만들고, 그 쟁기를 끄는 동물을 소에서 말로 바꾸었다.

무거운 쟁기는 땅을 깊게 갈아 토질을 개선하고 작물의 생장을 촉진했다. 더욱이 전에는 농사를 지을 수 없었던 낮은 지대의 진흙밭도 갈아서 경작지로 만들 수 있어 작물 수확이 크게 늘어났다.

말은 소보다 속도와 지구력이 훨씬 뛰어나기 때문에 말에게 쟁기를 끌게 하면 한 사람이 갈 수 있는 밭 면적이 크게 늘어난다. 문제는 쟁기를 끄는 동물을 소에서 말로 바꾸는 것이 결코 쉬운

여러 마리의 소가 끄는 쟁기
1885년에 출간된 마이어스의 『중세 및 근대사』 중 「여러 민족의 성장」에 수록된 삽화.

일이 아니라는 것이다. 소의 목에 거는 멍에는 말의 목을 짓눌러 적합하지 않았다. 유럽 인들은 중국에서 들여온 말 가슴걸이를 써서 이 문제를 해결했다. 가슴걸이는 힘 받는 곳을 목에서 어깨로 옮겨 줘 말이 끄는 힘을 무려 네다섯 배나 올려 주었다. 여기에 말발굽을 보호해 주는 편자도 크게 도움이 되었다.

수력을 이용한 방아와 풍력을 이용한 풍차도 노동력 절감에 한 몫 단단히 했다. 40명이 해야 할 탈곡과 제분을 방아 하나가 순식간에 해치웠다.

과학 기술 영농을 고민하는 영주들은 새 품종을 도입하는 데에도 적극적이었다. 콩과 같은 질소 고정 식물을 재배하면 지력을 소진하는 게 아니라 보충한다는 사실이 알려지면서 경작 방식이 근본적으로 바뀌었다. 콩 외에 귀리나 보리처럼 지력 손실이 크지 않은 작물도 도입함으로써 2단계 윤작 체계(2포제)에서 3단계 윤작 체계(3포제)로 바뀌는 기틀을 마련했다.

2포제에서 3포제로 전환하면 단순히 산술적으로 계산해 보아도 작물 수확이 전보다 33퍼센트 증가한다. 여기에 말이 끄는 무거운 쟁기와 철제 농기구 보급, 질소 고정 식물 재배를 통한 지력 회복을 합치면 수확이 최소 50퍼센트 이상 늘어난다. 황무지 개간을 통한 농경지 확대까지 치면 최소 75퍼센트까지 늘어난다.

베리 공이 매우 부유한 시간, 10월
농민들이 겨울 밀을 심기 위해 말에 써레를 매달아 써레질을 하고 있다. 씨앗을 뿌리는 사람도 보인다. 15세기 초에 그려진 그림으로, 콩데 박물관에 소장되어 있다.

*2포제*란 농지를 둘로 나눠 절반은 농사를 짓고, 나머지 절반은 묵히는 방식을 가리킨다. 당시는 비료가 충분하지 않았기에 이런 방식으로 토질을 회복해 지력을 유지했다.
*3포제*는 농지를 셋으로 나눈다. 3분의 1은 가을에 뿌리는 겨울 밀을 심고, 3분의 1은 봄에 뿌리는 귀리·보리·완두·콩을 심고, 나머지 3분의 1은 묵히는 방식이다.

여기에 한 가지를 덧붙여야 한다. 유럽 기후가 8세기부터 13세기까지 농사짓기 좋게 바뀌었다는 것이다. 연평균 기온이 섭씨 1도가량 올랐고, 비가 덜 내렸다. 그 결과 너무 습해 농사짓기 힘들던 중부와 북부 유럽이 농사짓기 좋은 곳으로 바뀌어 농경지가 급속히 확대되었다(단, 지중해 연안의 남부 유럽은 여름에 너무 건조해져 작물 수확이 줄어들었다).

이러한 요인들이 겹치면서 중세 유럽의 작물 수확은 배 이상 늘어났다. 이제 수확한 작물은 사람들이 배불리 먹고도 남을 정도가 되었다. 이렇게 먹고 남은 여유분, 즉 잉여가 중세 유럽 봉건 사회의 변화라는 연쇄 반응의 방아쇠를 당기게 된다.

농업 혁명에서 상업과 도시의 부활로

작물 수확의 급속한 증가는 영양 상태의 급속한 호전, 특히 단백질 섭취의 증가로 이어졌다. 그 결과 농업 혁명 이전에는 30세이던 평균 수명이 10~15세 이상 늘어났고 출생률도 높아졌다. 이는 인구 급증으로 이어졌는데, 1300년에는 1050년보다 인구가 세 배 가까이 늘어났다.

농경지 확대와 작물 수확의 급증, 인구 급증은 여러 가지 변화를 낳았다.

첫째, 농업 혁명으로 생활이 풍요로워진 사람들은 보다 편안한 생활을 누리려 했다. 이러한 욕구의 폭발은 새로운 상품에 대한 수요를 낳았다. 봉건 사회의 맨 밑바닥에 있는 농민들조차 좀 더 맛있는 것을 배부르게 먹고 싶다는 욕망에 사로잡혔다. 같은 장원에 사는 농민들 사이에서 곡물과 달걀, 고기류의 물물교환이 시작되었다. 이러한 거래는 이웃 영지들을 연결해 남는 것을 사들이고 모자라는 것을 파는 일을 전문으로 하는 직업을 되살려냈다. 바로 상인이다.

사실 상업은 농업에서의 잉여를 전제로 한다. 5세기 말 서로마 제국의 멸망 이후 상업이 빠르게 쇠퇴해 사라지다시피 한 것은 생산 능력이 너무 빨리 무너져 잉여가 사라졌기 때문이다. 반면에 11세기 이후 상업이 부활한 것은 농업 혁명으로 잉여가 발생했기 때문이다.

독일 상인
물건을 거래하는 독일 무역 상인의 모습을 그린 그림으로, 1568년에 나온 직업 소개 책자에 수록되어 있다.

둘째, 농업 혁명으로 직영지에서의 작물 수확이 크게 늘어난 영주와 그 가족, 가신들은 자신의 위엄을 돋보이게 해 줄 사치품의 소비를 늘렸다. 포도주나 고급 식기, 고급 면직물, 모직물, 모피 따위 물 건너온 '명품'에 대한 수요가 크게 늘었다. 그리고 이는 국경, 아니 대륙을 넘어 사치품을 거래하는 원거리 무역을 낳았다. 세상 어디에서도 구경하기 힘든 사치품은 그 희소가치 때문에 부르는 게 값이었다. 원거리 무역을 전문으로 하는 상단은 사치품 거래로 엄청난 부를 쌓았다.

수공업 장인
뉘른베르크의 열쇠 수리공을 그린 1451년 작품.

하지만 고급 사치품을 구하기란 여간 어려운 일이 아니었다. 자칫 격렬한 전쟁이라도 터지면 교역로가 막혀 아예 구할 길이 없어지기 때문이다. 그래서 상인들은 사치품의 국산화를 시도했다.

그러려면 무엇보다 사치품 제조에 필요한 원료를 확보해야 했다.

상인들은 농민들과 계약을 맺고 면직물 제조를 위해 면화를, 면직물 염색을 위해 염료 작물을, 포도주 제조를 위해 포도를 재배하게끔 했다. 나중에는 원료 작물 시장이 따로 형성될 만큼 이들 상품 작물 재배가 크게 늘었다. 상인들은 또한 해외에서 고급 기술을 들여오는 한편, 기술자, 즉 수공업 장인 확보에도 힘을 쏟았다.

13세기 피렌체에서 주조한 금화
중세 유럽 최초의 금화로 유럽 어디에서나 쓸 수 있었다.

상업과 상품 작물 재배 농업, 수공업의 부활과 발전은 농업 혁명으로 남아돌게 된 인력을 흡수했다.

셋째, 유럽 전역에서 상업이 부활함으로써 화폐 경제도 부활했다. 서로마 제국 멸망 이후 사라진 화폐가 부활하면서 이제 상거래는 물물교환(물품 화폐)이 아니라 주화(동전이나 은화, 금화)를 통해 이루어졌다.

넷째, 상품 화폐 경제의 발달은 영주들의 영지 경영 방식을 바꾸었다. 영주들은 직영지를 모두 농노 보유지로 바꾸었다. 원래 농노들은 직영지에서 주 3일, 농노 보유지에서 주 3일 농사를 지었다. 그런데 일해서 거둔 것을 온전히 차지할 수 있는 농노 보유지에서의 수확이 아무런 보상이 없는 직영지에서의 수확보다 훨씬 많았다.

영주들은 직영지를 농노들에게서 빌려 주고 소작료(지대)를 작물이나 화폐로 거두는 게 훨씬 이익임을 알게 되었다. 실제로 농노들은 소작료를 내고 남은 것을 전부 차지할 수 있다는 생각에 훨씬 더 열심히 일했고, 그 결과 생산성이 크게 높아졌다. 생산성이 높아진 만큼 영주들로서도 소작료 수입이 직영지에서 거둔 수확보다 훨씬 많았다.

영주들은 예전처럼 직영지를 일일이 감독하지 않아도 수입이 크게 늘어나 훨씬 호화로운 삶을 누렸다. 할 일이 없어 시간이 남아돌게 된 영주들은 그 시간을 여행을 하거나 교양을 쌓는 데 쏟아부었다. 그 결과 영주들은 거칠고 잔인한 전사에서 명예를 소중히 여기는 기사로 탈바꿈했다. 바야흐로 '기사도'가 영주들의 필수 교양이 되었다.

다섯째, 상업이 부활하면서 수로와 육로를 통해 이동하는 물자가 늘어났다. 이들 물자를 노리는 도적들이 들끓었고, 주기적으로 도적들을 퇴치해 육로의 안전을 보장하는 대신 통행세를 받는 영주들이 등장했다. 상업이 발달하면 할수록 상인들이 내는 통행세는 점점 많아졌다. 영주들은 상인들이 자신의 영지 안에 뚫린 도로를 더 많이 이용하도록 경쟁했다. 상인들이 보다 편하게 물자를 이동시킬 수 있도록 길을 닦는 한편, 상인들에게서 거두는 통행세

이상적인 도시로 평가받는 독일의 뉘른베르크
11세기 중엽에 누렘베르크라는 이름의 성곽 도시로 건설되었고, 13세기에 자치 도시로 인가받았다. 1493년에 간행된 『누렘베르크 연대기』에 수록된 목판화이다.

도 내렸다.

심지어 더 많은 세금을 받아
내고자 영지 일부에 대해 자치
권을 주는 영주도 있었다. 영지
의 일정 구역을 통째로 떼어내
서 상인 연합회에 시장을 운영하
라며 넘기는 것이다. 영주에게서
자치권을 따낸 상인 연합회는 도

적들로부터 시장을 보호하기 위해 높고 튼튼한 성곽을 쌓고 용병
들도 고용했다. 자치 연합회는 상인들로부터 세금을 거둬 성곽과
용병 군대를 유지하고, 시장 질서를 잡는 행정 관리들도 고용했다.
이로써 성곽으로 보호된 공간 안에서 관리, 군대, 상인이 살아가
는 자치 도시가 탄생했다.

시장을 호위하는 용병대
이탈리아 자치 도시들에서는
'콘도티에로'라는 용병대장을
고용해 국방과 치안을 맡겼다.
1467년에 그려진 프레스코
화의 일부이다.

십자군 전쟁에 얽힌 인간들의 욕망

11세기 이후에 전성기를 맞은 중세 유럽의 자신감은 대단했다. 이
러한 자신감을 이용해 로마 가톨릭 교회는 유럽인을 종교 전쟁으
로 내몰았다.

앞에서 이야기했듯 로마 교황 그레고리우스 7세는 신성 로마 제
국 황제 하인리히 4세를 카노사에서 무릎 꿇리며 교황이 황제보
다 우위에 있음을 만천하에 알렸다. 하지만 하인리히 4세가 제후

들과의 연대를 회복하고 교황을 압박하면서 그레고리우스 7세는 곤경에 빠졌다.

그레고리우스 7세의 수제자인 교황 우르바누스 2세는 하인리히 4세의 핍박을 피해 프랑스로 도망쳐야 했다. 그는 전세를 일거에 역전할 묘수를 찾고 있었다. 그런 교황에게 동로마 제국 황제 알렉시우스 콤네누스가 한 통의 편지를 보내왔다. 교황은 그 편지에서 위기에서 벗어날 수 있는 돌파구를 찾았다.

**비잔티움 제국 황제
알렉시우스 콤네누스**
그리스도의 축복을 받는
비잔티움 제국 황제 알렉시우스
콤네누스의 모습. 1300년경에
그려진 그림으로, 아테네 대학교
도서관에 소장되어 있다.

알렉시우스 콤네누스보다 앞선 황제인 로마누스 4세는 1071년에 서아시아를 평정하고 동로마 제국의 영토인 소아시아 반도로 세력을 넓히던 셀주크 튀르크를 정벌하고자 했다. 하지만 흑해와 카스피 해 사이에 있는 만지케르트에서 로마누스 4세는 포로로 붙잡혔고, 도리어 소아시아 반도를 셀주크 튀르크에 빼앗기고 말았다.

20여 년이 지난 1095년에 동로마 제국 황제 알렉시우스 콤네누스는 서유럽의 용병대를 고용해 셀주크 튀르크로부터 소아시아 반도를 되찾고 싶었다. 황제는 교황이 사람들의 신앙심을 자극하면 우수한 용병대를 좀 더 헐값으로 고용할 수 있지 않겠느냐는 얄팍한 계산을 했다. 황제는 교황에게 셀주크 튀르크의 침략 위협으로 두려움에 떠는 형제들을 구해 달라며 도움을 요청하는 편지를 보냈던 것이다.

하지만 교황의 계획은 황제의 생각보다 훨씬 거대했다. 아예 판을 크게 벌여 서유럽의 정치판도 전체를 뒤흔들고 싶었다.

첫째, 교황은 자신을 핍박하는 하인리히 4세의 편협함을 널리 알리고 싶었다. 둘째, 교황은 동로마 제국을 구원함으로써 황제가 총대주교를 임명하는 동로마 제국 교회(그리스 정교회)를 로마 가톨릭 교회로 통합하는 위업을 달성하고 싶었다. 셋째, 곳곳에서 사고나 치는 기사 전력을 이교도와의 전쟁으로 돌려 서유럽에 평화를 가져오고 싶었다. 마지막으로, 성지 예루살렘을 로마 가톨릭 교회의 지배 아래 두고 싶다는 종교적 신념도 약간은 작용했다.

클레르몽 종교 회의에서 설교하는 교황 우르바누스 2세 1474년경에 프랑스 화가 장 콜롬베가 그린 삽화로, 프랑스 국립 도서관에 소장되어 있다.

아무튼 교황은 프랑스의 클레르몽에서 종교 회의를 열어 성지 예루살렘을 이교도인 이슬람 셀주크 튀르크로부터 탈환하기 위한 십자군에 나서자고 선동했다. 종교 회의에 모인 군중은 열렬히 환호하며 너도나도 십자군에 가담해 성지 예루살렘으로 출발했다. 인원이 무려 10만 명이 넘으면서 십자군은 교황의 예측까지 뛰어넘어 서유럽 전체를 뒤흔드는 일대 사변으로 발전했다.

십자군에 가담한 군중들은 주로 맏아들이 아닌 귀족 자제들과 농사지을 땅이 없는 가난한 농민들이었다.

맏아들이 아닌 귀족 자제들은 설 자리가 없어 사람들의 눈치나 보는 형편이었다. 상속 제도가 자식들 모두에게 영지를 균등하게 나눠 주는 분할 상속제에서 맏아들에게 영지 전부를 상속하는 장자 상속제로 바뀌었기 때문이다. 상속에서 소외된 귀족 자제들에게 이교도 셀주크 튀르크와의 전쟁은 매력적인 일이었다. 이교도와의 전쟁은 따분한 일상사에서 벗어나 짜릿한 전율을 느낄 수 있는 절호의 기회였다. 전쟁에서 큰 공이라도 세운다면 새로운 영지를 개척할 수도 있었다. 꿩 먹고 알 먹는 일이라고나 할까.

농사지을 땅이 없는 가난한 농민들도 마찬가지였다. 귀족 자제들의 휘하 병사로 참전하면 매일 수당도 받는 데다 값비싼 전리품을 챙겨 팔자를 고칠 수도 있는 일이었다. 지휘관이 새로운 영지라도 얻는다면 그 땅에서 농사를 지을 수도 있으니 이래저래 손해 볼 게 없었다.

하지만 이들에게는 이러한 현실적인 셈법보다 더욱 중요한 것이 있었다. 바로 교회에서 대사면을 약속했다는 점이다. 십자군에 가담한 사람은 전부 내세에서 연옥의 형벌이 면제되고, 이교도와의 전투 도중 사망할 경우 곧장 천국으로 간다는 약속이었다. 독실한 크리스트교 신자들에게 대사면이란 무엇과도 바꿀 수 없는 소중

1099년 7월 15일, 1차 십자군의 예루살렘 탈환
1847년 프랑스 화가 에밀 시뇰이 그린 작품이다.

크락 데 슈발리에
십자군이 쌓은 성으로,
시리아에 있다.

한 약속이었다.

이런 이유로 기세등등해진 제1차 십자군(1096~1099)은 1098년에 안티오크를 비롯해 시리아 대부분을 정복했고, 1099년에는 예루살렘을 탈환했다. 그런데 십자군은 자신들이 정복한 땅을 동로마 제국에 돌려주기는커녕 네 개의 공국으로 나누어 가졌다. 심지어 이들은 정복 전쟁 중 이슬람교도들을 닥치는 대로 학살하는 만행을 저질렀다.

내분으로 십자군에 제대로 대처하지 못했던 이슬람 세력은 전열을 가다듬어 반격에 나섰다. 이슬람 세력은 1144년에 네 개의 공국 중 하나를 함락했다.

이에 교황은 제2차 십자군(1147~1149)을 소집했고, 독일(신성 로마 제국) 황제와 프랑스 왕이 이끄는 5만 병력이 반격에 나서 빼앗긴 공국을 되찾으려 했다. 하지만 이슬람 군대에 밀려 치욕스러운 패배를 당하고 말았다.

그 뒤 이슬람의 통치자 살라딘은 분열되어 있던 이슬람 세력을 하나로 통일하는 한편, 예언자 무함마드 시절의 종교적 열정을 되살리려 노력하였다. 살라딘이 내건 깃발은 '지하드', 즉 성전이었다. 위대한 정치가이자 천재적인 전략가였던 살라딘은 내분으로 흩어져 있던 이슬람 오합지졸을 단일 대오의 정예병으로 탈바꿈시켰다. 그 힘을 바탕으로 1187년에 십자군이 세운 공국들을 모두 함락하고 불과 7개월 만에 성지 예루살렘을 되찾았다.

예루살렘의 크리스트교도들은 살라딘이 자신들을 잔혹하게 죽일까 봐 두려움에 떨었다. 예전 정복 전쟁 때 십자군이 이슬람교도들의 피로 강을 이룰 만큼 잔혹하게 학살했다는 이야기가 떠올랐기 때문이다. 살라딘은 자비로웠다. 약간의 몸값을 받고 풀어 주거나 나이 든 사람들은 아예 몸값도 받지 않고 풀어 주었다.

성지 예루살렘이 함락되었다는 소식에 경악한 교황은 제3차 십자군(1189~1192)을 소집했다. 여기에는 독일 황제 프리드리히와 잉글랜드 사자심왕 리처드, 프랑스 존엄왕 필리프 등 세 나라의 국왕이 참가해 역대 십자군 중 가장 규모가 컸다.

십자군은 아크레를 함락한 다음, 예루살렘으로 쳐들어가려 했다. 그런데 세 나라 군대에서 내분이 일어나 독일과 프랑스가 전선에서 이탈해 본국으로 돌아가고 말았다. 잉글랜드의 리처드만 살라딘에 맞서 용감히 싸웠지만, 혼자서 예루살렘을 탈환하기에는 역부족이었다. 그런데 리처드의 용맹성에 감동해 내심 맞수로 생

사자심왕 리처드(Richard the Lionheart) 또는 리처드 1세는 잉글랜드의 국왕으로, 제3차 십자군에 참가해 용맹을 떨쳐 낭만적인 중세 기사 전설의 주인공으로 사랑을 받았다.
존엄왕 필리프(Philippe Auguste) 또는 필리프 2세는 프랑스의 국왕으로, 잉글랜드 왕이 가지고 있던 프랑스 땅을 되찾아 영토를 넓혀 프랑스 사람들의 존경을 받았다.

아크레를 함락하는 리처드 1세
18세기 화가인 필립 제임스 드 루더버그가 그린 작품.

각한 살라딘이 십자군의 아크레 점령을 인정하고 비무장 크리스트교도들의 성지 예루살렘 순례를 5년간 허용한다는 내용으로 리처드와 강화 조약을 맺었다.

제4차 십자군(1202~1204)은 역대 교황 중 가장 권세가 강했던 교황 인노켄티우스 3세가 소집했는데, 하라는 일은 하지 않고 엉뚱한 짓만 벌인 것으로 유명하다. 십자군이 이탈리아의 도시 국가인 베네치아에서 들여온 배와 장비 값을 줄 수 없게 되자, 베네치아 인들은 십자군을 동원해 동로마 제국의 수도 콘스탄티노플을 습격하고는 노략질을 자행했다. 십자군의 이런 행동은 그리스 정교회와 로마 가톨릭 교회를 완전히 분리시켰으며, 비잔틴 제국에도 치명적인 상처를 입혔다.

제5차 십자군(1218~1221)과 제6차 십자군(1228~1229), 제7차 십자군(1248~1249)이 뒤를 이었지만 아무런 성과도 얻지 못했다. 결국 1280년의 제8차 십자군을 마지막으로 십자군 운동은 막을 내렸다.

알비주아 십자군과 소년 십자군

십자군 운동 중에는 제4차 십자군 이상으로 문제가 많은 것도 여럿 있었다. 그중 하나가 알비주아 십자군(1209)인데, 교황 인노켄티우스 3세가 프랑스 남부에서 세력을 떨치던 알비주아파를 이단으로 지목하고 토벌하기 위해 소집했다. 교황은 유럽에서의 이단 척결을 위한 십자군도 예루살렘 탈환을 위한 십자군과 마찬가지로 대사면을 받을 수 있다고 약속했다. 알비주아 십자군은 프랑스 남부 주민 20만~100만 명을 이단으로 몰아 학살했다. 알비주아 십자군 이후 교황은 유럽에서 정치적 반대자들, 특히 독일 황제들을 없애려 할 때 십자군을 마구 소집하였다.

십자군의 광신적 열기가 빚은 소동으로는 소년 십자군이 대표적이다. 1212년 프랑스에서는 열두 살짜리 어린 목동 스테판이 꿈에 예수가 나타나 예루살렘 탈환을 위한 비책을 계시하였다며 무려 3만여 명의 소년·소녀를 모아 프랑스 남부 마르세유로 행진했다. 행진 도중에 수많은 소년이 굶어 죽는 참상이 벌어졌지만, 아무튼 대다수는 배를 탈 수 있었다. 하지만 그 배는 예루살렘으로 향하지 않았다. 그 배의 주인은 소년·소녀들을 노예로 팔아먹으려는 노예 상인이었다. 배는 사르데냐 섬에서 난파되었고, 소년·소녀들은 아랍 인들에게 붙잡혀 북아프리카의 이슬람 통치자에게 끌려갔다. 다행히도 이들이 만난 이슬람 통치자는 자애로운 사람이었다. 이슬람 통치자의 관용으로 이들은 고향으로 되돌아갈 수 있었다 한다.

독일에서도 니콜라스라는 소년이 비슷한 말로 소년·소녀들을 꼬드겨 이탈리아로 행진했다. 이들은 몇 갈래로 나뉘어 여러 도시로 행진하다가 대다수가 노예로 팔려 나갔다. 니콜라스의 소년 십자군 이야기가 「하멜른의 피리 부는 사나이」의 원형이 되었다고 주장하는 학자도 많다.

소년 십자군
폴란드 화가인 비톨드 보키비치가
1905년에 그린 작품.

교황권이 무너지면서 대분열한 교회

성지 예루살렘을 되찾고자 하는 종교적 열정에 힘입어 200년 남짓 계속된 십자군 전쟁은 참담한 실패로 막을 내렸다. 신의 뜻에 따라 일어난 신의 군대 십자군이 이교도들과 성스러운 전쟁을 치렀건만 하잘것없는 이교도들에게 패하다니……. 교황의 명령으로 소집한 십자군의 패배는 교황에 대한 의구심과 환멸로 이어졌고, 이는 교황권의 추락을 낳았다.

13세기 말에 프랑스 왕 필리프 4세는 남서쪽에서는 아라곤, 북서쪽에서는 잉글랜드, 북동쪽에서는 플랑드르와 전쟁을 치르느라 여념이 없었다. 예나 지금이나 전쟁에는 돈이 많이 든다. 프랑스 왕과 잉글랜드 왕은 전비를 조달하기 위해 성직자들에게 세금을 거두었고, 교황 보니파키우스 8세는 자신의 뜻도 묻지 않고 성직자들에게 세금을 거두는 왕들이 괘씸했다. 교황은 평신도인 국왕이 성직자들에게 세금을 거둘 수 없다는 교서를 발표했다. 하지만 잉글랜드 왕과 프랑스 왕은 과감히 교황에 맞섰다. 결국 교황은 교서를 철회할 수밖에 없었다.

교황의 권위가 예상보다 약하다는 것을 확인한 필리프 4세는 이번에는 주교를 반역 혐의로 체포해 재판정에 세웠다. 교황은 즉각 이에 반발하며 프랑스 성직자들을 로마로 불러들였다. 프랑스 성직자들이 로마로 오면 필리프 4세를 곧바로 파문하려는 속셈이었다.

하지만 필리프 4세는 프랑스 성직자들이 로마로 가지 못하게 막았다. 그리고 귀족, 성직자, 평민 대표들을 소집해 삼부회를 열고 교황과의 일전을 다짐했다. 교황과 국왕 중 누가 더 강하냐를 놓고 맞붙은 싸움이었다.

이 싸움에서 교황은 터무니없이 밀렸다. 필리프 4세는 교황에게 전대 교황 살해 혐의와 이단 혐의를 걸어 반드시 재판정에 세우겠다고 으름장을 놓았다. 1303년, 화가 머리끝까지 치솟은 교황은 필리프 4세를 직접 파문하려고 하였지만 필리프 4세가 보낸 부하에게 붙잡혀 모진 고초를 당해야 했다. 다행히도 이틀 만에 풀려났지만, 보니파키우스는 이때 받은 육체적 고통과 정신적 수모를 이기지 못하고 한 달 만에 죽음을 맞았다.

필리프 4세는 아예 자기 측근을 교황으로 들여앉혔다. 1305년에 교황이 된 클레멘스 5세이다. 클레멘스 5세는 프랑스 출신 추기경들을 많이 임명해 프랑스 출신 교황이 계속 나올 수 있는 기틀을 닦았다.

필리프 4세는 한술 더 떠 클레멘스 5세로 하여금 교황청을 아비뇽으로 옮기도록 강요했다. 그 뒤 교황청은 1377년까지 70년 남짓 아비뇽에 있었다. 이 시기 교황 전원과 추기경 대부분이 프랑스 출신이었다. 아비뇽 교황청 시대(1309~1377)에는 교황과 교황청 관리들의 부패와 사치가 극심해지면서 교황과 교회의 권위가 더욱 약해졌다.

1377년에 교황은 로마로 돌아왔고, 1378년에 추기경단은 이탈리아 인 교황을 뽑았다. 하지만 교황이 추기경단과 사사건건 충돌하자, 몇 달 뒤 추기경단은 회의를 다시 열어 이전의 교황 선출을

아비뇽 교황청
1309년에 프랑스 남동부
아비뇽에 들어선 교황청
교황궁의 모습.

무효로 하고 프랑스 인 추기경을 새 교황으로 뽑았다. 그런데 이탈리아 인 교황이 물러나지 않으면서 두 명의 교황이 서로 자기가 진짜라며 다투었다. 프랑스와 프랑스의 영향권 안에 있는 나라들에서는 프랑스 인 교황을 지지했고, 나머지 나라들은 이탈리아 인 교황을 지지했다. 이후 두 개의 교황청(아비뇽 교황청 대 로마 교황청)에서 두 명의 교황(프랑스 인 교황 대 이탈리아 인 교황)이 서로 다투는 '교회의 대분열' 시기(1378~1417)가 계속되었다.

상황이 절박해지자 종교 회의를 열어 교황을 둘 다 폐위시키고 새 교황을 뽑아 대분열을 끝내고자 했다. 하지만 두 교황 모두 이를 받아들이지 않았다. 그래서 이번에는 교황 셋이 서로에게 저주를 퍼붓는 우스운 일이 벌어졌다.

교회의 대분열은 1417년 콘스탄츠 종교 회의에서 서로 다투는 교황들을 모두 폐위시키고 새 교황을 선출하기로 하면서 끝이 났다. 그러나 이후 교황과 교회의 권위는 심각하게 손상되었다. 교황은 황제와 국왕 등 세속 권력과의 경쟁에서 더는 상대가 되지 못했다.

중세 말기의 경제 위기와 흑사병

1300년경에 중세 유럽의 농업은 발전의 한계점에 도달했다. 이제더는 개간할 토지가 없었다. 1050년보다 세 배로 늘어난 인구를 먹여 살리기 위해 쉴 새 없이 농사를 지었기에 지력도 점점 고갈되어갔다. 충분한 비료도 주지 않아 작물 수확량은 점점 줄어들었다.

엎친 데 덮친 격으로 기후도 10세기 이전으로 돌아가 농사짓기어렵게 바뀌었다. 연평균 기온이 섭씨 1도 낮아지고 비도 많이 내렸다. 몇 년에 한 번씩 대홍수가 발생해 농사를 완전히 망쳐 놓기도 했다. 대기근이 발생해 굶어 죽는 사람도 크게 늘었다.

식량 부족으로 영양 상태가 급속히 악화된 판에 이번에는 전염병이 유럽 전역을 휩쓸었다. 흑사병이었다. 흑사병은 쥐벼룩이 옮기는 선페스트로, 병에 걸리면 3~5일 안에 대부분이 사망하는 무서운 질병이다.

사람들은 공포에 질려 도시에서 시골로 도망쳤다. 시골 사람들도 서로를 피해 도망쳤다. 전염병에 걸리지 않으려고 아예 사람들

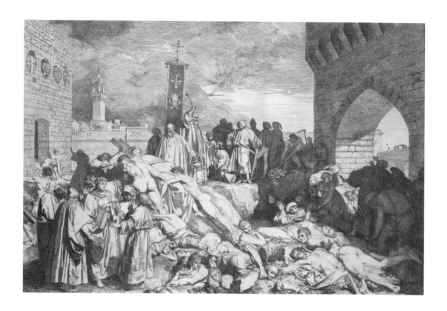

과 접촉 자체를 피한 것이다. 들판의 작물은 썩어 났고, 제조업은
무너졌으며, 도로와 배를 이용한 사람과 물자 운송도 사라졌다. 이
와 함께 식량과 의복 같은 생활필수품의 값이 하늘 높은 줄 모르
고 올랐다. 대기근과 흑사병으로 서유럽 사회와 경제 전체가 무너
져 내린 것이다.

그러면서 인구가 급속히 줄어들었다. 1335년에 약 3만 명이 살
던 툴루즈는 1385년에는 2만 6,000명으로, 1430년에는 8,000명
으로 줄었다. 100년 만에 인구가 75퍼센트나 줄어든 것이다. 노르
망디의 1380년 인구도 1347년보다 50퍼센트 줄었고, 피스토이어
의 1404년 인구도 1340년보다 60퍼센트 줄었다. 서유럽 전체로
보면 1450년 인구가 1300년 인구의 3분의 1로 줄었다.

아이러니하게도, 인구가 급감하면서 서유럽에 새로운 출발의 가
능성이 열렸다. 15세기 중반 이후 흑사병이 진정되면서 식량 생산

이 회복세로 돌아섰는데, 인구가 많이 줄어 식량 가격이 크게 떨어진 것이다. 식량을 사는 데 비용이 얼마 들지 않으니 사람들은 남는 돈으로 버터나 치즈, 고기, 포도주 등도 사 먹을 수 있었다.

식량 작물 재배로는 수지를 맞출 수 없던 농민들은 가축이나 포도, 호프, 보리 따위를 길렀다. 농업이 지역별로 전문화되었고 낙농업과 수공업이 점점 더 발전했다. 이는 지역별로 농산물과 농산 가공품을 거래하는 원거리 상업과 무역의 발전으로 이어졌다. 도시에서도 제조업이 다시 발전했다.

곳곳에서 일자리가 늘어나면서 산업과 지역 간에 인력 확보 경쟁이 불붙었다. 도시는 일손이 필요하다고 농촌에 손짓했고, 농촌을 떠나는 사람들이 늘어났다. 영주들은 장원에서 도망치는 농노들로 일손이 부족해 골머리를 앓았다. 농사를 짓지 않고 빈 땅으로 놀리면 소작료를 거둘 수 없어 수입이 줄어들었기 때문이다.

영주들은 도망친 농노를 붙잡기 위해 혈안이 되었다. 붙잡힌 농노들은 본보기로 엄한 벌을 받았다. 하지만 도시로 도망쳐서 붙잡히지 않고 1년만 버티면 자유를 얻을 수 있었기 때문에 아무리 형벌이 엄해도 도망가는 농노는 갈수록 늘어났다. 그래서 이때 '도시의 공기는 자유를 준다.'는 말이 생겨났다.

중세 유럽의 농업 혁명과 십자군 전쟁

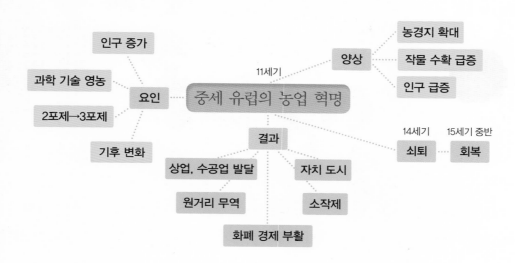

인구 증가

과학 기술 영농

2포제→3포제

기후 변화

요인

중세 유럽의 농업 혁명

11세기

양상

농경지 확대

작물 수확 급증

인구 급증

14세기 쇠퇴

15세기 중반 회복

결과

상업, 수공업 발달

원거리 무역

화폐 경제 부활

자치 도시

소작제

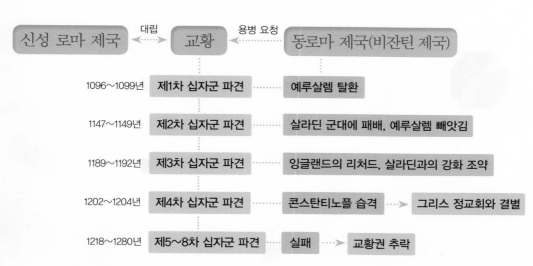

신성 로마 제국 ←대립→ 교황 ←용병 요청─ 동로마 제국(비잔틴 제국)

1096~1099년	제1차 십자군 파견	예루살렘 탈환
1147~1149년	제2차 십자군 파견	살라딘 군대에 패배, 예루살렘 빼앗김
1189~1192년	제3차 십자군 파견	잉글랜드의 리처드, 살라딘과의 강화 조약
1202~1204년	제4차 십자군 파견	콘스탄티노플 습격 ➡ 그리스 정교회와 결별
1218~1280년	제5~8차 십자군 파견	실패 ➡ 교황권 추락

8 이슬람 세력이 세계로 퍼지다

아바스 왕조가 아랍 인 중심주의를 깨뜨리고 민족 차별을 없앤 뒤 이슬람교는 세계 종교로 발돋움했다. 종교적 주도권을 놓고 이슬람의 여러 왕조가 다투는 동안, 세속적 패권은 셀주 크 튀르크, 몽골의 일한국, 티무르 제국, 오스만 튀르크 등으로 이어졌다. 티무르 제국의 후 예가 인도에 무굴 제국을 세우는 등 이슬람교는 인도와 동남아시아로 퍼져 나갔다.

이슬람교 세력을 넓힌 아바스 왕조

서유럽까지 세력을 넓히려던 우마이야 왕조가 프랑크 왕국에 패퇴
한 뒤 이슬람 제국은 어떤 변화를 겪었을까?

　우마이야 왕조가 아랍 인만 우대하고 비 아랍 인을 차별하자,
비 아랍계 이슬람교도들의 불만이 높아만 갔다. 더욱이 우마이야
왕조는 아랍계 부족 내 다툼으로 몸살을 앓고 있었다. 그런 권력
다툼으로 지방에 신경을 쓰지 못하는 틈을 타 곳곳에서 반란이
일어났다.

　이슬람교를 창시한 무함마드의 일족인 아바스 가문은 비 아랍
계 이슬람교도들의 반란을 적극적으로 이끌면서 세력을 넓혔다.
749년에 아바스 가문의 아부 알 아바스는 아바스 왕조의 초대 칼
리프가 되었다. 그는 이듬해인 750년에 자브 강 전투에서 우마이
야 왕조를 멸망시키고 아바스 왕조를 열었다.

　아부 알 아바스는 아랍계 이슬람교도와의 차별
을 철폐해 비 아랍계 이슬람교도들의 숙원을 풀어
주었다. 또한 우마이야 왕조의 수도였던 다마스쿠
스에서 바그다드로 수도를 옮겨 새 왕조의 기틀을
튼튼히 다졌다. 이러한 조치를 통해 이슬람교는 세
계 종교로 탈바꿈할 기반을 마련했다.

　하지만 아바스 왕조의 통치력은 10세기 들어 현
저히 약화되었다. 이베리아 반도로 도망간 우마이
야 왕조의 일부 세력이 저마다 칼리프를 자처하였

아라비안나이트
아바스 왕조 5대 칼리프 하룬
알 라시드 때 이슬람 제국은
전성기를 맞았다. 학자와
작가들을 궁정으로 불러 모아
이슬람 문화의 황금기를 연
하룬 알 라시드는
아라비안나이트의 주인공으로
유명하다. 오리엔탈리즘에
매료된 영국 화가 존 프레드릭
루이스가 그렸다.

기 때문이다. 코르도바를 수도로 삼아 세운 후우마이야 왕조부터 이집트와 북아프리카를 차지한 파티마 왕조까지 그러했다. 하지만 이 왕조들도 대부분 이슬람 세계 안에서 아바스 왕조의 영향력은 인정했다.

10세기 중반에 이란계 시아파의 부와이 왕조가 바그다드를 점령한 뒤 이슬람 제국은 각 지역을 다스리는 여러 왕조로 쪼개졌다. 다만, 아바스 왕조의 칼리프는 이슬람 세계를 통합하는 최고 종교 지도자로 남았다.

이슬람 세계의 새로운 지배자, 셀주크 튀르크

몽골 고원과 중앙아시아의 초원 지대에서 살던 유목 민족 가운데 돌궐이라는 민족이 있었다. 6세기 중엽, 돌궐은 중국을 위협할 만큼 강성해졌다. 하지만 수 문제 양견의 이간책으로 동돌궐과 서돌궐로 분열되었다가 동돌궐은 630년에, 서돌궐은 657년에 당에 멸망했다. 그 뒤 7세기 말, 돌궐이 당에 반기를 들고 후돌궐을 세웠다. 한때는 영토가 동서로 1만여 리, 병력이 40만 명에 이르렀다. 하지만 8세기 중엽에 내분으로 멸망하고 말았다.

지금부터 이야기할 튀르크 족은 바로 이 돌궐족을 가리킨다. 중앙아시아와 러시아 남부의 초원 지대에서 유목 생활을 하던 튀르크 족은 10세기경에 이슬람교를 받아들였다. 11세기경부터는 남서쪽으로 진출해 아프가니스탄과 북인도 지역에 여러 왕국을 세웠다. 이때부터 중앙아시아와 그 주변 지역이 이슬람화하기 시작했다.

그런 튀르크 족 중 한 부족이 셀주크 튀르크이다. 부족장의 이름 셀주크를 따서 붙인 이름이다. 셀주크 튀르크는 아랄 해로 흘러드는 시르다리야 강 하류 지방에 정착한 뒤 남하해 지금의 이란 북부 지방에서 수니파 이슬람교를 받아들였다. 이후 이들은 페르시아의 사만 왕조와 손잡고 용병으로 다른 왕조들과 맞섰다. 그러다가 사만 왕조가 패하자 셀주크의 두 손자 차그리 베그와 토그릴 베그가 독립해 자신들의 왕국을 만들었다.

토그릴 베그는 1055년 바그다드에서 이란계 시아파인 부와이 왕조를 무찔러 수니파 중심으로 이슬람 세력을 통일했다. 이슬람 세계의 최고 종교 지도자인 아바스 왕조의 칼리프는 그에게 술탄이라는 칭호를 내려 이란 서부와 메소포타미아의 통치자로 인정했다.

투으룰 탑
셀주크 튀르크의 첫 번째 술탄인 토그릴 베그를 위해 세운 탑으로 이란의 테헤란 남쪽에 있다.

그 뒤 셀주크 튀르크는 정복 전쟁에 나서 동로마 제국의 영토였던 흑해와 카스피 해 사이의 아르메니아와 그루지야, 지중해 동부 연안의 팔레스타인과 시리아, 소아시아 반도로 쳐들어갔다. 앞서 이야기했듯이 동로마 제국은 황제 로마누스 4세가 직접 군사를 이끌고 메소포타미아 북부를 거쳐 아르메니아로 나아가 반격에 나섰지만, 1071년 만지케르트에서 크게 패하고 황제 자신마저 포

로로 붙잡히는 수모를 겪었다.

　이렇듯 동로마 제국의 턱밑까지 치고 들어가며 강성함을 자랑하던 셀주크 튀르크는 분할 상속 관행으로 내분이 일어나면서 세력이 약해졌다. 동로마 제국 황제가 1095년에 로마 교황에게 구원을 요청하면서 시작된 200년간의 십자군 전쟁은 셀주크 튀르크를 더욱 위협했다.

　십자군 전쟁의 와중인 12세기 말에 이집트와 시리아의 위대한 술탄 살라딘은 셀주크 튀르크로부터 이슬람 세계의 주도권을 빼앗았다. 이로써 시리아, 아르메니아, 그루지야 등이 셀주크 튀르크의 영향력에서 벗어났다. 심지어 바그다드의 아바스 왕조 칼리프도 셀주크 튀르크에서 벗어나 이란과 메소포타미아 지방에서 권위를 되찾았다. 이제 셀주크 튀르크에는 소아시아 반도밖에 남은 것이 없었다.

몽골 족의 일한국과 티무르 제국

셀주크 튀르크가 몰락한 뒤, 잠시 세력을 되찾은 바그다드의 아바스 왕조는 동방에서 온 세계 최강 몽골 제국에 무릎을 꿇었다. 몽골 제국을 건설한 칭기즈 칸의 손자 몽케 칸이 1255년에 여섯째 동생인 훌라구에게 서아시아 평정을 맡겼던 것이다.

　앞에서 얘기했듯이 훌라구가 이끄는 서아시아 원정군은 이란과 이라크를 바탕으로 일한국을 세웠고, 쿠빌라이 칸이 몽골 제국의 행정 체계를 정비하면서 일한국을 훌라구 일가의 것으로 인정했다.

일한국의 몽골 족은 처음에는 이슬람교도들을 박해했지만, 얼마 뒤 이슬람교로 개종했다. 현지의 페르시아 인이나 아랍 인, 튀르크 족 등과 혼인하여 서아시아에 뿌리를 내렸다.

14세기에 들어서면서 몽골 제국이 쇠퇴한 만큼 일한국도 쇠락해 갔다. 이를 틈타 일한국의 영토 안에 있던 여러 민족이 독립해 새 왕조를 열었다. 페르시아 인들의 사파비 왕조, 튀르크 족의 오스만 왕조 등이 대표적이다. 이름만 남아 있던 일한국은 1383년에 멸망하고 말았다.

일한국을 멸망시킨 것은 일한국의 지배층과 같은 민족인 몽골 족이었다. 칭기즈 칸에 버금갈 만큼 위대한 정복 군주였던 티무르가 바로 그 주인공이다.

티무르는 칭기즈 칸이 지금의 우즈베키스탄을 중심으로 한 호라즘을 정복하고 아들 차가타이에게 그 땅을 물려줄 때 차가타이

훌라구와 아내 도쿠즈 카툰
14세기에 간행된 라시드 앗 딘의 『집사』에 수록된 삽화. 『집사』는 몽골, 중국, 인도, 아랍, 튀르크 등 여러 종족의 역사를 집대성한 책으로 『세계의 역사』라고도 한다.

를 따라온 명문가 출신이다. 그는 원나라가 한족의 반란으로 중국에서 내쫓기자 내분 중인 차가타이한국을 손아귀에 넣고는 무너진 몽골 제국을 되살리겠다고 선언했다. 그 뒤 10년 동안 중앙아시아 일대를 차지해 힘을 기른 티무르는 본격적인 정복 전쟁에 나섰다.

원형 조각보
비단에 면사, 금실로 몽골 지배층의 모습을 수놓은 원형 조각보로 14세기 초의 작품이다.

티무르는 몽골 통치에 반기를 든 러시아 인들을 응징하려는 킵차크한국을 지원했다. 러시아 정벌에 나서서 모스크바를 점령하고 리투아니아군을 물리쳤다. 아울러 여러 왕조가 독립해 이름만 남은 일한국을 멸망시키고 지금의 아프가니스탄, 이란, 이라크와 아르메니아, 아제르바이잔, 그루지야를 차지해 티무르 제국의 기틀을 닦았다.

하지만 흑해와 카스피 해 사이의 아르메니아, 아제르바이잔, 그루지야 점령은 킵차크한국의 반격을 초래했다. 킵차크한국의 군대가 아제르바이잔은 물론 티무르 제국의 심장부인 우즈베키스탄을 타격했고, 티무르는 킵차크한국의 군대를 격파하는 데 오랜 시간을 들여야 했다. 이때 티무르는 1년 동안 모스크바를 점령하고 머물렀다. 티무르 군대의 압도적인 전투력을 본 사람들은 두려움에 벌벌 떨었고, 동시에 티무르에 대한 숱한 전설이 생겨났다.

티무르가 러시아 원정을 떠난 동안 지금의 이란 땅에서는 티무르의 무자비한 통치에 반대하는 반란이 곳곳에서 일어났다. 러시아 원정에서 돌아온 티무르는 칭기즈 칸과 마찬가지로 반란을 무참하게 진압해 본보기로 삼았다. 이란 땅의 여러 도시를 파괴하고 주민들을 모두 죽인 것이다.

티무르의 다음 공격 방향은 인도였다. 1398년에 인도를 침략하여 델리를 쑥대밭으로 만들었다. 델리의 이슬람 술탄(통치자)들이 힌두교도들에게 지나친 관용을 베푼다는 게 이유였다. 티무르는 인도에서 약탈해 온 금은보화와 각종 물자로 수도인 사마르칸트에 거대하고 화려한 모스크(이슬람 사원)를 세웠다. 이때 인도에서 끌고 온 코끼리 90마리가 모스크 건립에 필요한 돌을 날랐다고 한다.

1399년에 이집트의 맘루크 왕조와 소아시아 반도의 오스만 왕조가 영토 일부를 침범했다. 티무르는 맘루크 왕조 군대를 물리친 뒤 다마스쿠스를 점령하고 공예 기술자들을 사마르칸트로 강제 이주시켰다. 이어 소아시아 반도를 침공해 오스만 왕조 군대를 격파했다.

티무르는 몽골 제국 부활의 마지막 과업으로 중국 원정을 준비했고, 1404년 겨울에 원정길에 나섰다. 그렇지만 이듬해 초에 병으로 세상을 떠났다.

티무르 제국의 정복 활동 중에 강제로 이주된 상인과 기술자들이 각종 사치품을 생산해 교역함에 따라 티무르 제국은 경제적 번영을 누릴 수 있었다. 더욱이 강성한 군사력을 바탕으로 동서

티무르 상
우즈베키스탄 사마르칸트에 있는 티무르의 동상이다. 사마르칸트는 14세기 후반에 티무르 제국의 수도로 크게 번성하였다.

레지스탄 광장의 비비하눔 사원
14세기 티무르 제국의 건국자인 티무르의 아내
이름을 딴 사원이다. 건물 외벽의 기하학적 무늬는
이슬람 예술의 장식적 특성을 잘 보여 준다.

교역을 활발하게 전개하여 수도 사마르칸트는 각지의 상인들이 모여드는 교역 도시로 발전했다.

하지만 유목 민족 특유의 분할 상속제 때문에 내분이 끊이지 않아 국력이 약해졌고, 결국 1500년에 멸망하고 말았다.

이집트군을 격파하는 티무르
티무르는 이집트 맘루크 왕조가 1399년에 영토를 침범하자 반격에 나서 이집트군을 격파했다. 카말레딘 베흐자드가 1515년에 그린 그림으로, 이란 테헤란의 컨템퍼러리 아트 박물관에 소장되어 있다.

아시아, 아프리카, 유럽에 걸친 오스만 제국

13세기 중엽에 셀주크 튀르크가 소아시아 반도의 약소국으로 몰락한 뒤, 소아시아 반도의 튀르크 족들은 부족 단위로 셀주크 튀르크의 지배에서 벗어나 나라를 세웠다. 그중 하나가 오스만 튀르크다.

소아시아 반도의 작은 나라에서 출발한 오스만 튀르크는 동맹을 맺거나 전쟁을 벌이고, 때로는 돈을 주고 땅을 사서 14세기 말에는 소아시아 반도 전체를 하나로 묶었다. 또한 이웃한 비잔티움 제국의 여러 분파와 동맹을 맺고 유럽에 진출할 발판을 마련했다.

오스만 튀르크는 외곽에서부터 야금야금 발칸 반도를 점령하기 시작했다. 위기감을 느낀 발칸 반도의 여러 나라는 세르비아를 중심으로 연합군을 구성해 오스만 튀르크 군대에 맞섰다. 양쪽 군대는 1389년 코소보에서 맞붙었고, 오스만 튀르크 군대가 승리해 발칸 반도에 대한 통치권을 확립했다.

　제국의 기틀을 차근차근 다져 나가는 이들의 행보는 몽골 제국 부활을 꿈꾸던 티무르의 관심을 끌었다. 오스만 튀르크가 티무르 제국의 영토를 공격한 것을 빌미로 삼아 티무르는 군대를 이끌고 소아시아 반도를 침공했다. 오스만 튀르크는 1402년에 앙카라에서 티무르 군대에 대패했다. 티무르가 죽은 뒤에야 오스만 튀르크는 영토를 되찾을 수 있었다.

　1453년에 오스만 튀르크는 콘스탄티노플을 함락함으로써 비잔티움 제국의 마지막 숨통을 끊었다. 오스만 튀르크는 비잔티움 제국의 수도였던 콘스탄티노플을 수도로 삼고, '이슬람의 도시'라는 뜻의 이스탄불로 이름을 고쳤다.

　오스만 튀르크는 1517년에 이집트 맘루크 왕조를 멸망시키고 오늘날의 시리아, 팔레스타인, 이집트, 알제리 등 지중해 동부 연안 지방과 북아프리카를 차지했다. 그리하여 아시아, 아프리카, 유럽에 걸친 대제국으로 발전했다. 오스만 제국은 16세기 중엽에 유럽에서는 헝가리까지, 아프리카에서는 트리폴리까지, 아시아에서는 메소포타미아와 페르시아 만까지 영토를 넓혀 전성기를 맞았다.

　하지만 1571년에 그리스 레판토 앞바

니코폴리스 전투

1396년 도나우 강변 니코폴리스에서 오스만 제국과 유럽 연합 사이에 전투가 벌어졌다. 오스만 제국의 발칸 반도 침공을 저지하기 위한 중세 최후의 대규모 십자군이었지만 오스만 제국이 대승을 거두었다. 이 전투로 바예지드 1세는 파티마 왕조의 칼리프에게서 술탄의 칭호를 받았다. 16세기에 그려진 그림으로 터키 이스탄불 톱카프 궁전 박물관에서 소장하고 있다.

다에서 베네치아 공화국, 제노바 공화국, 사보이 공국, 로마 교황령, 몰타 기사단, 에스파냐 등 신성 동맹 함대에 패하면서 오스만 제국의 팽창은 저지당하고 말았다.

오스만 제국은 이스탄불을 중심으로 동서 교역을 독점하여 경제적 번영을 누렸다. 그러다가 15세기 말, 16세기 초의 신항로 개척으로 또 다른 동서 교역 루트가 개척되면서 점차 쇠퇴하기 시작했다.

세 대륙에 걸친 대제국 오스만은 제국의 분열을 막기 위해 다른 민족의 종교와 문화에 대해 관용 정책을 펼쳤다. 특히 이슬람교도가 아닌 주민들도 세금만 제대로 내면 자치적인 공동체를 이루어 자신들의 문화를 유지할 수 있도록 하였다. 이러한 관용 정책은 특히 그리스 정교회를 믿는 주민이 많은 발칸 지역에서 효과

레판토 전투
1571년 10월 7일, 레판토 앞바다에서 벌어진 레판토 해전 장면. 이 전투의 패배로 오스만 제국의 유럽 진출은 끝이 났다. 16세기 말의 그림으로 영국 런던의 국립 매리타임 박물관에 소장되어 있다.

를 발휘했다.

공식 언어로는 튀르크 어를 썼지만, 일상생활에서는 각 민족이 자신들의 언어를 쓰는 것을 인정했다. 정부의 공식 문서를 대중에게 알릴 때도 각 민족의 언어로 번역해 전달하였다.

이러한 관용 정책은 각 지역의 다양한 문화를 하나로 융합한 새로운 오스만 제국 문화를 낳았다.

오스만 제국은 다른 종교에 관용적이었지만 이교도 중에서 이슬람교로 개종하는 경우도 많았다. 이슬람교로 개종하면 인두세를 비롯한 각종 세금을 면제해 주었기 때문이다. 특히 이슬람교로 개종한 청년들에게는 오스만 제국 술탄(황제)을 호위하는 군인이 되어 정부 관리로 출세하는 길이 열려 있었다.

그 결과 발칸 반도에서도 보스니아 헤르체고비나와 알바니아를 중심으로 이슬람교도들이 크게 늘었다. 이러한 주민 구성은 발칸

오스만 제국 천문대
오스만 제국은 천문학이 발달한 이슬람 문화의 영향으로 최고 수준의 천문대를 운영하였다. 1577년 그림.

반도에서 종교·문화 갈등으로 발전하다가 이후 인종 청소라는 살육전을 낳기도 했다.

인도에 확산된 이슬람교: 델리 술탄 국과 무굴 제국

오늘날 파키스탄과 방글라데시, 인도 일부와 동남아시아의 인도네시아, 말레이시아, 필리핀 일부에서는 이슬람교를 믿는다. 이들 나라 주민들은 어떻게 이슬람교를 믿게 되었을까? 인도와 동남아시아의 이슬람화 과정을 살펴보자.

인도 중북부를 통일하고 힌두 문화를 발전시켰던 굽타 왕조가 6세기 중엽에 멸망한 뒤, 인도 중북부는 군소 왕국들이 난립해 각축을 벌였다. 반면 인도 남부에서는 13세기 말까지 불교 국가인 촐라 왕조가 주도권을 잡았다.

인도는 10세기 말에 접어들면서 이슬람교를 믿는 세력의 침공을 받았다. 이란 북동부와 아프가니스탄을 다스리던 가즈나 왕조는 인도 북부를 침공해 델리에 왕국을 건설하고, 인도인들을 그 지배하에 두었다. 그 뒤 델리에는 여러 이슬람 세력이 번갈아 가면서 노예 왕조, 할지 왕조, 투글루크 왕조, 사이이드 왕조, 로디 왕조 등을 세우고 술탄을 자처했다. 이들 왕조를 통틀어 델리 술탄 국이라고 부른다. 델리 술탄 국이 약화되면서 15세기 말에는 인도 북부가 여러 개의 작은 왕국으로 분열되어 혼란을 겪었다.

발칸 반도의 인종 청소

발칸 반도의 유고슬라비아 연방을 이루던 보스니아 헤르체고비나는 인구 구성이 매우 복잡해 44퍼센트는 이슬람교를 믿는 보스니아 인, 31퍼센트는 세르비아 인, 17퍼센트는 크로아티아 인이었다. 1992년 4월에 보스니아 헤르체고비나가 유고슬라비아 연방에서 분리 독립한다고 선언하자, 세르비아는 그 지역의 세르비아 인들을 부추겨 별도의 나라를 세우고 보스니아 인과 크로아티아 인을 내쫓으려 했다. 세르비아의 군사적 지원을 받은 세르비아 인들은 그들을 단순히 추방하는 데 그치지 않고 수만 명을 대량 학살하는 인종 청소의 만행을 저질렀다. 이 일로 유엔과 나토가 개입하여 세르비아를 응징하기까지 했다. 미국을 비롯한 유럽 여러 나라는 세르비아의 배후에 있는 러시아를 설득했다. 러시아가 세르비아에 대한 지원을 끊고 전쟁을 그만두도록 설득하여 1995년 데이튼 협정을 체결하면서 보스니아 전쟁은 끝났다.

1999년에도 세르비아는 알바니아계가 다수인 코소보에서 알바니아계를 내쫓기 위해 대량 학살이라는 인종 청소를 벌였다. 이는 나토의 개입을 불러왔고, 나토는 세르비아를 집중 폭격해 종전을 이끌어 냈다.

한편 인종 청소를 지시한 슬로보단 밀로셰비치 세르비아 대통령은 민중 봉기로 쫓겨났다. 이후 전범으로 체포되어 국제 사법 재판소에서 재판을 받던 중 2006년에 감옥에서 숨진 채 발견되었다. 코소보는 2008년에 세르비아에서 분리 독립했다.

유고슬라비아 전쟁과 인종 청소
1993년 비테즈 근교에서 인종 청소에 희생된 사람들의 유해 발굴 장면, 1995년 유고슬라비아 평화 협정 체결 장면, 1999년 코소보 전쟁에 투입된 미군이 토마호크 미사일을 발사하는 장면(왼쪽부터)이다.

이러한 혼란을 이겨 내고 인도 북부를 다시 통일한 인물이 바부르이다. 티무르의 5대손인 바부르는 작은 공국을 물려받은 아버지와 함께 티무르 제국의 수도 사마르칸트를 차지하고 제국 전체를 다스리는 꿈을 이루기 위해 청춘을 바쳤다. 두 차례에 걸쳐 사마르칸트를 점령하기도 했지만, 결국 우즈베크에 밀리고 말았다. 토착민과 하나 되어 밀고 내려오는 우즈베크의 통치자는 너무도 강력한 적이었다.

바부르
무굴 제국의 건국자 바부르의 초상으로 16세기에 그려진 그림이다.

바부르는 사마르칸트는 물론 작은 공국마저 잃고 떠돌아다니는 신세가 되었다. 추종자들과 함께 아프가니스탄 카불을 차지하고 사마르칸트를 다시 노렸지만, 우즈베크의 통치자에게 또다시 가로막혔다. 그는 사마르칸트를 차지하려는 꿈을 접었다.

그다음에 바부르가 노린 곳은 인도였다. 그는 1519년부터 여러 차례 인도 북부 펀자브 지방을 침공했다. 하지만 별다른 성과는 거두지 못했다. 그러다가 내분 중인 로디 왕조의 일부 세력이 구원 요청을 한 것을 빌미로 1만 2,000여 명의 군사를 이끌고 델리로 나아갔다.

1526년에 델리 북쪽 파니파트에서 로디 왕조의 술탄이 이끄는 10만 대군과 맞부딪혔다. 바부르는 오스만 제국에서 얻은 신병기인 대포를 쏘아 적진을 흐트러뜨리고, 대오가 무너진 적진을 전차에 탄 병사들이 헤집고 다니도록 하여 대승을 거두었다. 바부르는 속전속결로 사흘 만에 델리를 점령했다.

하지만 바부르의 부대는 인도의 열대 기후에 적응하지 못한 데다 수많은 강적에 둘러싸여 있었다. 바부르는 고향으로 돌아가려는 병사들을 붙잡고 마음을 돌려세웠다. 바부르의 병사들이 마음을 다잡고 결전의 의지를 다질 무렵, 라나 상가가 힌두교도 연합군 10만 명을 이끌고 바부르 군대를 공격해 왔다.

바부르는 아그라 서쪽 카누아에 진지를 구축하고는 이전 전투에서와 같은 작전을 썼다. 대포를 쏘아 적진을 흐트러뜨리고는 전차에 탄 병사들이 측면에서 돌진해 적진을 마구 헤집고 다니면서 적군을 혼란에 빠뜨리게 했다. 힌두 연합군은 크게 패하여 물러났다.

그 뒤 바부르는 아프가니스탄 부족들을 쫓아내고 로디 왕조의 잔당을 괴멸시켰다. 이때에도 역시 포병대의 활약이 결정적이었다.

인도 북부의 광활한 영토를 지배하게 된 바부르가 무굴 제국의 기초를 닦았다면, 정복 전쟁을 통해 대제국을 건설한 이는 악바르 대제(1542~1605, 재위 1556~1605)이다. 뛰어난 군사 전략가였던 악바르 대제는 남부로 영토를 확장해 벵골 만에서 데칸 고원을 거쳐 아라비아 해에 이르는 대제국을 건설했다. 아울러 소수의 이슬람교도가 다수의 힌두교도를 강압적으로 다스려서는 제국이 오래갈 수 없다고 보고, 힌두교도들을 포용하는 정책을 폈다.

힌두교도들에게만 매기던 인두세를 폐지하고 힌두교도들을 관리와 군인으로 등용했다. 힌두교도들과 이슬람교도들의 결혼을 장려하고, 종족 간의 타협으로 문제를 평화롭게 풀도록 해 힌두 세력을 실질적 동반자로 흡수하고자 노력했다. 악바르 대

악바르 대제
1590~1595년경에 치슈티교의 무인 앗딘의 무덤을 참배하는 악바르 대제의 모습이다. 인도 화가 바사완이 그린 것으로, 런던 빅토리아 앤 앨버트 박물관에 소장되어 있다.

**파테푸르 시크리의
히란 미나르 수도탑**
무굴 제국의 3대 황제인 악바르
대제는 아그라 부근 파테푸르
시크리(승리의 도시)에 새로운
수도를 건설했다. 불행히도
이 지역은 물이 부족해 수도로는
적합하지 않았다. 결국 악바르
대제는 10년 뒤인 1584년에
수도를 라호르로 옮겼다.
히란 미나르 수도탑은 파테푸르
시크리에 물을 공급하던 곳이다.

제의 이러한 노력은 힌두 문화와 이슬람 문화의 융합을 가져왔다.

무굴 제국은 아우랑제브 황제 때 데칸 고원을 점령하면서 무굴 제국 사상 최대의 영토를 확보하였다. 하지만 아우랑제브는 이슬람교도가 아닌 모든 이에게 다시 인두세를 매기고, 힌두교를 비롯한 모든 이교도 사원을 폐쇄하였으며, 힌두교도 제국 관리들에게 이슬람교로 개종할 것을 강요했다. 이러한 탄압 정책은 힌두교도와 시크교도의 반란으로 이어졌다. 그 뒤에도 내분이 거듭되면서 무굴 제국은 점차 쇠퇴해 갔다.

무굴 제국은 농업과 상공업이 발달해 경제적으로 크게 번영하였다. 특히 대외 교역이 발달하여 중국, 동남아시아, 인도, 아라비아, 지중해를 잇는 인도양 무역을 이끌며 많은 부를 쌓았다. 특히 인도에서 재배한 면화와 면직물은 대외 교역에서 중요한 비중을 차지했다. 아라비아에서 말레이시아까지 모든 사람이 인도산 면직물을 입었다고 할 정도였다.

인도는 동남아시아의 향신료들이 모이는 집산지였는데, 이들 향신료는 십자군 전쟁 이후 중세 유럽 귀족들의 입맛을 단번에 사로잡았다. 향신료에 대한 수요가 급증하면서 가격이 하늘 높은 줄 모르고 올랐다. 수백 배의 이익을 보장하는 향신료 무역에 유럽 여러 나라가 뛰어들면서 15세기 말, 16세기 초에 인도로 가는 신항로 개척이 이루어졌다. 인도로 가는 신항로 개척은 중세 유럽 사회를 뿌리부터 뒤흔들었다.

이슬람교의 동남아시아 확산

동남아시아에서는 인도양 무역이 발달하면서 인도의 이슬람 상인들과 교류하는 일이 잦아졌고, 동남아시아에 정착하는 인도의 이슬람 상인들도 점점 늘어났다. 그에 따라 13세기경에는 인도네시아와 말레이시아에도 이슬람교가 퍼지기 시작했다.

당시 인도네시아 지역을 다스리고 있던 마자파힛 왕국은 힌두교 국가였으나, 14세기에 접어들면서 이슬람교로 개종하였다. 마자파힛 왕국은 향신료 무역을 독점하고 중국, 이슬람 상인들과 거래하면서 번영을 누렸다. 그러다가 16세기 초에 이슬람 세력에 의해 멸망하였다. 이슬람 세력은 이곳에 작은 나라들을 세우고 향신료 무역을 독점하기 위해 서로 다투었다.

한편, 15세기 초에 말레이시아 지역에 세워진 믈라카 왕국도 이

라호르의 노천 식당
1889년경에 미국 화가 에드윈 로드 윅스가 무굴 제국의 수도였던 라호르의 노천 식당 풍경을 담았다. 이때는 무굴 제국이 멸망하고 인도 전체가 영국의 식민지가 된 직후였다.

슬람교를 받아들였다. 믈라카 왕국은 중국과 인도를 잇는 믈라카 해협을 장악하고 중계 무역을 통해 경제적 번영을 누렸다. 1498년에 바스쿠 다 가마의 인도 항로 개척 이후 포르투갈이 이 지역의 전략적 중요성을 알아차리고 1511년에 믈라카 왕국을 점령했다. 이후에는 네덜란드와 영국이 차례대로 이 지역을 지배하였다.

이슬람 세계의 지배자

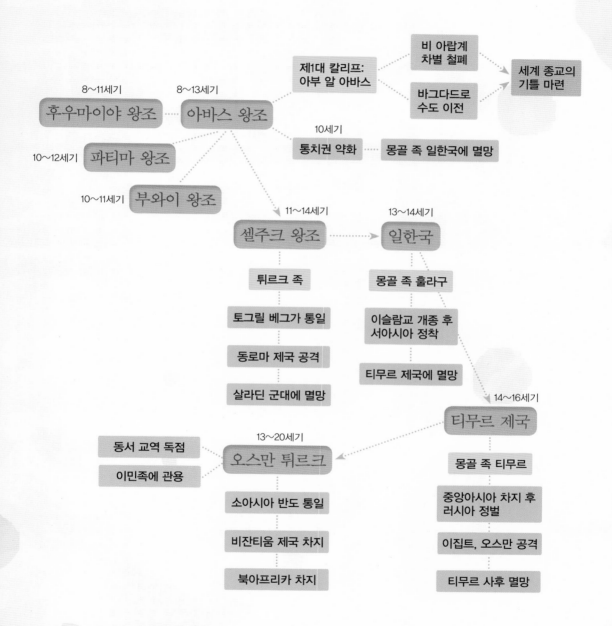

후우마이야 왕조 8~11세기

아바스 왕조 8~13세기

제1대 칼리프:
아부 알 아바스

비 아랍계
차별 철폐

바그다드로
수도 이전

세계 종교의
기틀 마련

10세기
통치권 약화 — 몽골 족 일한국에 멸망

파티마 왕조 10~12세기

부와이 왕조 10~11세기

셀주크 왕조 11~14세기

일한국 13~14세기

튀르크 족

토그릴 베그가 통일

동로마 제국 공격

살라딘 군대에 멸망

몽골 족 훌라구

이슬람교 개종 후
서아시아 정착

티무르 제국에 멸망

티무르 제국 14~16세기

오스만 튀르크 13~20세기

동서 교역 독점

이민족에 관용

소아시아 반도 통일

비잔티움 제국 차지

북아프리카 차지

몽골 족 티무르

중앙아시아 차지 후
러시아 정벌

이집트, 오스만 공격

티무르 사후 멸망

9 명·청 제국과 함께 동아시아가 흔들리다

14세기 중엽, 한족이 원나라를 내쫓고 명나라를 세워 한족 문화를 되살렸다. 일본을 통일한 도요토미 히데요시가 일으킨 임진왜란은 동아시아 정세를 뒤흔들었다. 만주족을 통일한 청나라는 17세기 중엽에 이자성의 농민 반란군이 명나라를 멸망시킨 틈을 타 중국을 차지했다. 청나라는 상공업과 무역을 발전시켜 세계에서 가장 잘사는 나라가 되었다.

한족 문화를 부활시킨 명 태조 주원장

명나라는 백련교의 뒷받침으로 농민 봉기를 일으켰던 주원장이 몽골 족을 내쫓고 세운 나라이다.

이전의 원나라는 몽골 족 제일주의에 따라 한족을 가장 밑바닥 민족으로 규정하고 억눌렀다. 그러다 보니 유교나 도교, 유학 교육 체계, 과거제, 율령 체계와 같은 한족 문화 역시 푸대접을 받았다.

몽골 족을 내쫓고 한족 왕조를 부흥시킨 명나라는 무엇보다 몽골 문화의 잔재를 없애고 한족 문화를 되살리는 데 힘을 기울였다. 구체적으로 살펴보면 다음과 같다.

첫째, 유목 민족적인 풍속과 문화를 금지하고 한족의 풍속과 문화를 부활하였다. 둘째, 충효를 강조하는 유교주의를 통치 이념으로 삼아 유교 교육을 위한 학교 교육 체계를 부활하는 한편, 과거제를 되살려 유교에 대한 학식을 기준으로 관리를 선발했다. 셋째, 국가 말단 조직인 이갑제를 통해 향촌에까지 유교 윤리를 널리 보급하였다. 넷째, 한족 전통의 율령 체계를 부활해 대명률과 대명령을 제정하여 법치의 근간으로 삼았다.

이런 바탕 위에 행정, 군사, 감찰 등에서 당나라와 송나라의 제도가 되살아났고 황제 독재권도 강화되었다. 주원장은 원나라 때부터 나랏일을 총괄하던 중서성과 재상 제도를 폐지하고, 중서성에 속해 있던 이·호·예·병·형·공의 6부를 직접 관할했다. 대도독부를 없애고 오군도독부를 두어 병권의 집중을 막는 한편, 재판과 형벌을 맡는 기관도 여럿으로 나눠 서로 견제하게 했다. 전국

명 태조 홍무제
명나라를 건국한 주원장의 초상화로, 14세기경 작품이다. 타이베이 국립 고궁 박물원에 소장되어 있다.

이갑제는 조세 징수·치안 유지 및 교화를 위해 부역을 부담하는 110호로 1리를 편성하되, 그중 부유한 10호가 나머지 100호를 10호씩 10갑으로 나누어 통솔하는 제도이다.

을 13개 성으로 나누고 행정을 맡는 포정사사, 감찰을 맡는 제형안찰사사, 군사를 맡는 도지휘사사를 두어 지방 권력을 분산시켰다. 조세 수입을 확보하기 위해 전국적으로 호구조사를 하여 토지 대장과 호적 대장을 정리했다.

어린도책
조세 징수를 위해 작성한 토지 대장으로, 맨 앞에 붙인 총도가 물고기 비늘 같아 이런 이름이 붙었다.

　주원장은 황제 권력을 위협하는 갖가지 죄목을 만들어 부하 장수들을 숙청했는데, 호유용이나 남옥이 대표적이다. 이 두 사람에 연루되어 처형당한 사람만 5만 명이 넘을 만큼 무자비했다. 이로 인해 중앙 정부와 황제의 권력이 크게 강화되었다. 주원장은 아들

명나라 회화
명나라 4대 화가라 불리는 심주의 〈여산고도〉, 구영의 〈초음결하도〉이다.

스물네 명과 종손 한 명을 번왕으로 삼아 전략적 요충지를 다스리게 하여 북방 몽골 족의 침입에 대비했다. 그런데 이들 번왕의 세력이 강대해지면서 오히려 문제가 발생했다.

베이징으로 도읍을 옮긴 정복 군주 영락제

1398년에 주원장이 죽은 뒤, 21세의 어린 나이로 황제 자리에 오른 손자 건문제 주윤문(혜제)은 황제의 권력을 위협하는 숙부들(스물네 명의 번왕)에게서 권력을 빼앗아 황제의 권력을 강화하고자 하였다. 그래서 번왕들을 잇달아 투옥하고 평민으로 만들거나 추방했다. 생명의 위협을 느껴 스스로 목숨을 끊은 번왕도 있었다.

하지만 주원장의 넷째 아들인 연왕 주체가 1399년에 북방 몽골 족의 침공에 대비해 국경을 수비하던 정예 병력을 이끌고 반란을 일으키면서, 번왕들을 핍박해 황제 권력을 강화하려던 주윤문의 계획은 실패로 돌아갔다. 3년간의 공방전 끝에 연왕은 1402년, 수도 난징을 점령하고는 황제의 자리에 올랐다(정난의 변). 바로 성조 영락제다.

영락제는 주윤문의 측근 신하들과 그 일가친척을 모조리 숙청하고 번왕들의 권력을 빼앗는 한편, 수도를 베이징으로 옮겨 황제 권력을 강화했다. 영락제는 환관에게 중요하면서도 비밀스러운 나랏일을 맡겼고, 환관들을 우두머리로 한 비밀 감찰 조직 '동창'을 만들었다. 이들은 반역 활동 색출이라는 이름 아래 온갖 악행을

주윤문은 주원장의 장자인 황태자 주표의 차남으로 장남인 주웅영이 어린 나이로 죽자 황태손이 되었다. 주원장은 주표가 갑자기 죽자, 주윤문을 후계자로 삼았다.

저질러 관리와 백성들에게 증오와 공포의 대상이 되었다.

영락제의 총애를 받던 환관 중 가장 유명한 인물이 정화이다. 정화는 1405~1433년에 걸쳐 수군 함대를 이끌고 동남아시아와 인도, 아라비아, 아프리카로 원정을 떠나 이들 지역에 있는 30여 개국으로부터 해마다 조공을 받았다. 정화의 남해 원정은 중국 남부의 과잉 인구가 동남아시아로 진출해 화교 집단을 이루는 계기가 되었다.

영락제는 대규모 정복 사업에 나서 북동으로 몽골과 만주를 차지하고 남서로 티베트, 구이저우, 윈난, 베트남을 정복했다. 특히 다섯 번에 걸친 몽골 친정은 몽골 족의 통일을 사전에 방지하는 효과를 거두었다. 한때 티무르 제국을 세운 티무르를 경계해 원정을 준비하기도 했지만, 티무르가 죽은 뒤에는 그 후계자들과 우호 관계를 유지하면서 비단길을 통한 교역을 계속했다.

하지만 영락제가 죽은 뒤, 명나라는 대외 교역을 엄격히 통제하는 방향으로 정책을 전환하였다. 영락제의 무리한 대외 원정에 대한 반작용이었으며 철과 소금, 차, 식량 같은 생활필수품과 전략 물자를 통제해 주변 민족들을 쥐락펴락하고자 했다. 평화적인 교역으로는 물자를 얻기 힘들다고 생각한 북방의 오이라트(몽골 족의 일파)와 남방의 왜구(일본의 해적), 즉 '북로남왜'는 무력으로 명나라 변방을 침공해 물자를 약탈하기로 했다.

상황이 이런데도 명나라는 문관들의 당파 싸움과 환관의 횡포로 북로남왜에 효과적으로 대응할 수 없었다. 1449년에 오이라트가 산시 성 대동을 침공하자, 제6대 황제인 정통제는 50만 명의

명 성조 영락제
주원장의 넷째 아들 연왕 주체는 베이징을 수비하다 정난의 변을 일으켜 황제의 자리에 올랐다.

유럽의 신항로 개척보다 100년 앞선 정화의 남해 원정

명나라 영락제는 남해에 흩어져 있는 여러 나라에 명나라의 선진 문물을 전해 주어 야만스러운 상태에서 벗어나게 하는 한편, 명나라의 힘을 보여 주어 해마다 조공을 바치도록 하려는 목적에서 최측근인 정화에게 남해 원정을 명했다. 영락제의 명을 받은 정화는 대규모 함대를 이끌고 7차에 걸쳐 남해를 원정했다.

1405~1407년의 첫 번째 항해에서는 62척의 배(길이 약 150미터, 너비 약 60미터나 되는 어마어마한 크기였다)에 2만 7,800여 명을 태우고 참파(지금의 베트남 중부), 자바 섬 및 팔렘방 등의 수마트라 섬(인도네시아), 믈라카(말레이시아), 실론(스리랑카)을 거쳐 인도 캘커타(지금의 콜카타)에 도착하였다.

1407~1409년의 두 번째 항해에서는 자바, 시암(타이), 캘커타, 코친(인도)까지 갔다가 돌아오는 길에 실론에 들렀다. 1409~1411년의 세 번째 항해에서는 자카르타, 자바, 믈라카, 수마트라, 실론, 쿠이론(인도), 코친 그리고 캘커타에 들렀다.

1413~1415년의 네 번째 항해에서는 페르시아 만의 호르무즈 섬까지 원정하였다. 1417~1419년의 다섯 번째 항해에서 본대는 호르무즈 섬까지, 별대는 아프리카 대륙 동쪽 기슭과 아라비아 반도까지 갔다.

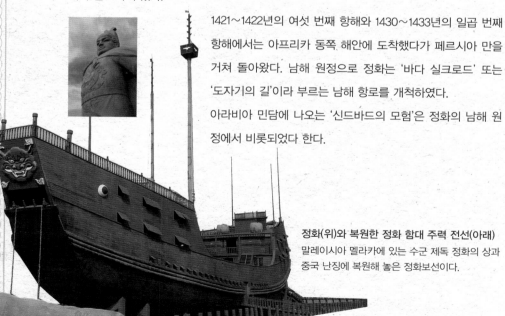

1421~1422년의 여섯 번째 항해와 1430~1433년의 일곱 번째 항해에서는 아프리카 동쪽 해안에 도착했다가 페르시아 만을 거쳐 돌아왔다. 남해 원정으로 정화는 '바다 실크로드' 또는 '도자기의 길'이라 부르는 남해 항로를 개척하였다.

아라비아 민담에 나오는 '신드바드의 모험'은 정화의 남해 원정에서 비롯되었다 한다.

정화(위)와 복원한 정화 함대 주력 전선(아래)
말레이시아 멜라카에 있는 수군 제독 정화의 상과
중국 난징에 복원해 놓은 정화보선이다.

대군을 이끌고 직접 오이라트 정벌에 나섰다. "황제가 친정에 나서면 명나라 군사의 사기가 올라 사나운 오이라트도 쉽게 무릎 꿇릴 수 있다."는 환관 왕진의 말만 믿은 것이다. 하지만 정통제는 오이라트군을 무찌르기는커녕 토목보에서 포로로 붙잡혔다가 풀려났다. 이는 명나라의 당시 사정을 보여 주는 대표적인 예이다.

당파 싸움과 환관들의 횡포로 정치 혼란이 극심해지자, 전국 각지에서는 지주들이 관리들과 짜고 백성들의 땅을 마구 빼앗는 일이 비일비재하였다. 백성들은 높은 소작료로 수확의 대부분을 빼앗겨 갈수록 살기 힘들어졌다. 전국 각지에서 농민 반란이 줄을 이었다. 16세기에 가정제와 만력제가 개혁 정책을 통해 중흥을 꾀했지만, 당파 싸움을 격화시키는 결과만 가져왔다.

토목보에서 포로로 잡힌 명 영종 정통제
오이라트는 포로로 잡은 정통제를 협상 카드로 이용하려 했다. 하지만 명나라 조정이 정통제의 이복동생인 경태제를 새 황제로 모시면서 정통제가 협상에 전혀 도움이 되지 않는다는 것을 알고 아무 조건 없이 명나라로 송환했다. 명나라 조정은 정통제를 상황으로 삼아 유폐함으로써 황제 권력의 약화를 막았다. 그림은 타이베이 국립 고궁 박물원에 소장되어 있다.

동아시아를 뒤흔든 임진왜란

16세기 말, 동아시아 정세를 뒤흔드는 일이 일본에서 일어났다.

제4장에서 이야기했듯이 일본은 7세기 중엽에 당나라의 율령 체제를 본뜬 다이카 개신을 통해 국왕 중심의 중앙 집권 체제를 확립하였다. 하지만 8세기 중엽부터 대토지를 소유한 귀족들은 세금이나 부역 의무를 면제받고, 관리들의 간섭도 받지 않게 되었다.

귀족들이 나랏일을 마음대로 주무르면서 국왕의 권력은 크게 약화되었다. 곳곳에서 관리들의 간섭을 받지 않는 장원이 나타났고, 영주들은 아무 간섭 없이 장원을 다스렸다. 장원의 영주들은 자신의 권익을 지키기 위해 사무라이(무사)들을 고용했다. 영주들은 장원이 있는 지역 전체를 다스리게 되었고, 영주들 사이에 더 넓은 땅을 차지하려는 다툼이 벌어졌다. 이 과정에서 세력이 약한 영주는 세력이 강한 영주에게 충성을 맹세하고 그 대가로 보호를 요청했다.

12세기 중엽에 이르자 이렇게 힘을 키운 영주들의 연합 세력이 국왕 세력과 다툼을 벌이면서 일본은 내란에 빠져들었다.

12세기 말, 영주들의 연합 세력을 이끌던 미나모토 집안은 국왕 세력과 여타 연합 세력을 제압하고 가마쿠라에 막부를 세웠다. 이후 약 700년간 일본 국왕은 실권을 잃고 상징적인 존재로 전락했고, 쇼군(장군)이 국왕 대신 나라를 다스렸다.

가마쿠라 막부는 1274년과 1281년, 두 차례에 걸친 원의 침입으로 세력이 많이 약화되었다. 이때 국왕 세력이 통치권 회복을 노리고 반란을 일으켰는데, 그 틈을 타 아시카가 다카우지가 세력을 키웠다. 1333년, 가마쿠라 막부는 결국 아시카가 다카우지에게 무너지고 말았다. 아시카가는 무로마치 막부를 세워 나라를 다스렸다.

15세기 중엽에 무로마치 막부가 약화되면서 쇼군 자리를 놓고 내분이 일어났다. 이 내분은 11년간 지속되며 전국을 전쟁의 소용돌이 속으로 몰아넣었다. 이후에도 100여 년간 일본은 영주들이 권력을 다투느라 전쟁이 일상화된 전국 시대가 계속되었다.

16세기 중엽에 오다 노부나가는 서양에서 들여온 조총으로 무장한 조총 부대로 기병 부대를 무력화시켜 통일의 기틀을 닦았다.

막부는 일본 특유의 봉건 체제이다. 정권을 장악한 쇼군이 다이묘(영주)들의 지역 지배권을 인정하는 대신, 다이묘들은 쇼군에게 충성과 봉사의 의무를 다한다.

오다 노부나가는 1582년에 모반으로 죽었고, 오다 세력을 장악한 부하 도요토미 히데요시가 일본을 통일하는 데 성공했다.

일본을 통일한 도요토미 히데요시는 1592년, 명나라를 정벌할 테니 길을 내 달라며 조선을 침공했다. 바로 임진왜란이다.

도요토미 히데요시는 19만 7,000여 명의 대군을 동원해 부산진 앞바다에 상륙했다. 20일 만에 한양을 점령하고 60일 만에 평양을 함락할 만큼 일본군의 기세는 대단했다. 미처 대비하지 못한

조선군은 속절없이 조정이 의주까지 피난을 가야 했다.

이때 명나라는 파죽지세로 치고 올라오는 일본군의 기세에 놀라 7만 4,000여 명에 달하는 대군을 조선에 파병하였다. 중국 본토에서 맞서기보다는 조선에서 싸우는 게 유리하다고 판단했기 때문이다.

의병과 수군을 중심으로 일본의 보급로를 공격하던 조선은 명나라 군대가 파병되면서 관군을 정비할 시간을 벌었다. 반격에 나

울산성 전투도
후쿠오카 시립 박물관에
소장되어 있는
〈울산성농성도병풍〉의 일부.

선 조-명 연합군은 평양성을 탈환한 후 남하했고, 권율이 이끄는 조선 관군이 행주산성에서 일본군 3만 명과 맞서 승리했다. 배후가 뚫려 고립될 것을 염려한 일본군은 동남 해안 지방으로 병력을 물렸다. 전쟁은 소강상태에 돌입했고, 일본과 명은 조선을 제쳐두고 강화 협상을 벌였다.

일본과 명의 강화 협상이 수포로 돌아가면서 1597년에 세 나라는 다시 전쟁에 돌입했다. 일본은 14만여 명의 대군을 추가로 투입했고, 명나라도 11만 7,000여 명의 대군을 투입해 이에 맞섰다. 그러다가 1598년에 도요토미 히데요시가 죽으면서 일본군이 철수했고, 임진왜란은 7년 만에 막을 내렸다. 일본군이 철수한 까닭은 일본 내부에서의 권력 장악이 더욱 중요하다고 판단했기 때문이다.

일본, 조선, 명이 나라의 운명을 걸고 벌인 7년간의 국제 전쟁은 세 나라의 역사를 뿌리부터 뒤흔들었다.

7년간의 전쟁으로 전국이 전쟁터가 된 조선은 엄청난 인적, 물적 피해를 보았다. 선조에 이어 왕위에 오른 광해군은 전후 피해 복구에 나서는 한편, 백성들의 공납 의무를 없애고 이를 토지세에 덧붙여 매기는 대동법을 실시해 백성들의 부담을 덜어주었다. 이러한 노력으로 조선은 다른 나라들과 달리 왕조가 바뀌는 급격한 정치 변화는 겪지 않았다. 하지만 피난 과정에서 도망 노비가 급증하는 등 지배 체제가 흔들릴 위험에 처하자, 양반들은 성리학적 이념을 더욱 강화해 사회 변화를 억눌렀다.

7년 동안 19만여 명을 파병한 명나라는 엄청난 전비 지출로 재정이 악화되고 국력이 약해졌다. 더욱이 누르하치가 이를 틈타 만

누르하치
17세기에 그려진 청나라 초대 황제의 초상으로, 베이징의 국립 고궁 박물관에서 소장하고 있다.

임진왜란 이후의 일본사

전쟁을 일으킨 일본은 도요토미 히데요시가 죽은 뒤 내전에 돌입했는데, 도쿠가와 이에야스가 도요토미 세력을 무찌르고 1603년에 에도에 막부를 열어 영주들을 강력하게 통제하였다. 그 뒤 에도 막부는 외국과의 교역을 제한하였으나 조선, 중국과는 교류하였다. 에도 막부는 서양 국가 중 유일하게 네덜란드(화란)와 교역함으로써 서양 근대 학문을 받아들였는데, 이를 '화란의 학문', 즉 난학이라 한다. 난학은 일본의 근대화에 크게 이바지하였다.

에도 시대에는 전국이 하나의 경제권으로 통합되었고, 농업 기술이 높아지면서 상공업과 도시가 발달하였다. 이에 따라 부유한 상공인 계층이 성장하였는데, 이들은 가부키 등의 공연을 즐기며 새로운 문화 중심 계층으로 자리 잡았다.

18세기 후반에는 중국의 학문 대신 일본 고유의 정신으로 돌아가자는 국학 운동이 일어나 일본 고유의 종교인 신도가 크게 유행하였다.

세키가하라 전투
1854년에 만들어져 세키가하라초 역사민속자료관에 소장되어 있는 〈세키가하라합전병풍〉이다.

주족을 통일하고 후금을 세웠기 때문에 명나라의 국방비는 계속 늘어났다. 1636년에 후금의 태종 홍타이지가 황제의 자리에 오르면서 나라 이름을 청으로 바꿨다.

명나라 정부는 국방비 증가에 따른 재정 악화를 막으려고 농민들에게 무거운 세금을 매겼고, 이는 농민들의 대규모 반란으로 이어졌다. 이자성이 이끈 농민 반란군은 무서운 속도로 세를 불려 1644년 베이징을 점령하고 명나라를 멸망시켰다.

중국을 다스린 만주족 왕조, 청

청나라는 중국이 혼란에 빠진 틈을 타 만리장성의 동쪽 관문인 산하이관을 지키던 명나라 장수 오삼계와 손을 잡았다. 청나라 군대는 오삼계의 안내를 받으며 베이징을 점령하고, 곳곳에서 이자성의 농민군을 격파하였다. 농민군이 청나라 군대에 맞서 싸울 때 명나라 왕족들도 각지에서 군사를 일으켜 청나라 군대에 맞섰다. 하지만 서로 힘을 합치지 못했기 때문에 각개 격파되고 말았다.

이후 청나라는 강희제, 옹정제, 건륭제 때 주변 민족들을 정복해 오늘날 중국 영토의 원형을 이루었다. 강희제는 중국 통일을 완성하고, 러시아와 네르친스크 조약을 맺어 국경을 확정하였다. 건륭제는 여러 차례의 대외 원정을 통해 중국 역사상 최대의 영토를 차지하였다.

청나라는 만주 벌판에서 일어난 만주족 정복 왕조였다. 소수의

만주족이 다수의 한족을 다스리기 위해 팔기군제를 도입하여 군사력을 효율적으로 집중시켰다. 또한 변발 등 여진족 특유의 몇몇 문화를 제외하고는 한족 문화를 포용하였다. 한족일지라도 유학을 공부해 과거에 합격하면 제한적이나마 권력을 차지할 수 있었다.

17세기까지 중국(명나라와 청나라)은 세계에서 가장 부강한 나라였다. 영국, 프랑스, 네덜란드, 에스파냐를 비롯한 유럽 여러 나라 상인들은 중국의 차와 비단, 도자기 등을 수입하느라 여념이 없었다. 유럽과 아시아, 아메리카에서 벌어들인 돈의 대부분을 쏟아 부을 지경이었다. 하지만 정작 중국은 유럽에서 사들일 물건이 별로 없었다. 그런 까닭에 유럽 여러 나라가 세계 각지의 식민지 경영과 대외 무역으로 벌어들인 엄청난 은이 중국으로 흘러들어 갔다. 당시 중국은 은을 빨아들이는 블랙홀이었다. 하지만 이것이 중국의 몰락을 가져오리라고는 아무도 알지 못했다.

청나라의 황제들
강희제(4대 황제, 재위 1661~1722), 옹정제(5대 황제, 재위 1722~1735), 건륭제(6대 황제, 재위 1735~1796) (왼쪽부터)는 청나라의 전성기를 연 황제들이다. 이들의 초상은 베이징 국립 고궁 박물관에 소장되어 있다.

만주족의 팔기군제

군대와 사회를 8개의 깃발 아래 편제하고 통솔하는 만주족 특유의 군사 및 행정 조직을 가리킨다. 1기는 5잘란, 1잘란은 5니루로 이루어지는데, 1니루의 크기는 사회 규모에 따라 여러 차례 바뀌었다. 즉 누르하치가 처음 만주족 통일에 나섰을 때에는 1니루가 10인이었지만, 만주족 통일이 진전된 뒤에는 1니루가 300인으로 확대되었다. 이를 병력 수로 환산하면 초기에 1기당 250명씩 2,000명이다가 후기에는 1기당 7,500명씩 6만 명으로 늘었다. 몽골을 차지한 뒤에는 몽골 족에도, 중국을 차지한 뒤에는 한족에도 8기를 두어 총 24기의 부대가 있었다.

8개의 깃발은 홍, 황, 남, 백을 각각 '정'과 '양'으로 나누어 정황기, 양황기 식으로 구분했다. 청나라의 전성기에는 군대마다 규모가 조금씩 달랐는데, 만주 8기 각각의 규모는 다음과 같았다. 정홍기 약 2만 3천, 양홍기 약 2만 6천, 정황기 약 3만, 양황기 약 2만 6천, 정람기 약 2만 6천, 양람기 약 2만 7천, 정백기 약 2만 6천, 양백기 약 2만 6천.

호이만 대첩
건륭제가 원정에 나선 열 번의 전투 중 하나로, 1759년 부덕이 이끄는 청나라 군대가 몽골 고원의 중가르부 오이라트계 이슬람 기병 5,000명과 싸워 600명 이상을 죽인 호이만 대첩을 그렸다. 1765~1769년경에 예수교단의 주세페 카스틸리오네 등 서양 화가와 청 화가들이 협력해 그린 〈청건륭평정준부회부득승도〉 중 '호이만 대첩'이다.

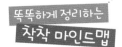
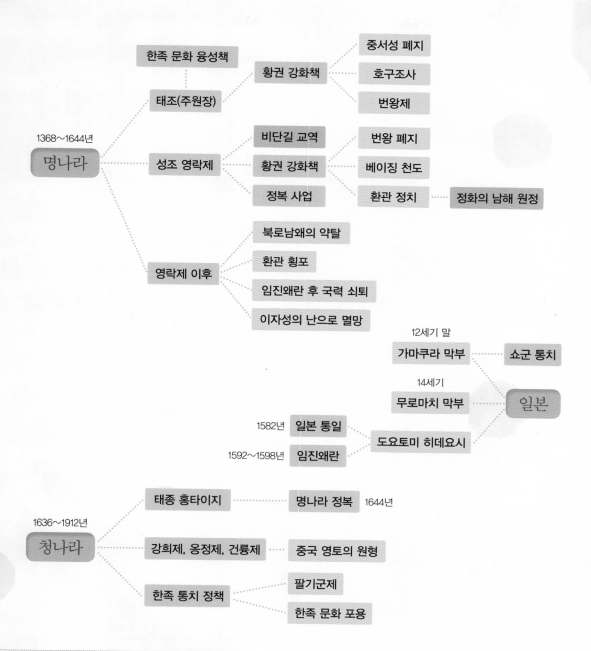

명나라 1368~1644년

- 태조(주원장)
  - 한족 문화 융성책
  - 황권 강화책
    - 중서성 폐지
    - 호구조사
    - 번왕제
- 성조 영락제
  - 비단길 교역
  - 황권 강화책
    - 번왕 폐지
    - 베이징 천도
  - 정복 사업
  - 환관 정치 ⋯ 정화의 남해 원정
- 영락제 이후
  - 북로남왜의 약탈
  - 환관 횡포
  - 임진왜란 후 국력 쇠퇴
  - 이자성의 난으로 멸망

일본

- 가마쿠라 막부 12세기 말 ⋯ 쇼군 통치
- 무로마치 막부 14세기
- 도요토미 히데요시
  - 일본 통일 1582년
  - 임진왜란 1592~1598년

청나라 1636~1912년

- 태종 홍타이지 ⋯ 명나라 정복 1644년
- 강희제, 옹정제, 건륭제 ⋯ 중국 영토의 원형
- 한족 통치 정책
  - 팔기군제
  - 한족 문화 포용

제2부
근대 사회로 가는 길

10 르네상스를 꽃피운 유럽, 동방을 찾아 나서다

11 종교 개혁이 일어나고 절대주의 왕정이 시작되다

12 영국에서 최초의 시민 혁명이 일어나다

십 자군 전쟁 이후 동서 교역을 독점한 이탈리아 도시 국가들은 고대 그리스의 인간 중심적 문화인 르네상스를 꽃피웠다. 신항로 개척에 나선 유럽 국가들은 아메리카를 식민지로 삼았다. 한편, 타락한 교회를 비판하는 교회 개혁 운동이 종교 전쟁으로 번졌다. 코페르니쿠스의 새로운 우주론을 비롯한 과학 혁명은 중세 크리스트교 세계관을 깨뜨리고 이성 중심의 계몽사상을 발전시켰으며 이는 절대 왕정과 봉건 귀족에 맞선 시민 혁명에 이바지했다. 영국과 프랑스에서 시민 혁명이 일어났고 미국이 독립을 이루었다. 프랑스 혁명이 낳은 천재 전략가 나폴레옹의 전투는 시민 혁명 정신을 유럽 전역에 퍼뜨리는 역할을 했다.

13
미국이 혁명을
통해 독립을
선언하다

14
과학 혁명과 함께
계몽사상이
널리 퍼지다

15
프랑스 혁명이
세계사를
뒤바꾸다

10 르네상스를 꽃피운 유럽, 동방을 찾아 나서다

영국과 프랑스의 백년 전쟁으로 싹튼 국민 의식은 절대 왕정과 근대 국가 수립의 기틀을 마련했다. 십자군 전쟁 이후 동서 교역을 독점해 막대한 부를 쌓은 이탈리아 도시 국가들은 고대 그리스의 인간 중심적 문화를 되살려 르네상스를 꽃피웠다. 포르투갈과 에스파냐를 중심으로 한 신항로 개척은 이탈리아 도시 국가들과 봉건 귀족들의 몰락을 가져왔다.

국민 의식을 일깨운 백년 전쟁

앞에서 잉글랜드의 사자심왕 리처드가 살라딘에 맞서 용감히 싸워 강화 조약을 맺었다고 이야기했다. 강화 조약을 맺은 리처드는 1192년, 본국인 잉글랜드로 돌아가다가 오스트리아 공작인 레오폴트 5세에게 붙잡혀 신성 로마 제국 황제 하인리히 6세의 포로가 되었다. 하인리히 6세는 리처드에게서 15만 마르크라는 엄청난 몸값을 받아 내고 1194년에 석방했다. 이 몸값은 잉글랜드 국고를 크게 축냈다.

그 사이 리처드의 최대 정적인 프랑스의 필리프 2세는 리처드의 동생인 존을 잉글랜드의 왕으로 세우려 했다. 하지만 잉글랜드 귀족들의 저항으로 성공하지 못했다. 잉글랜드로 돌아온 리처드는 흔들리는 왕권을 다진 뒤, 프랑스 노르망디로 가 필리프 2세와 싸우는 데 온 힘을 쏟았다.

1199년에 리처드가 죽자, 동생인 존이 조카인 아르튀르를 제치고 잉글랜드의 왕위를 차지했다. 필리프 2세는 이번에는 아르튀르를 지렛대로 존을 압박했다. 존은 프랑스에 있는 영지에서의 수입과 영지 일부를 넘겨주고서야 프랑스 필리프 2세로부터 지위를 인정받았다.

이후 존이 결혼 문제로 프랑스 남부 귀족들과 다투는 일이 발생했다. 필리프 2세는 이를 빌미로 존을 소환해 또 이익을 챙기려 했다. 존이 이에 불응하면서 둘은 전면전을 벌였다. 존은 크고 작은 전투에서 패해 프랑스에 있는 영지의 상당 부분을 잃었다.

그 뒤 존은 잉글랜드 통치에 온 힘을 기울였다. 존이 바란 것은 단 하나, 잉글랜드에 강력한 군대를 양성하는 것이었다. 그러려면 돈이 필요했다. 존은 더 많은 세금을 거두려고 혈안이 되어 왕실 직영지를 쥐어짰고, 유대인 상인들에게 세금을 무겁게 매겼으며, 귀족들의 장원까지 조사해 잘못이 드러나면 벌금을 물렸다. 심지어 캔터베리 대주교가 죽자, 존은 아예 교회와 수도원의 수입을 독차지해 군대를 양성하는 데 썼다.

1214년에 존은 군대를 이끌고 필리프 2세와 전쟁을 벌였지만, 전황이 지지부진해져서 휴전해야 했다. 귀족들의 반응이 심상치 않았기 때문이다.

대헌장을 승인하는 존 왕
대헌장(마그나 카르타)의 주요 내용은 '귀족 평의회의 승인 없이 군역 대납금이나 공과금을 부과하지 못한다. 자유인은 재판이나 법률에 의하지 않고는 체포 구금할 수 없다.'는 것이다. 나중에 대헌장은 영국 민주주의, 영국 불문 헌법의 기초가 되었다. 그림은 『카셀의 영국사』 1권에 수록된 어니스트 노먼드의 삽화이다.

1215년, 마침내 귀족들이 들고일어나 존에게 자신들의 요구 조건을 강요했다. 존은 받아들일 수밖에 없었다. 당시 귀족들의 요구 조건이 대헌장(마그나 카르타)이다.

귀족 세력 중 일부는 필리프 2세의 아들인 루이 왕자의 지원을 등에 업고 존을 계속 압박했다. 압박을 받던 존이 1216년에 죽은 뒤, 아홉 살인 헨리 3세가 뒤를 이었다. 귀족들은 간접 선거로 선출한 열다섯 명의 추밀원(오늘날로 치면 의회)을 통해 왕에게 조언을 하고 행정 전반을 감독하려 했다. 이후 잉글랜드에서는 의회를 구성해 왕권을 견제하려는 귀족들과 귀족들을 억누르고 강력한 왕권을 구축하려는 왕 사이에 치열한 다툼이 벌어졌다.

리처드와 존이 필리프 2세와 사이가 나빴던 데서 알 수 있듯이 잉글랜드 왕과 프랑스 왕의 사이는 견원지간이었다. 그렇게 된 것은 1066년 '노르만 침공' 이후의 일이다. 노르망디 공작 윌리엄이 바이킹을 이끌고 도버 해협을 건너 잉글랜드의 왕이 된 사건이다. 프랑스 전체를 초토화한 바이킹의 우두머리를 공작이라는 최고 작위를 내려 신하로 끌어들였더니, 어느 날 갑자기 이웃 나라 왕이 되어 나타난 것이다. 잉글랜드 왕은 겉으로는 노르망디 공이라고 신하를 자처했지만 언제 반란을 일으킬지 모르는 위험한 존재였다. 더욱이 결혼을 통해 프랑스 곳곳으로 영지를 넓히고 있는 중이었으니 무슨 말을 더 하랴.

이후 프랑스 왕들은 잉글랜드 왕의 체면을 깎아내리기 위해서라면 아무리 사소한 일도 놓치지 않았고, 잉글랜드 왕의 세력을 약화시키기 위해서라면 누구와도 손을 잡으려 했다.

그런데 1328년에 프랑스 왕 샤를 4세가 죽으면서 왕조의 대가 끊기는 일이 일어났다. 잉글랜드의 왕 에드워드 3세는 어머니가 샤를 4세의 누이라는 점을 들어 자신이 프랑스 왕이 되어야 한다고 주장했다. 하지만 프랑스 의회는 프랑스 왕 필리프 3세의 손자로 방계인 발루아 백작, 즉 필리프 6세를 프랑스 왕으로 결정했다.

필리프 6세는 왕위를 위협하는 잉글랜드 왕의 세력을 약화시키기 위해 1337년에 잉글랜드 왕의 영지를 몰수했다. 졸지에 영지를 빼앗긴 잉글랜드 왕은 필리프 6세의 왕 자격을 문제 삼아 잉글랜드 군대를 이끌고 프랑스로 쳐들어갔다.

처음에는 잉글랜드군이 프랑스군을 파죽지세로 밀어붙였지만, 얼마 뒤 프랑스군이 반격에 나서자 밀리는 기색을 보였다. 하지만 두 나라 모두 내부적으로 왕위 다툼을 벌이느라 15세기 초까지는 휴전 상태가 계속되었다.

그 사이에 프랑스는 왕위를 둘러싼 내분이 극에 이르러 두 개의 파벌 간에 암살이 거듭되었다. 내분을 먼저 수습하는 데 성공한 잉글랜드 왕은 파벌 다툼을 벌이던 프랑스의 한 파벌과 동맹을 맺었다. 전쟁은 압도적인 군사력 우위를 점한 잉글랜드의 승리로 끝나는 듯 보였다. 1429년에 잉글랜드군이 프랑스 왕 샤를 7세가 머무는 오를레앙을 포위해 프랑스 왕을 사로잡기 직전이었기 때문이다.

이때 프랑스 왕을 구한 것이 '잔 다르크', 성령의 부름을 받고 왕을 구원하러 나선 열일곱 살 소녀였다. 처음에는 아무도 소녀의

하늘의 소리를 듣고 있는 잔 다르크
로렌 지방의 시골뜨기 소녀인 잔 다르크가 아버지의 정원에서 대천사 가브리엘의 계시를 받는 장면을 그린 작품이다. 잔 다르크 뒤로는 대천사 가브리엘과 잔 다르크의 미래 모습이 보인다. 19세기 프랑스 화가 바스티앵 르파주가 1879년에 그렸고, 미국 뉴욕 메트로폴리탄 박물관에서 소장하고 있다.

말을 믿지 않았지만 조금씩 귀를 기울이는 이들이 늘어났고, 어느덧 그녀가 군사를 이끌게 되었다. 잔 다르크는 믿기지 않는 용맹함과 전술로 잉글랜드군의 오를레앙 포위망을 뚫었고, 왕을 위기에서 구출했다. 잔 다르크를 구심점으로 프랑스군이 단결하면서 전황은 조금씩 프랑스에 유리하게 진행되었다.

잔 다르크는 1431년에 잉글랜드와 동맹을 맺은 프랑스 파벌에 붙잡혀 잉글랜드군에게 넘겨졌다. 잉글랜드군은 잔 다르크를 마녀로 몰아 화형에 처했다. 하지만 잔 다르크 하나를 처형한다고 프랑스군의 기세가 꺾일 리 없었다. 프랑스군은 더욱 악착같이 잉글랜드군을 물고 늘어졌다. 결국 잉글랜드와 동맹을 맺었던 파벌이 1435년에 프랑스 왕의 편으로 돌아서면서 잉글랜드군은 궁지에 몰렸다.

마침 잉글랜드의 랭커스터 가문과 요크 가문이 프랑스에 파견했던 병력을 자국으로 철수시켰다. 왕위 다툼을 위해서였다. 프랑스 왕 샤를 7세는 이를 틈타 총공세를 퍼부었고, 1453년에 칼레를 제외한 잉글랜드 왕의 모든 영지를 빼앗는 데 성공했다. 마침내 백년 전쟁은 프랑스의 승리로 끝이 났다.

백년 전쟁에서 프랑스에 패배한 뒤, 잉글랜드는 30년간 랭커스터 가문과 요크 가문이 왕위 다툼을 벌였다. 랭커스터 가문은 빨간 장미를, 요크 가문은 하얀 장미를 가문의 문장으로 삼았기에 이 전쟁을 장미 전쟁이라고도 한다. 장미 전쟁은 랭커스터 가문의 헨리 7세가 왕위에 올라 요크 가문의 엘리자베스와 결혼함으로써 끝이 났다.

잉글랜드의 마지막 거점이었던 **칼레**도 1558년에 프랑스로 넘어갔다.

영국 런던 화이트홀 궁전 벽화
헨리 7세와 엘리자베스 요크 왕비가 자식인 헨리 8세와 그 아내 캐서린을 바라보는 모습. 요크 왕비와 결혼해 장미 전쟁을 끝낸 헨리 7세는 자식을 에스파냐의 캐서린 공주와 혼인시켜 왕권을 강화하려고 했다. 레미기우스 판 렘푸트 (한스 홀바인)가 1667년에 그렸다.

　백년 전쟁으로 영국과 프랑스에서는 귀족들의 힘이 약화되고 왕권이 강화되었다. 100년 이상 전쟁을 치르느라 수많은 귀족이 죽거나 다쳤고 돈도 많이 들었기 때문이다.

　전쟁은 적에 대한 증오심을 키우는 한편, 함께 싸우는 사람들을 하나로 묶는다. 그런 전쟁이 100년 이상 계속되었으니 그 효과는 두말할 필요가 없을 것이다. 백년 전쟁을 통해 사람들은 어느 영지 사람이라는 생각을 벗어던지고 자신을 영국인이나 프랑스 인이라고 여기기 시작했다. 이러한 생각의 전환, 즉 국민 의식의 자각이야말로 영국과 프랑스에서 국민 국가를 탄생시킨 힘이 되었다.

이탈리아 자치 도시들의 성장

영국과 프랑스가 백년 전쟁을 벌이고 있을 때, 오늘날의 이탈리아와 독일 땅에서는 어떤 일이 일어나고 있었을까?

농업 혁명으로 발생한 경제적 잉여를 바탕으로 상업과 원거리 무역이 부활하면서 자치 도시의 힘은 갈수록 커졌다. 자치 도시들은 상업과 무역으로 벌어들인 돈을 군대에 투자해 이웃 영주들의 간섭과 도발에 맞설 만큼 군사력을 키웠다. 하지만 개별 도시의 힘만으로 국왕의 간섭을 막아 내기에는 버거운 일이었다.

자치 도시들은 힘을 합쳐 하나둘 연합을 만들기 시작했다. 대표적인 것으로는 독일의 한자 동맹을 들 수 있다. 연합이 결성되면서 자치 도시들의 힘은 한 나라의 국왕에 맞설 만큼 더욱 강해졌다.

특히 자치 도시들이 막강한 힘을 자랑한 곳이 이탈리아 북부와 독일이었다. 둘 다 신성 로마 제국(독일) 황제의 지배를 받는 곳이었다. 자치 도시들이 힘을 키울 수 있었던 것은 황제를 자신의 권위 아래 두려는 로마 교황의 야욕과 이를 이용해 힘을 키우려는 영주들의 합종연횡으로 황제의 권력이 약화되었기 때문이다.

자치 도시 가운데 이탈리아 북부에 있던 제노바, 피사, 피렌체, 베네치아 등은 단연 최고였다. 이들 자치 도시는 십자군 전쟁 때부터 동방과의 무역을 독점해 큰돈을 벌었다. 이들은 중국의 비단·차·도자기, 페르시아의 양탄자·금속 공예품, 인도와 동남아시아의 각종 향신료 등을 들여와 유럽 각지에 비싸게 팔았다.

특히 후추, 정향, 육두구 같은 향신료는 한번 맛본 사람이라면

베네치아
물의 도시, 운하의 도시로
유명한 베네치아는 제노바,
피사, 피렌체 등과 함께 200여
년간 동방 무역을 독점해
큰돈을 벌어 학문과 예술을
지원했다. 이러한 지원으로
이탈리아에서는 고대 그리스
로마의 인간 중심적 문화
예술이 되살아났다(르네상스).
1738년경에 카날레토가 그린
〈베네치아 대운하〉로, 미국
로스앤젤레스에 있는 폴 게티
박물관에 소장되어 있다.

그 맛을 잊을 수 없게 하는 중독성이 있었다. 돈 있는 사람들은
금과 맞먹을 만큼 값비싼 향신료도 척척 사들였다. 주요 고객은
농업 혁명으로 발생한 잉여를 통해 부유해진 영주들이었다.

이들 자치 도시는 동방에서 물건을 한 번 들여오면 수십 배의
이익을 얻을 수 있었다. 이들은 그 돈으로 강력한 해군 함대를 구
축했고, 해군력을 바탕으로 자치와 독립을 유지했다. 이탈리아 북
부의 자치 도시들은 바야흐로 명실상부한 독립 국가가 되었다.

인간 중심의 학문·예술을 되살린 르네상스

유럽에서 가장 부유한 나라가 된 이탈리아 도시 국가들은 학자와
예술가들을 후원했다. 그동안 중세 유럽에서 학문과 예술은 신을

찬양하는 도구였을 뿐이다. 하지만 이탈리아 도시 국가들의 학자와 예술가들은 전혀 다른 학문과 예술을 발전시켰다. 바로 인간 중심적인 학문과 예술이었다. 서로마 제국이 멸망한 뒤 중세 유럽에서 사라져 버린 인간 중심적인 학문과 예술이 이탈리아 도시 국가들에서 부활한 것이다.

이들 학자와 예술가들은 십자군 운동과 동방 무역을 통해 비잔티움 제국(동로마 제국)의 문화를 접했다. 비잔티움 제국은 중세 유럽이 잃어버린 고대 그리스 로마 문화를 고스란히 간직하고 있었다. 고대 그리스 로마 문화는 신이 아니라 인간이 중심인 문화였다. 이들 학자와 예술가들은 고대 그리스 로마 문화에 매료되어 인간의 아름다움과 가치를 다시 발견해 냈고, 인간 중심적 학문과 예술을 되살려 냈다. 이렇듯 이탈리아 도시 국가들에서 시작된 새로운 문화 예술 운동을 '르네상스(문예 부흥)'라 부른다.

다비드 상
다윗이 돌팔매 끈(슬링)을 왼편 어깨에 메고 골리앗이 다가오기를 조용히 기다리는 모습을 조각한 대리석 입상. 미켈란젤로의 작품으로, 사람 몸의 아름다움을 숨김없이 드러내 르네상스가 인간 중심적 문화 예술임을 보여 주었다. 높이 5.17미터. 피렌체의 갤러리아 델 아카데미아에 소장되어 있다.

르네상스는 신을 찬양하는 도구로 억눌려 온 학문과 예술을 해방했다. 다시 말해 르네상스로 태어난 새로운 학문과 예술은 신에게 억눌려 온 개인의 자각과 해방을 찬양하는 인간 중심적인 문화 예술이었다. 결국 르네상스를 통하여 인간이 역사의 주인으로 새롭게 태어난 셈이다.

1453년에 오스만 제국이 콘스탄티노플을 함락하면서 비잔티움 제국이 멸망하자, 수많은 학자와 예술가가 고대 그리스 로마의 고전을 가지고 이탈리아 도시 국가들로 탈출했다. 그 뒤 이들 도시 국가의 학자와 예술가들 사이에는 그리스 로마의 고전을 연구하는 붐이 일었고, 인간에 대한 깊이 있는 통찰을 그리스 로마 고전 문체로 담으려는 움직임이 나타났다.

안녕, 베아트리체
『신곡』을 쓴 단테에 매료된 영국의 화가 단테 게이브리얼 로세티가 1859년에 그린 작품이다.

단테는 『신곡』에서 인간성에 대한 깊은 이해를 보여 주었고, 페트라르카는 서정시를 지어 인간성을 찬양하였다. 보카치오는 『데카메론』에서 인간의 세속적인 생활을 생생하게 그려 내면서 인간의 욕망을 긍정적으로 보는 관점을 드러냈다.

아울러 자연 현상을 신의 섭리로 해석하는 비과학적인 세계관에서 벗어나 자연계의 법칙성을 탐구하는 과학적인 세계관이 나타났다. 로마 가톨릭 교회는 이러한 움직임을 이단으로 몰아 불에 태워 죽이거나 연구 중단을 명했다. 대표적으로 브루노와 갈릴레

*르네상스*는 재생과 부활을 가리키는 이탈리아 어이다. 이탈리아 도시 국가들에서 시작된 새로운 문화 예술 운동이 고대 그리스 로마 문화의 인간 중심적 학문과 예술을 재생하고 부흥시켰기에 이런 이름이 붙었다.

이 같은 과학자들이 박해를 당했다.

한편 보티첼리, 레오나르도 다 빈치, 미켈란젤로 등 예술가들은 성당 건축과 벽화, 조각 등을 통해 인간의 육체와 정신의 아름다움을 사실적으로 표현했다.

르네상스는 16세기 알프스 산맥을 넘어 유럽 전체로 퍼졌다. 서유럽의 르네상스는 그리스 로마 고전 연구에서 현실 사회와 교회를 비판하는 데까지 한 걸음 더 나아갔다. 네덜란드의 에라스뮈스는 『우신예찬』에서 교회의 부패와 어리석음을 조롱하였고, 영국의 토머스 모어는 『유토피아』에서 영국 사회의 참혹한 현실을 비판했다. 이와 같은 현실 사회와 교회에 대한 비판은 나중에 종교 개혁으로 이어졌다.

비너스의 탄생
1483년경 보티첼리가 로렌초 데 메디치의 별장을 장식하기 위해 그린 것으로 추정한다. 인체의 아름다움을 보여 주는 대표적인 작품이다. 보티첼리는 비너스의 아름다움을 강조하기 위해 목을 비현실적으로 길게, 왼쪽 어깨의 기울기를 해부학적으로 있을 수 없는 각도로 그렸다. 이탈리아 피렌체 우피치 미술관에 전시되어 있다.

르네상스 미술관

고대 그리스 로마 문화 예술의 부흥을 뜻하는 르네상스를 한마디로 요약하면 '인간의 재발견'이다. 그렇다면 인간의 무엇을 발견했다는 것일까? 인간 그 자체가 가진 아름다움, 육체의 아름다움, 운명에 굴하지 않고 앞으로 나아가는 도전 의식이 바로 그것이다.

신에게 종속된 인간, 원죄로 고통받는 인간, 죄 많은 몸뚱어리를 가려야 하는 인간이 아니라 아름다운 몸과 마음을 있는 그대로 드러내는 새로운 인간형이 탄생한 것이다.

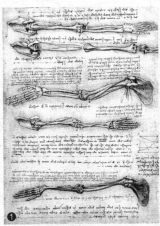

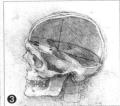

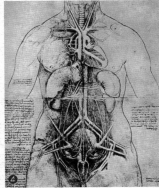

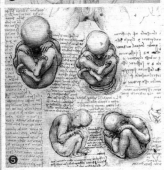

이 스케치들은 레오나르도 다 빈치가 생물학과 해부학에 얼마나 조예가 깊었는지를 보여 준다.

❶ 이두근에 의해 만들어지는 팔의 움직임에 관한 연구
1510년의 스케치이다.

❷ 목의 해부
1515년의 스케치이다.

❸ 두개골
1489년의 스케치이다.

❹ 여성 신체의 기초 기관과 혈관, 생식기
1507년의 스케치이다.

❺ 자궁 속 태아
1510~1512년의 스케치이다.

최후의 심판
미켈란젤로가 1534~1541년에
바티칸 궁전 시스티나 성당 제대 위에
그린 프레스코 화이다.

신항로 개척과 대항해 시대 개막

십자군 전쟁 때부터 이탈리아 도시 국가들이 동방 무역을 독차지하며 큰 부를 쌓자, 다른 나라들의 부러움과 시샘도 갈수록 심해졌다. 어찌 됐든 동방 무역에 뛰어들어 돈을 벌고 싶다는 욕망이 유럽 여러 나라의 왕실을 휩쓸었다. 하지만 강력한 해군 함대를 구축한 이탈리아 도시 국가들을 무찌르고 지중해의 제해권을 차지하기에는 각국 왕실의 해군력이 너무나도 약했다. 결국 대부분의 왕실은 군침만 삼키다가 포기할 수밖에 없었다.

그렇다고 이탈리아 도시 국가들의 번영이 무한정 지속된 것은 아니다. 1453년 콘스탄티노플 함락 이후에도 오스만 제국의 진군은 계속되었다. 한때 비잔티움 제국의 영토였던 세르비아와 알바니아 등 발칸 반도의 여러 나라가 오스만 제국에 짓밟혔다.

1480년에는 오스만 제국군이 이탈리아 반도로 상륙해 오트란토 시를 정복하고 주민의 절반을 학살하는 일이 벌어졌다. 유럽인들은 이교도들이 다시 쳐들어오지 않을까 두려움에 떨었다. 교황은 오스만 제국에 대항하기 위한 십자군을 주창했지만, 이에 호응하는 나라는 하나도 없었다. 이탈리아 인들의 공포는 이듬해 오스만 제국의 술탄이 죽은 뒤 오스만 제국군이 이탈리아에서 철수하고서야 가라앉았다.

하지만 오스만 제국의 준동은 1세기 뒤인 1571년까지 계속되었다. 레판토 해전에서 오스만 제국의 함대가 신성 동맹 함대에 패할 때까지 말이다. 일촉즉발의 전시 상황이 지속되면서 이탈리아

발견 기념비
대항해 시대 500주년을 기념해
1958년에 착공해 1960년에
완공한 기념비이다. 알폰소
왕자를 필두로 바스쿠 다 가마,
카브랄, 마젤란 등 대항해
시대를 주도한 탐험가들을
조각했다. 포르투갈 리스본
산타마리아 데 벨렝의
타구스 강 연안에 있다.

세계지도
프톨레마이오스의 세계관에
따라 니콜라우스 게르마누스가
그린 1458년의 세계지도이다.

북부 도시 국가들의 성장을 이끈 동방 무역의 활기가 조금씩 수
그러들었다. 그만큼 이탈리아 북부 도시 국가들의 힘은 약화되었
고, 이는 이탈리아 르네상스의 쇠퇴로 이어졌다.

　이렇게 동방 무역의 길이 오스만 제국에 의해 가로막히면서 동
방에서 오는 사치품의 값은 천정부지로 뛰었다. 오스만 제국 관리
를 뇌물로 구워삶든 어떻게 하든 동방의 물산을 실은 배 1척만 들
어오면 어마어마한 돈을 벌 수 있었다. 동방을 향한 유럽 각국의
야망은 다시 타올랐다.

　이들의 선두에 포르투갈과 에스파냐가 있었다. 두 나라가 있는
이베리아 반도는 8세기 초에 이슬람 제국군이 서고트 왕국을 멸
망시키면서 이슬람 제국의 영토가 되었다. 그러다가 8세기 중엽
우마이야 왕조가 멸망하고 아바스 왕조가 들어설 때, 우마이야 왕
조의 왕족 일부가 이곳으로 도망하여 후우마이야 왕조를 열었다.

이베리아 반도 북부에서 명맥을 이어 오던 로마 가톨릭 교회 세력은 십자군 전쟁을 전후한 시기에 이베리아 반도 탈환 운동(재정복)에 나섰다. 그 과정에서 포르투갈과 에스파냐가 건국되었다.

　이들 두 나라는 지중해 동부와 서아시아를 거치지 않고 향신료의 집산지인 인도로 직접 가는 항로를 개척하기로 했다. 두 나라 왕실이 인도 직항로 개척을 위해 큰돈을 쏟아 붓는다는 소식에 유럽 각지의 모험가들이 모여들었다. 이 모험가들은 토스카넬리 등 천문학자들이 주장한 지구 구체설과 지동설을 믿었다. 이들은 우리가 사는 땅은 네모지지 않고 둥글기 때문에 바닷물이 떨어져 내리는 땅의 끝은 없으며, 중국에서 들여온 나침반을 쓰면 먼바다에서도 뱃길을 잃지 않고 항해할 수 있다며 두 나라 왕실을 설득했다.

　그중에서도 포르투갈로 모여든 모험가들은 아프리카 대륙을 따

1498년 캘커타에 도착한 바스쿠 다 가마
1900년경 포르투갈 화가 알프레도 가메이로가 그린 그림으로, 포르투갈 국립 도서관에 소장되어 있다.

라 남으로 내려가면 언젠가는 대륙의 끝이 나오니, 거기를 돌아 인도와 중국으로 갈 수 있다고 주장했다. 귀가 솔깃해진 포르투갈 왕실이 이들에게 돈을 대면서 대모험의 막이 열렸다. 1488년, 바르톨로메우 디아스가 아프리카 대륙의 남쪽 끝을 탐험해 희망봉이라는 이름을 붙였다. 1498년에는 바스쿠 다 가마가 아프리카를 거쳐 인도까지 가는 항로를 개척했다. 특히 그가 인도에서 그득 실어온 향신료는 포르투갈 왕실에 100배가 넘는 수익을 안겨 주었다. 포르투갈은 인도 항로 개척으로 돈방석에 앉았다.

그보다 이전에, 이탈리아 제노바 출신의 콜럼버스는 지구가 둥글기 때문에 대서양을 넘어 서쪽으로 가다 보면 인도가 나온다고 주장하며 포르투갈 왕실에 항해 계획서를 제출했다. 하지만 당시 포르투갈 왕실은 아프리카를 돌아 인도로 가는 항로를 찾는 데 힘을 쏟고 있었기 때문에 시큰둥한 반응을 보였다.

콜럼버스는 방향을 바꿔 에스파냐 왕실에 항해 계획서를 제출했다. 에스파냐 왕실에서는 후우마이야 왕조를 공격하는 데 힘을 쏟아 붓느라 검토가 늦어졌다. 항해가 늦어져 곤란해진 콜럼버스에게 그라나다 함락은 낭보 중의 낭보였다. 에스파냐 왕실은 콜럼버스와 계약을 맺고 항해에 필요한 돈을 댔다.

1492년 8월, 항해를 떠난 콜럼버스는 두 달 후 서인도 제도를 발견했다. 이듬해 초에 콜럼버스는 원주민에게서 얻은 금붙이를 가지고 에스파냐로 돌아왔다. 콜럼버스의 성공에 고무된 에스파냐 왕실은 대규모 함대를 편성해 네 차례나 서인도 제도 항해에 나서 아메리카 대륙을 발견했다.

콜럼버스 초상
이탈리아 화가 세바스티아노 델 피옴보가 1519년에 그린 작품으로, 미국 뉴욕 메트로폴리탄 박물관에 소장되어 있다.

그 뒤 마젤란은 1519년에 배 5척과 승무원 270여 명을 이끌고 세계 일주에 나섰다. 마젤란은 1521년에 필리핀 막탄 섬에서 그 섬의 추장인 라프라프와 부하들에게 죽임을 당했지만, 승무원들은 항해를 계속했다. 그리하여 1522년, 5척의 배 중 하나인 빅토리아 호에 향신료를 가득 싣고 에스파냐로 돌

마젤란(왼쪽)과 라프라프(오른쪽)
최초로 세계를 일주한 마젤란과 침략자 마젤란을 죽인 라프라프의 동상이다. 마젤란 동상은 칠레에, 라프라프 동상은 필리핀 세부에 있다.

아오는 데 성공했다. 마젤란의 세계 일주는 지구가 둥글다는 것을 증명했다.

그런 가운데 에스파냐의 코르테스는 1519년에 멕시코 고원의 아스테카 제국을, 피사로는 1531년에 안데스 산맥의 잉카 제국을 정복했다. 하지만 서인도 제도와 아메리카 대륙에서는 고수익을 보장해 주는 향신료가 나지 않았고, 금광 개발도 실패로 돌아가 에스파냐 왕실은 적자에 허덕였다. 그러던 에스파냐 왕실이 일약 세계 최고의 부자가 된 것은 불과 10여 년 뒤의 일이다. 멕시코의 타스코, 사카테카스, 과나후아토, 볼리비아의 포토시에서 대규모 은광이 발견되었기 때문이다.

신항로 개척 이후 세계는 다음과 같이 크게 변하였다.

첫째, 아메리카 대륙은 서유럽 여러 나라의 침략을 받고 이들 나라의 식민지가 되었다. 멕시코 이남의 라틴아메리카는 포르투갈

의 식민지였던 브라질을 빼고, 나머지 모두가 에스파냐의 식민지가 되었다. 멕시코 이북의 앵글로아메리카는 영국과 프랑스의 식민지가 되었다.

둘째, 아메리카 대륙의 원주민인 인디언은 백인들의 노예로 살아야 했다. 더욱이 인디언은 백인들이 옮긴 전염병과 가혹한 노예 생활, 부실한 영양 상태를 버티지 못하고 대부분 죽고 말았다. 일손 부족으로 식민지 경영이 어려워진 이들 나라는 아프리카에서 흑인들을 붙잡아 노예로 끌고 왔다.

셋째, 유럽은 아시아와 아메리카에서 들여온 새로운 산물로 한층 풍요로워지고, 경제도 비약적으로 발전하였다. 하지만 이탈리아 도시 국가들은 역사의 뒤안길로 사라지고 말았다.

아시아에서 유럽으로 차와 면직물, 향신료 등이 들어왔고 아메리카 대륙에서는 감자, 고구마, 옥수수, 담배, 코코아 등이 들어왔다. 특히 감자는 척박한 고지대에서도 잘 자라 기근을 해결하는데 큰 도움을 주었다.

신항로 개척이 유럽 인 모두에게 풍요를 가져다준 것은 아니었다. 아메리카 대륙에서 엄청난 은이 들어오면서 물가가 훌쩍 뛰었기 때문이다. 지주와 봉급을 받는 관료와 군인들은 피해가 컸던 반면, 농노와 상공인들은 지위가 크게 향상되었다.

마지막으로 신항로 개척은 이제까지 따로따로 발전해 온 세계를 하나로 묶었다. 시장이 크게 넓어지면서 유럽의 상업은 비약적으로 발전했다. 이를 상업 혁명이라 부른다. 상업 혁명을 모태로 세계의 모습을 근본적으로 바꾼 산업 혁명의 씨앗이 자라났다.

신항로 개척 이후 **아메리카 대륙**은 식민 본국에서 온 백인과 아프리카에서 끌고 온 흑인, 원주민인 인디언, 백인과 인디언의 혼혈인 메스티소, 백인과 흑인의 혼혈인 물라토, 흑인과 인디언의 혼혈인 잠보 등 인구 구성이 매우 복잡해졌다.

르네상스와 신항로 개척

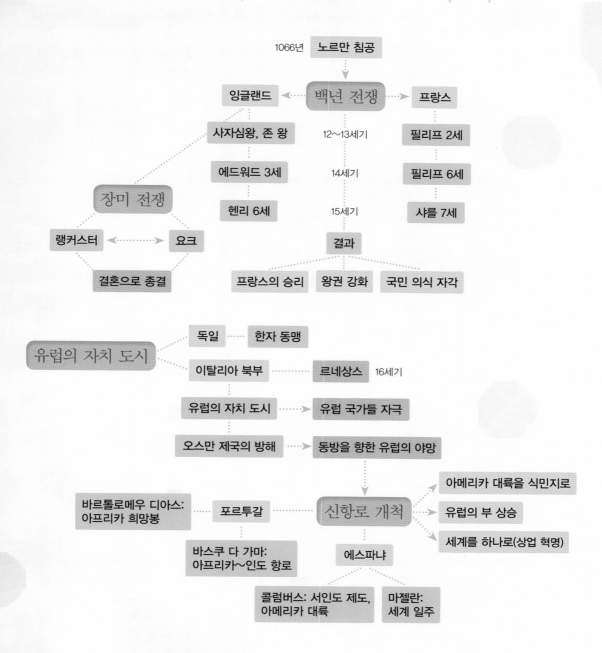

1066년 **노르만 침공**

잉글랜드 ← **백년 전쟁** → 프랑스

사자심왕, 존 왕   12~13세기   필리프 2세

에드워드 3세   14세기   필리프 6세

헨리 6세   15세기   샤를 7세

장미 전쟁

랭커스터 ↔ 요크   결과

결혼으로 종결   프랑스의 승리   왕권 강화   국민 의식 자각

독일   한자 동맹

유럽의 자치 도시

이탈리아 북부 ⋯ 르네상스   16세기

유럽의 자치 도시 → 유럽 국가들 자극

오스만 제국의 방해 → 동방을 향한 유럽의 야망

바르톨로메우 디아스:
아프리카 희망봉 ⋯ 포르투갈 ⋯ **신항로 개척** → 아메리카 대륙을 식민지로

→ 유럽의 부 상승

→ 세계를 하나로(상업 혁명)

바스쿠 다 가마:
아프리카~인도 항로   에스파냐

콜럼버스: 서인도 제도,
아메리카 대륙   마젤란:
세계 일주

11 종교 개혁이 일어나고 절대주의 왕정이 시작되다

영국의 위클리프와 보헤미아의 후스는 교회의 대분열로 위기에 빠진 로마 가톨릭 교회의 개혁에 나섰다. 이러한 교회 개혁 운동은 독일의 마르틴 루터와 프랑스의 장 칼뱅이 교회의 타락과 횡포에 맞서면서 종교 개혁으로 발전하였다. 그 결과, 크리스트교가 가톨릭과 개신교로 나뉘면서 서로 죽고 죽이는 종교 전쟁이 유럽 전역을 휩쓸었다.

종교 개혁의 전사: 위클리프와 후스

프랑스와 잉글랜드의 백년 전쟁이 한창이던 1370년대의 일이다. 잉글랜드의 왕 에드워드 3세는 군대에 들어가는 전비가 부족해 고심하고 있었다. 그러다가 해결책으로 생각해 낸 것이 교회 재산 몰수였다.

"잉글랜드 국민이 낸 십일조를 왜 프랑스 왕의 꼭두각시인 아비뇽 교황청과 교황이 멋대로 빼 가는가? 교황청과 교황은 잉글랜드 국민이 낸 십일조로 프랑스 왕과 프랑스군을 돕고 있지 않나?"

에드워드 3세는 잉글랜드 국민의 애국심을 자극해 교황과 교회를 공격했다. 이러한 왕의 주장에 화답한 것은 옥스퍼드 대학교의 신학 교수인 위클리프였다.

위클리프는 교회의 부패와 타락상을 공격했다. 세속의 부와 권력에 빠져 타락한 교회는 죄를 지은 상태이므로 세속의 부와 권력을 버리고 복음 정신에 따라 가난한 상태로 되돌아가야 한다고 강조했다. 또한 교회가 기존에 가지고 있던 재산은 국가, 즉 왕이 몰수해 국익을 위해 써야 한다고 주장했다.

교황과 교황청, 잉글랜드의 고위 성직자들은 위클리프의 주장에 화가 나 1377년에 위클리프를 런던으로 불러들여 종교 재판에 부쳤다. 하지만 잉글랜드의 귀족과 평민들이 종교 재판에 몰려가 소란을 피우는 통에 재판이 중단되었다. 잉글랜드 왕은 물론이고, 귀족과 평민들도 위클리프의 주장을 옹호한 것이다. 그 덕분에 위클리프는 무사히 옥스퍼드 대학교로 되돌아올 수 있었다.

그 뒤 위클리프의 인기는 하늘 높이 치솟았다. 이 기회를 놓치지 않고 잉글랜드의 의회와 왕은 위클리프에게 자문을 구했다. 잉글랜드 국민들에게서 거둬들인 십일조로 이루어진 교회 재산을 해외의 교황청으로 빼돌리지 못하도록 막는 게 법에 부합하는지 물은 것이다. 위클리프는 교회 재산을 빼돌리지 못하도록 막는 것은 정당할뿐더러 합법적이라고 대답했다. 잉글랜드의 왕과 귀족들은 위클리프의 회신에 따라 잉글랜드 교회가 수익의 일정 부분을 교황청으로 보내는 것을 가로막았다.

교황은 위클리프의 잘못을 조목조목 지적하며 위클리프를 체포할 것을 명령했다. 하지만 잉글랜드에서는 교황의 말에 귀 기울이는 이가 아무도 없었다. 옥스퍼드 대학교마저 교황의 명령을 거부했다. 위클리프는 한 걸음 더 나아가 교황과 추기경, 성직자들은 봉급이 많아 사람들이 선망하는 세속 직업일 뿐이라며 독설을 퍼부었다.

그 뒤 위클리프는 성서를 영어로 번역하는 일에 몰두했다. 무너져 버린 교회의 권위를 대신할 것은 오직 성서밖에 없으며, 누구나 성서를 읽을 줄 알아야 부패와 타락에 물든 교회를 대신해 초기 크리스트교의 신앙 공동체를 다시 세울 수 있다고 보았기 때문이다.

14세기 말 잉글랜드에서 위클리프를 중심으로 일어난 교회 개혁 운동은 40년 뒤 보헤미아(오늘날의 체코)에서 다시 나타났다. 프라하 대학교 총장인 후스는 다음과 같이 말하며 교회의 부패와 타락을 비판했다.

위클리프 상
독일 보름 시 루터덴티말에 마르틴 루터 등 다른 종교 개혁가들과 함께 조각해 놓았다.

"교회의 위기는 교황의 권위가 떨어져서 나타난 게 아니다. 교회가 세속의 부와 권력에 빠져 타락했기 때문이다. 교회는 세속의 부와 권력에 젖어 신앙을 잃어버렸다. 교회의 위기가 문제가 아니라 신앙의 위기가 문제이다. 교회와 교황청이, 아니 크리스트교가 위기에서 벗어나려면 성서의 가르침에 따라 초기 크리스트교의 신앙 공동체로 돌아가야 한다."

후스는 위클리프의 저작을 읽고 영향을 받아 교회 개혁을 주장했다. 보헤미아 왕이자 독일 왕이었던 벤체슬라스(바츨라프 4세)는 후스의 개혁 운동을 적극 지지했다. 잉글랜드 왕 에드워드 3세처럼 교회 개혁 운동을 통해 교회 권력보다 세속 권력이 우위에 있음을 증명함으로써 왕권을 강화하려는 생각이었다. 후스의 주장에 위기감을 느낀 교회와 교황청이 후스를 이단으로 몰아 파문했지만, 벤체슬라스가 후스를 보호했기에 별다른 위험은 없었다.

그런데 교회의 대분열로 세 명의 교황이 치고받으면서 상황이 복잡해졌다. 벤체슬라스가 지지하는 교황이 다른 교황을 지지하는 세력을 공격하라며 십자군 운동을 명령한 것이다. 십자군에 들어가는 돈은 면죄부를 팔아 충당하기로 했다. 후스는 같은 신앙을 가진 형제끼리 칼끝을 겨눌 수 없고, 더더구나 면죄부를 팔아 그 비용을 댈 수는 없다며 반발했다. 면죄부를 팔아 번 돈을 나누어 가지기로 했던 벤체슬라스는 후스의 주장으로 타격을 입었고, 당연히 후스에 대한 지원을 철회했다.

보호자가 사라진 후스를 궁지에 몬 것은 벤체슬라스의 이복동생인 지기스문트였다. 당시 지기스문트는 신성 로마 제국 황제가 되었는데, 교회의 대분열을 수습하는 황제가 되겠다는 야심에 불타고 있었다. 그는 1414년에 콘스탄츠 공의회를 열어 그동안의 종교 문제를 해결하려 했다. 지기스문트는 신변 보장을 조건으로 후스를 콘스탄츠로 소환했다. 하지만 콘스탄츠 공의회는 교황보다 공의회가 우위에 있음을 선언한 뒤, 1415년 종교 재판에서 후스를 이단으로 몰아 화형에 처했다.

후스가 죽은 뒤 보헤미아 사람들은 로마 가톨릭 교회와 결별했다. 신변 보장을 조건으로 후스를 꾀어서는 이단으로 몰고 화형에 처한 교회와 교황청, 공의회에 대한 반발이었다. 후스의 교회 개혁 운동을 지지하던 성직자들, 즉 후스 파는 체코 어로 미사를 올리면서 교회 재산을 국익과 빈민 구제에 사용하도록 하는 한편, 성직자의 청빈 의무를 강조하고, 부패하고 타락한 성직자를 처벌했다.

후스 상
체코 프라하에 있는 얀 후스의 동상이다.

그러자 신성 로마 제국 황제 지기스문트는 교황과 손잡고 후스 파 정벌에 나섰다. 로마 가톨릭 교회와 후스 파가 종교 전쟁을 벌인 것이다. 후스 파는 지기스문트 군대를 여러 차례에 걸쳐 격파한 뒤, 1433년에 교황청과 평화 협상을 벌였다. 그 과정에서 후스 파는 강경파와 온건파로 나뉘었는데, 온건파가 강경파를 몰아내고 1436년에 교황청과 평화 조약을 맺었다. 후스 파의 활약으로 보헤미아에 있는 로마 가톨릭 교회는 경제권을 잃어버렸고, 교회 재산은 빈민 구제 등에 적극 활용되었다.

마르틴 루터의 종교 개혁

위클리프와 후스의 교회 개혁 운동이 일어난 뒤, 교황청과 교회는 교회 개혁 운동이 자신들의 기득권에 얼마나 위협적인지를 똑똑히 깨달았다. 교황청과 교회는 이러한 일이 다시는 벌어지지 않도록 사람들의 생각을 하나하나 검열했다. 곳곳에서 '마녀 사냥'이 벌어졌다. 교황청과 조금이라도 생각이 다른 사람은 이단으로 낙인찍어 화형에 처했다. 하지만 이러한 단속에도 교회의 부패와 타락에 대한 비판의 목소리는 갈수록 높아만 갔다.

1517년, 교황 레오 10세는 성 베드로 성당을 수리하기 위해 사람들에게 면죄부를 팔아 비용을 대야겠다고 생각했다. 면죄부 판매는 교황청의 오랜 관행이었다. 면죄부 판매 수익은 교황청과 대교구가 절반씩 나눠 가졌다. 심지어 일부 대주교 후보는 예상되는 면죄부 판매 수익을 담보 삼아 상인들에게 빌린 돈으로 교황청 관리들을 매수해 대주교에 오르기도 했다. 이를 보면 면죄부 판매 수익이 얼마나 컸는지 알 수 있다.

면죄부로 수익을 올리라는 교황의 명령이 떨어지면 교회 조직에 속한 성직자들은 면죄부를 팔기 위해 온갖 감언이설을 동원했다. "면죄부만 있으면 아무리 나쁜 죄를 지은 사람이라도 죽은 뒤 곧바로 천국에 갈 수 있다."고 꼬드겼다. 성직자들의 이야기를 듣고 힘 있고 돈 있는 사람들은 앞다투어 면죄부를 샀다. 힘 있고 돈도 있는 데다 이제 교황이 발행한 면죄부까지 손에 쥔 이들은 마음 놓고 나쁜 짓을 벌였다. 면죄부 구매자들의 악행은 더욱 극심해졌고, 짓밟히는 사람들의 신음 소리는 날로 높아만 갔다.

95개 조 반박문
마르틴 루터는 1517년 10월 31일, 비텐베르크 성의 만인 성자 교회 문 앞에 이 글을 내걸어 종교 개혁의 시작을 알렸다.

비텐베르크 대학교 신학 교수이자 수도사인 마르틴 루터는 면죄부를 팔아 잇속을 차리는 교황청이 못마땅했다. 루터는 대학 교회 정문에 「95개 조의 반박문」을 내걸고 교회의 부패와 타락상을 낱낱이 고발하였다.

교황청은 처음에는 루터의 주장을 찻잔 속의 태풍이라 생각하고 가만 놔두었다. 하지만 독일 전역에서 루터를 지지하는 목소리가 높아지면서 교황청의 판단이 잘못되었음을 드러냈다. 독일은 '교황청의 젖소'라 불릴 정도로 교황청에 뜯기는 것이 많았다. 루터를 놔두면 '젖소'가 죽게 생긴 것이다. 교황청은 발칵 뒤집혔고, 1520년에 루터를 이단으로 몰아 파문했다.

독일 황제 카를 5세가 1521년에 보름스 국회로 루터를 불러 심문하면서 생각을 바꾸라고 종용했지만, 루터는 자기주장을 접지 않았다. 루터는 이단으로 몰려 화형에 처해질 위험에 빠졌다. 하지만 다행히도 작센 공이 루터를 보호해 주었다.

작센 공의 보호 아래 안전해진 루터는 위클리프가 성서를 영어로 번역했듯이 성서를 독일어로 번역했다. 독일어로 된 성서는 라틴 어를 모르는 사람도 쉽게 읽을 수 있었다. 성서를 직접 읽게 된 사람들은 교회가 얼마나 부패하고 타락했는지, 교회와 교황의 말이 성서의 가르침과 얼마나 다른지 똑똑히 알게 되었다.

루터의 종교 개혁이 진행되면서 독일은 교황을 지지하는 파와 루터를 지지하는 파로 나뉘어 30년 동안 서로 치고받았다. 양측은 1555년에야 아우크스부르크에서 루터 파 교회를 인정하는 조약을 맺었다.

루터가 시작한 종교 개혁으로 이제 크리스트교는 가톨릭과 개신교로 나뉘었다. 크리스트교는 둘로 갈리면서 그 영향력이 많이

보름스 국회에서의 마르틴 루터
독일 화가 안톤 폰 베르너가 1877년에 그린 그림으로, 슈투트가르트 시립 미술관에 소장되어 있다.

줄어들었다. 그런 가운데 개신교 교회가 사람들의 지지를 등에 업고 세력을 넓혀 나갔다. 가톨릭이 이를 두고 볼 리 없었다. 결국 개신교와 가톨릭의 대립은 서로 죽고 죽이는 전쟁으로 이어졌다.

칼뱅
종교 개혁은 독일에 그치지 않았다. 스위스의 츠빙글리, 프랑스의 칼뱅, 영국의 헨리 8세 등이 교황에 맞섰다. 특히 칼뱅은 인간의 구원은 미리 예정되어 있으니 자기 직업에 충실하라고 주장했다. 열심히 돈을 벌면 천국에 간다니 꿩 먹고 알 먹는 셈이었다. 상인과 수공업자 등 시민들은 칼뱅의 가르침에 환호했다. 스위스 제네바의 연방 국립 도서관에 소장되어 있는 장 칼뱅의 초상이다.

잔인하고 처참한 종교 전쟁

에스파냐의 지배를 받고 있던 네덜란드에서는 상인과 수공업자 등 시민들이 칼뱅의 가르침을 믿으면서 개신교 세력이 다수를 차지하였다. 에스파냐가 개신교를 탄압하고 가톨릭 신앙을 강요하자, 네덜란드 사람들은 반란을 일으켜 1581년에 독립을 선언하였다. 에스파냐가 군대를 보내면서 밀고 밀리는 공방전이 벌어졌고, 전쟁에서 진 에스파냐는 네덜란드의 독립을 인정할 수밖에 없었다.

프랑스에서는 가톨릭교도와 개신교도 사이에 대립이 깊어져 서로 죽고 죽이는 위그노 전쟁이 일어났다. 36년 동안 엄청난 피를 흘린 끝에 가톨릭교도와 개신교도는 1598년 낭트에서 타협을 보았다. 개신교도였던 앙리 4세가 가톨릭으로 개종하여 개신교와 가톨릭의 화해를 이루기로 한 것이다.

독일에서도 또다시 가톨릭과 개신교 사이에 전쟁이 일어났다. 덴마크·스웨덴·프랑스가 개신교를 지원하고, 에스파냐가 가톨릭을 지원하면서 전쟁은 국제전으로 바뀌어 1618년부터 무려 30년 동안이나 계속되었다(30년 전쟁).

십자군 전쟁에서 보았듯이 종교 전쟁은 어느 전쟁보다 잔인하

위그노는 프랑스의 칼뱅주의 개신교도들을 가리키는 말이다.

고, 그 피해 또한 막심하다. 유럽 여러 나라가 종교 전쟁에 휩쓸리면서 영주들의 힘은 점점 약해졌다. 영주들의 힘이 약화된 만큼, 황제와 국왕의 힘은 영주들을 억누를 정도로 커졌다.

국민 국가의 탄생과 절대주의

이제 유럽 각국에서 어떻게 국민 국가가 만들어졌는지 살펴보자.

포르투갈과 에스파냐가 신항로 개척으로 일약 세계 최고의 강대국이 되자, 영국과 프랑스 등도 뒤늦게 신항로 개척에 뛰어들었다. 하지만 해외 무역을 독차지하고 있던 포르투갈과 에스파냐가 이들의 도전을 용납할 리 없었다. 영국과 프랑스는 포르투갈과 에스파냐의 집중적인 견제를 받아 별 재미를 보지 못했다. 무언가 결단이 필요했다.

영국

앞에서 보았듯이 잉글랜드에서는 랭커스터 가문의 헨리 7세가 1485년에 왕위에 올라 요크 가문의 엘리자베스와 결혼함으로써 장미 전쟁이 끝났다.

헨리 7세는 국제 외교를 통해 왕위를 노리는 여러 세력의 음모를 분쇄함으로써 왕조의 기틀을 튼튼히 다졌다. 당시는 이탈리아를 누가 다스릴 것이냐를 놓고 에스파냐와 신성 로마 제국이 프랑스를 압박하는 상황이었다. 헨리 7세는 이러한 정세를 이용해 잉글랜드의 외교적 입지를 극대화하는 데 성공했다.

우선 백년 전쟁 이래의 숙적인 프랑스와는 전쟁에 끌려들어 가지 않고 평화 조약을 맺었다. 그리고 에스파냐에는 네덜란드와의 양모 교역을 지렛대로 삼아, 왕위를 노리고 반역을 일으키려는 귀족들에 대한 지지를 철회하도록 해 왕위 계승 주장이 더는 나오지 않도록 했다. 스코틀랜드와는 자식들의 결혼을 통해 적대 관계를 완화했고, 에스파냐와도 결혼 동맹을 맺었다. 특히 아라곤 공주 캐서린과 헨리 왕자의 혼인은 잉글랜드의 국제적 위상을 크게 높여 아무도 잉글랜드를 깔볼 수 없게 만들었다.

1509년에 헨리 7세가 세상을 뜨자 헨리 왕자가 왕위에 올랐다. 이 사람이 바로 수많은 역사 영화와 드라마에 단골로 등장하는 헨리 8세이다. 헨리 8세는 캐서린과의 사이에서 아들 둘과 딸 넷을 낳았지만, 메리 공주를 제외하고는 모두 사산되거나 어려서 죽었다.

헨리 8세는 자신의 핏줄로 대를 잇고 싶었다. 하지만 메리 공주

전쟁은 끝났지만 요크 가문과 다른 귀족 가문들은 *헨리 7세*와 그 자식들을 노리고 음모를 꾸몄다. 헨리 7세의 아들들은 하나만 빼고 모두가 그 음모의 희생양이 되었다.

종교 개혁을 부른 헨리 8세의 막장 드라마

에스파냐는 당시 유럽 최고의 강대국으로 아라곤의 페르난도 2세와 카스티야의 이사벨 1세가 결혼해 만들어졌다. 캐서린은 이들 부부의 막내딸로 1501년에 헨리 7세의 맏아들인 아서 왕자와 결혼했다. 하지만 아서 왕자가 반역자들의 공격으로 병석에 누워 있었기 때문에 신방에 들지 못했다. 이듬해인 1502년에 아서 왕자가 죽자, 헨리 7세는 둘째 아들인 헨리 왕자와 캐서린을 결혼시켰다. 에스파냐와의 결혼 동맹을 깨고 싶지 않아서였다.

헨리 8세는 전형적인 바람둥이이자 '나쁜 남자'였다. 형수 캐서린과의 사이에서 2남 4녀(메리 1세 이외에는 사산 또는 영아 사망)를 보았지만, 한때 애인이었던 메리 불린의 언니이자 왕비의 시종인 앤 불린에 끌렸다. 하지만 헨리 8세는 앤 불린이 딸(엘리자베스 1세)을 낳자 천 일 만에 불륜의 죄를 덮어씌워 참수형에 처했다. 얼마 뒤 헨리 8세는 앤 불린의 시녀인 제인 시무어와 혼인해 아들(에드워드 6세)을 보았지만 제인 시무어는 산후 후유증으로 사망했다. 그 뒤에도 헨리 8세는 클레페 백작의 딸 앤, 앤 불린의 외사촌 캐서린 하워드, 캐서린 파와 혼인했다. 공식 결혼만 여섯 차례나 하고 애인도 여럿 둔 헨리 8세의 떠들썩한 이혼과 결혼은 영국의 종교 개혁과 영국 국교회, 영국 내전의 씨앗을 뿌렸다.

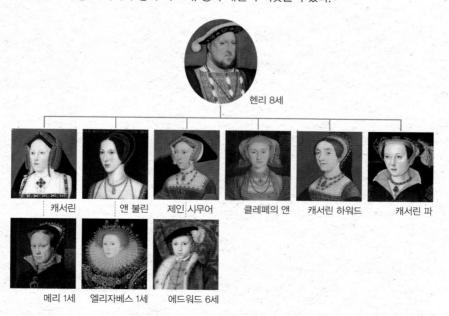

헨리 8세

캐서린　　앤 불린　　제인 시무어　　클레페의 앤　　캐서린 하워드　　캐서린 파

메리 1세　　엘리자베스 1세　　에드워드 6세

가 왕위를 이으면 왕권이 약화될 위험이 크다고 생각했다. 마침 헨리 8세는 토머스 불린 백작의 딸 앤 불린과 사랑에 빠졌다. 헨리 8세는 앤에게서 왕자를 보아 왕권을 튼튼히 하고 싶었다. 그러려면 캐서린과 이혼하고 앤과 결혼해야 했다. 헨리 8세는 1527년에 교황에게 형수인 캐서린과의 결혼이 무효임을 선언해 달라고 간청했다.

하지만 캐서린은 세계 최고의 강대국 에스파냐 왕이자 오스트리아 왕이며 신성 로마 제국 황제인 카를 5세의 이모였다. 교황은 그 사람의 비위를 건드리고 싶은 마음이 추호도 없었다. 교황이 결혼 무효 선언을 해 주지 않자, 화가 난 헨리 8세는 1533년에 종교 개혁을 단행해 로마 교황청과 관계를 끊었다.

이제 잉글랜드 안의 교회와 성직자들은 교황청의 지시를 받는 대신 국왕의 지시를 받아야 했다. 이렇게 해서 탄생한 것이 영국 국교회(성공회)이다.

종교 개혁은 헨리 8세에게 두 가지 이익을 가져다주었다.

첫째, 헨리 8세는 자신의 뜻대로 캐서린과 이혼하고 앤 불린과 결혼할 수 있었다. 하지만 앤 불린은 헨리 8세가 그토록 바라던 왕자가 아니라 공주를 낳았을 뿐이다. 앤 불린과의 결혼 생활에 싫증이 난 헨리 8세는 앤 불린에게 간통 혐의를 덧씌워 교수형에 처했다. 헨리 8세는 그 뒤에도 여러 차례 결혼했지만, 아들은 에드워드 왕자 하나만 보았다.

둘째, 영국 국교회의 우두머리가 된 헨리 8세는 교회의 막대한 재산을 모두 차지할 수 있었다. 헨리 8세는 그 돈으로 재정난을 한순간에 해결했고, 군대와 관리를 대폭 늘려 왕권을 강화했다. 그리고 그 힘으로 자신에게 반대하는 귀족과 지식인, 가톨릭교도들을 모조리 반역자로 몰아 목을 매달았다.

이제 국왕은 다른 귀족들의 눈치나 보는, 가장 힘 센 귀족이 아니었다. 누구의 간섭도 받지 않고 나라를 다스리는 절대 권력자로서 영국 역사상 가장 강력한 힘을 행사하게 되었다. 헨리 8세처럼 왕(또는 황제)이 아무런 제약 없이 절대 권력을 행사하는 정치 형태를 절대주의라 한다.

1547년에 헨리 8세가 죽은 뒤, 아들인 에드워드 6세가 열한 살에 왕위에 올랐지만, 워낙 허약해 열일곱 살의 나이에 세상을 떠났다. 에드워드의 뒤를 이은 건 이복 누나인 메리 1세였다.

메리 1세는 어머니 캐서린을 동정했다. 이는 아버지 헨리 8세와의 결혼이 무효임을 선언하지 않은 교황과 가톨릭교회에 대한 호감으로 나타났다. 열렬한 가톨릭 신자가 된 메리 1세는 에스파냐 왕인 펠리페 2세와 결혼하려 했다. 에스파냐의 힘을 빌려 아버지가 어머니와의 이혼을 위해 세운 영국 국교회를 없애고 가톨릭교회로 되돌리기 위해서였다. 헨리 8세의 종교 개혁으로 교회 재산을 하사받았던 귀족들과 관리, 군인들은 외세를 끌어들여 국익을 해치려 한다며 메리 1세에 반기를 들었다.

메리 1세는 반란을 진압한 뒤 펠리페 2세와 결혼했고, 영국 국교회를 가톨릭교회로 되돌리고 악명 높은 이단 처벌법을 부활시켰다. 그 결과 수많은 영국 국교회 성직자와 신자들이 이단으로

메리 1세
'피의 메리'라고도 불리는 메리 1세는 에스파냐 펠리페 2세의 두 번째 왕비였다. 메리 1세의 섬뜩하고 강인한 성품이 잘 드러난 이 작품은 에스파냐 화가인 안토니오 모로가 1554년에 그렸다. 에스파냐 마드리드의 프라도 미술관에 소장되어 있다.

몰려 형장의 이슬로 사라졌는데, 그중 300여 명은 화형을 당했다. 메리 1세가 어찌나 많은 사람을 처형했는지 '피의 메리'라는 별명이 붙을 정도였다.

한편 메리 1세는 남편의 나라인 에스파냐와 손잡고 프랑스와 전쟁을 벌였다. 하지만 전쟁에서 패해 잉글랜드가 유럽에서 가지고 있던 최후의 교두보인 칼레를 잃었다.

종교적 대립으로 혼란에 빠져 있던 영국을 강대국으로 탈바꿈시킨 사람은 메리 1세의 이복 여동생이자 앤 불린의 딸인 엘리자베스 1세였다. 런던탑에 갇혀 언제 죽을지 몰라 두려움에 떨던 어린 소녀 엘리자베스는 1558년에 언니가 죽으면서 왕위에 올랐다.

런던탑
공식 명칭인 '여왕 폐하의 왕궁 겸 요새'처럼 요새이자 왕궁, 감옥의 구실을 했다. 엘리자베스 1세가 갇혀 있던 곳으로, 유네스코 세계 문화유산에 올랐다.

그녀는 메리 1세가 에스파냐와 손잡고 영국 국교회를 가톨릭교회로 되돌리려 한 정책이 잉글랜드를 얼마나 약화시켰는지 똑똑히 보았다. 그래서 영국 국교회를 굳건히 되살려 종교로 빚어진 대립과 혼란을 수습하려 하였다.

그런데 정작 엘리자베스 1세가 가장 신경을 쓴 것은 따로 있었다. 해외 무역이라는 이름으로 불리던 해적질이었다. 그녀는 해적 드레이크를 해군 제독으로 임명해 대서양을 오가는 에스파냐 상선단을 약탈하도록 하였다. 드레이크는 대서양의 상선단을 약탈하는 데서 한 걸음 더 나아가 서인도 제도와 아메리카 대륙에 있는 에스파냐 무역항을 습격했다. 드레이크의 해적질로 에스파냐는 골머리를 앓았고, 영국은 한 해 예산의 몇 배나 되는 수입을 불법적이고 비공식적인 방법으로 올릴 수 있었다.

더는 참을 수 없게 된 에스파냐는 1588년에 함선 130척, 수병 8,000명, 육군 1만 9,000명의 대규모 함대를 조직해 영국 원정에 나섰다. 세계 최강을 자랑하는 에스파냐 무적함대의 원정으로 영국은 발칵 뒤집혔다. 당시 영국은 200척 남짓한 함선을 보유하고 있었다. 누구나 에스파냐의 압승을 예상했지만, 영국 함대의 지휘를 맡은 하워드, 호킨스, 드레이크 등이 한밤중에 화공을 감행해 방심한 에스파냐 무적함대에 일격을 가하고 대승리를 거두었다. 이때 에스파냐군 1만 5,000여 명이 전사했고, 60척의 배만 무사히 돌아갈 수 있었다.

무적함대의 패배로 에스파냐는 제해권을 잃었다. 설상가상으로

엘리자베스 1세
영국 화가 윌리엄 세가가
1585년경에 그린 것으로
추정한다.

에스파냐의 지배를 받던 네덜란드마저 영국의 지원으로 독립했다. 에스파냐는 세계 최강국의 지위를 잃고 삼류 국가로 전락했다.

전 세계의 제해권을 차지한 영국은 이를 발판으로 인도에 동인도 회사를 설치하는 한편, 북아메리카 개척에도 앞장섰다. '해가 지지 않는 나라' 영국의 신화는 이렇게 해서 만들어졌다.

프랑스

잉글랜드의 헨리 7세 부분에서 다루었듯이, 프랑스는 1494년부터 1559년까지 60여 년간 이탈리아 영토를 차지하기 위해 에스파냐와 신성 로마 제국에 맞서 전쟁을 벌였다. 알다시피 전쟁에는 엄청난 비용이 든다. 수입원 발굴에 실패한 국왕은 매관매직으로 전쟁 비용을 마련할 수밖에 없었다. 돈을 주고 관직을 산 사람들은 주로 부유한 상공인들이었는데, 이후 국왕의 확실한 지지층으로 자리매김했다.

하지만 16세기 후반에 일어난 위그노 전쟁(1562~1598)이 프랑스의 발목을 잡을 줄은 아무도 몰랐다. 1572년에 일어난 '성 바르톨로메오 축일의 학살'은 위그노 전쟁을 더욱 피비린내 나는 잔혹한 종교 전쟁으로 만들었다. 위그노 전쟁은 영국이 위그노를, 에스파냐가 가톨릭을 지원하면서 국제전으로 확대되었다.

위그노와 가톨릭교도 간의 잔혹한 전쟁은 나바라 왕 엔리케가 1589년에 왕위에 올라 앙리 4세가 되면서 해결의 실마리를 찾았다. 앙리 4세는 프랑스를 무너뜨리고 있는 종교 전쟁을 끝내고 다시 하나 된 프랑스를 만들려면 자신이 가톨릭으로 개종하는 길밖에 없다고 생각해 1593년에 가톨릭으로 개종했다. 가톨릭 세력의 배후에 있는 에스파냐와 전쟁을 벌여 개입을 차단한 다음, 자식을

1572년 8월, 칼뱅주의 개신교도인 **위그노들**이 자신들의 지도자 중 하나인 나바라 왕 엔리케의 결혼을 축하하기 위해 파리에 모여들었다. 가톨릭교도들은 섭정인 카트린 드 메디시스의 지령을 받고 23일부터 24일 새벽에 걸쳐 위그노들을 습격해 위그노의 지도자인 콜리니 제독을 비롯하여 약 3,000명을 학살했다.

루브르 궁전 문 앞의 아침
1572년 성 바르톨로메오 축일의 학살이 벌어진 다음 날 아침, 루브르 궁전 성문 앞에서 검은 옷을 입은 카트린 드 메디시스가 학살로 희생된 사람들의 시신을 아무런 감정 없이 물끄러미 바라보고 있다. 에두아르 드바 퐁상이 1880년에 그린 걸작으로 라저 퀼로트 미술 박물관에 소장되어 있다.

가톨릭 세력의 중심 가문과 혼인시켜 가톨릭 세력을
끌어안았다. 이러한 관용 정책을 바탕으로 앙리 4세
는 1598년에 낭트 칙령을 발표해 위그노에게 종교의
자유를 허용했다. 이로써 위그노 전쟁은 막을 내렸
고, 프랑스는 다시 하나가 되었다.

위그노 전쟁을 통해 명망 높은 귀족 가문들이 몰
락하면서 국왕의 권세는 점점 강력해졌다. 왕권 강화
움직임에 반발한 귀족들이 17세기 중엽에 반란을 일
으켰지만, 앙리 4세의 손자인 루이 14세가 이들을 진
압했다. 루이 14세를 가로막을 세력은 이제 더는 없
었다.

태양왕 루이 14세
프랑스 화가 이아생트 리고가
1701년에 그린 작품으로
루브르 박물관에서 소장하고
있다.

루이 14세는 콜베르를 재상으로 기용해 국내 산업을 일으키고,
해외 무역을 장려해 국력을 크게 키웠으며, 학문과 예술을 장려
했다. 이를 바탕으로 루이 14세는 에스파냐와 오스트리아의 왕위
계승 전쟁에 가담하여 프랑스의 이익을 챙겼고, 베르사유 궁전을
지어 절대 왕권을 안팎에 과시해 '태양왕'이라는 별명을 얻었다.

그 밖의 유럽 국가들

영국과 프랑스가 국민 국가를 수립하는 동안 포르투갈, 에스파냐, 독일, 이탈리아 등 유럽의 다른 나라들은 무얼 하고 있었을까?

포르투갈은 인도 항로를 개척해 에스파냐와 함께 유럽 최고의 강대국이 되었다. 그런데 1578년에 세바스찬 왕이 교역 거점을 확보하려고 북아프리카로 원정을 떠났다가 전사하면서 나라의 운명이 뒤흔들리는 위기를 맞았다. 세바스찬의 뒤를 이어 숙부인 엔리케가 왕위에 올랐지만, 1580년에 후사 없이 세상을 뜨면서 왕조가 단절되고 만 것이다. 결국 혼인을 통해 왕위 계승 자격을 얻은 에스파냐 왕 펠리페 2세가 왕위를 차지하였고, 포르투갈은 에스파냐에 합병되었다가 1668년에야 독립했다.

신대륙에서 은광을 발견하면서 유럽 최고의 부국이 된 에스파냐는 1516년에 페르난도 2세가 죽은 뒤, 외손자인 카를로스 1세가 뒤를 이었다. 카를로스 1세가 1519년에 신성 로마 제국 황제 카를 5세가 되면서 에스파냐는 합스부르크 가문이 다스리는 오스트리아, 이탈리아, 신대륙, 아프리카 여러 나라 중 하나로 지위가 떨어

베르사유 궁전
태양왕 루이 14세가 세운 화려한 왕궁이다.

졌다.

　신성 로마 제국 황제이자 에스파냐 왕이 유럽 전체의 패권과 국제 정치에 골몰하면서 에스파냐는 어떤 면에서는 황금기를 맞았다고 할 수도 있을 것이다. 하지만 당시 에스파냐 사람들은 어느 귀족이 다스리는 어느 지방 사람이라는 생각을 벗어던지지 못했다. 에스파냐 사람들이 스스로 에스파냐 사람이라는 자각이 나타난 것은 19세기 초 프랑스 나폴레옹의 지배에서 벗어나기 위해 독립 전쟁을 벌이면서부터이다.

　독일과 이탈리아는 수많은 제후국과 도시 국가로 쪼개졌기에 국민 국가로 성장하지 못했다. 그리고 동유럽과 러시아는 오스만 제국과의 전쟁을 거치는 동안 비로소 민족적 자각이 조금씩 싹트기 시작했다.

종교 개혁과 국민 국가의 탄생

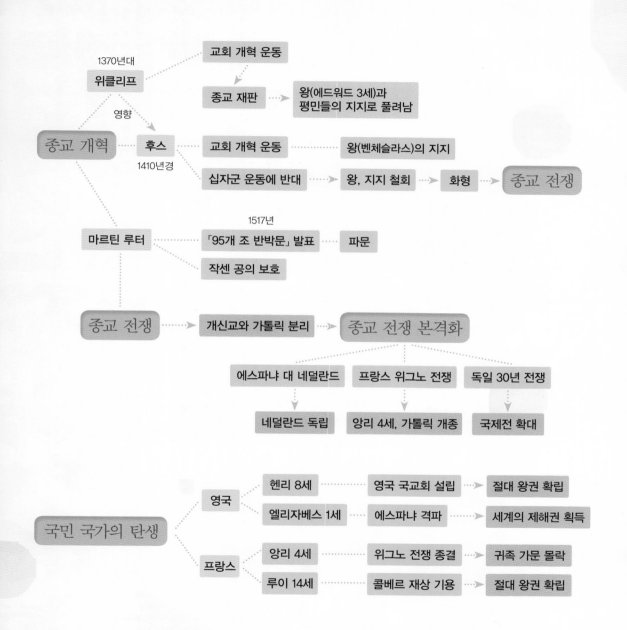

1370년대
위클리프 ······→ 교회 개혁 운동
                  ↓
                 종교 재판 ──→ 왕(에드워드 3세)과 평민들의 지지로 풀려남

영향

종교 개혁 ····· 후스 ······ 교회 개혁 운동 ····· 왕(벤체슬라스)의 지지
1410년경
         십자군 운동에 반대 ···→ 왕, 지지 철회 ···→ 화형 ──→ 종교 전쟁

1517년
마르틴 루터 ······ 「95개 조 반박문」 발표 ····· 파문
           ······ 작센 공의 보호

종교 전쟁 ──→ 개신교와 가톨릭 분리 ···→ 종교 전쟁 본격화

에스파냐 대 네덜란드   프랑스 위그노 전쟁   독일 30년 전쟁
        ↓   ↓   ↓
   네덜란드 독립   앙리 4세, 가톨릭 개종   국제전 확대

영국 ····· 헨리 8세 ······ 영국 국교회 설립 ···→ 절대 왕권 확립
          엘리자베스 1세 ····· 에스파냐 격파 ···→ 세계의 제해권 획득

국민 국가의 탄생
     프랑스 ····· 앙리 4세 ······ 위그노 전쟁 종결 ···→ 귀족 가문 몰락
                루이 14세 ····· 콜베르 재상 기용 ···→ 절대 왕권 확립

12 영국에서 최초의 시민 혁명이 일어나다

영국의 찰스 1세가 전비를 조달하려고 의회를 소집하자 의회가 왕의 전횡을 규탄하였다. 이에 의원들을 체포하려는 왕과 의회 사이에 내전이 일어났다. 새로운 군대를 조직하는 데 성공한 의회는 왕당파 군대를 격파하고 찰스 1세를 처형하였다(청교도 혁명). 그 뒤 영국은 명예혁명을 거치며 세계 최초로 의회 민주주의가 뿌리내린 나라가 되었다.

왕권은 신이 내린 것

에스파냐 무적함대를 무찔러 잉글랜드를 일약 유럽 최강국으로 만든 엘리자베스 1세는 독신이어서 자식이 없었다. 1603년에 엘리자베스 1세가 죽은 뒤 왕에 오른 이는 엘리자베스 1세의 조카딸인 메리 스튜어트의 아들 제임스 1세였다.

스코틀랜드의 여왕이던 메리 스튜어트는 독실한 가톨릭교도였던 탓에 귀족들의 반란을 불러일으켰다. 그리하여 돌이 갓 지난 아들 제임스 1세에게 왕위를 물려주고 잉글랜드로 피신했다. 하지만 메리 스튜어트는 잉글랜드 가톨릭교도들의 구심점이었기 때문에 18년 동안이나 갇혀 있다가 결국 처형당했다.

메리 스튜어트
독실한 가톨릭교도라
스코틀랜드와 잉글랜드,
어디에서도 환영받지 못했다.
영국 런던의 국립 초상화
미술관에 소장되어 있다.

스코틀랜드 왕이자 잉글랜드 왕이 된 제임스 1세는 스스로 말한 그대로 그레이트브리튼(영국)의 왕이었다. 제임스 1세는 "왕권은 신이 내린 것"이라며 절대 왕권을 강조했고 의도적으로 법이나 의회를 무시했다. 하지만 중요한 나랏일이 있을 때는 의회의 결정을 따랐기 때문에 의회와 심각하게 부딪힌 적은 없었다. 어머니가 어떻게 내쫓겼는지 잊지 않을 만큼의 정치 감각은 가지고 있었던 것이다.

1625년에 제임스 1세가 죽자, 아들인 찰스 1세가 뒤를 이었다. 찰스 1세는 아버지의 말은 아예 들으려 하지 않는 청개구리 아들이었지만, 무슨 이유에서인지 "왕권은 신이 내린 것"이라는 왕권신수설만은 철석같이 믿고 따랐다. 찰스 1세는 청교도와 가톨릭교도를 탄압해 악명을 떨쳤다.

제임스 1세
절대 왕권을 강조하며
왕권신수설을 주장했지만,
어머니의 죽음을 잊지 않고
뛰어난 정치 감각을 발휘했다.
에스파냐 마드리드 프라도
미술관에 소장되어 있다.

찰스 1세는 프랑스 정부와 위그노 간의 내전에 개입하는 한편, 에스파냐에 맞서 전쟁을 벌였다. 이들 나라와의 전쟁에는 많은 돈이 들었고, 찰스 1세는 전쟁 비용을 조달하기 위해 의회를 소집할 수밖에 없었다.

당시 의회는 찰스 1세의 탄압으로 맺힌 것이 많은 청교도들이 주도권을 쥐고 있었다. 의회는 전쟁 비용을 대 주기는커녕 관세를 징수할 권리마저 국왕에게서 빼앗았다. 결국 찰스 1세는 법을 어기고 국채를 발행하는 수밖에 없었다.

그러자 의회에서는 1628년에 찰스 1세에게 권리 청원을 냈다. 의회의 동의 없이는 세금을 부과할 수 없고, 법에 의하지 않고는 누구도 체포 구금할 수 없으며, 백성들의 집이나 땅에서는 군인들이 머물 수 없고, 민간인을 군법으로 재판할 수 없다는 내용이었다. 지금이야 어느 나라에서든 헌법에서 국민의 기본권으로 채택하고 있는 내용이지만, 당시로써는 획기적인 법안이었다.

찰스 1세는 의회에서 전쟁 비용을 얻어 내기 위해 권리 청원을 받아들였지만, 그 뒤 11년 동안 의회를 아예 소집하지 않았다. 따따부따 잔소리를 늘어놓는 의회가 귀찮았기 때문이다. 하지만 그 대가는 컸다. 의회로부터 전쟁 비용을 얻어 낼 수 없었던 것이다. 결국 찰스 1세는 프랑스, 에스파냐와 평화 조약을 맺고 전쟁을 그만둘 수밖에 없었다. 찰스 1세로서는 이래저래 체면을 구긴 셈이

찰스 1세
정치 감각이 뒤떨어져 아버지 제임스 1세의 왕권신수설을 그대로 믿었다. 네덜란드 화가 다니엘 미텐스가 1631년에 그린 초상으로 영국 런던의 국립 초상화 미술관에 소장되어 있다.

청교도(퓨리턴)는 칼뱅의 가르침을 믿는 개신교도로, 장로들이 영국 국교회와 국정을 이끌어 경건하고 엄숙하며 청빈한 삶을 꿈꿨다. 오늘날의 장로교도에 해당한다.

었다.

찰스 1세는 재정 확보를 위해 다른 방법을 동원했다. 바로 사문화된 각종 세원과 벌금을 발굴해 내는 것이었다. 그 결과 1년 세입이 100만 파운드를 넘었는데, 이는 제임스 1세 때보다 배 이상 늘어난 액수였다.

이제 찰스 1세는 의회의 눈치를 보지 않고도 재정 자립과 전비 조달을 이룰 수 있게 되었다. 만약 별 일 없이 시간이 흘렀다면 찰스 1세는 헨리 8세에 버금갈 만큼 강력한 왕권을 자랑하는 절대 군주가 되었을 것이다. 하지만 찰스 1세가 스코틀랜드 장로교회를 영국 국교회로 개편하려고 하면서 사태는 예상과 전혀 다른 방향으로 전개되었다.

찰스 1세가 동원한 **각종 세원과 벌금** 중에는 기사 작위를 받지 않은 중소 지주들에게 매긴 추징금, 왕실이 소유한 숲을 침범한 사람들에게 거둔 벌금 등이 있었다. 전시에 해안 지방에서만 전함 건조를 위해 걷던 선박세를 평시에 전국으로 확대해 거둬들이기도 했다.

청교도 혁명과 크롬웰의 독재

재정 자립과 전비 조달에 성공해 자신감이 생긴 찰스 1세는 장로들이 자율적으로 운영하는 교회보다는 대주교, 주교, 사제로 이루어진 일사불란한 교회 조직이 왕권 강화에 훨씬 유리하다고 생각했다. 1637년에 찰스 1세는 스코틀랜드 장로교회에 영국 국교회 기도서를 내려 보냈다. 스코틀랜드 인들은 이러한 조치에 반대해 즉각 폭동을 일으켰고, 반란은 전국으로 퍼져 나갔다. 스코틀랜드 인들은 '탁상 회의'라는 임시 혁명 정부를 구성하고, 찰스 1세의 중앙군 (잉글랜드군)에 대항해 싸울 혁명군을 모집했다.

스코틀랜드의 반란으로 또다시 자존심을 구긴 찰스 1세는 즉각 토벌에 나섰다. 하지만 어느 쪽도 목숨을 걸고 싸우지 않았기 때문에 이렇다 할 전투도 없이 양쪽은 강화 조약을 맺었다.

그 뒤 스코틀랜드 의회는 아예 '주교'라는 직책 자체를 없애는 한편, 스코틀랜드의 독립을 선언했다. 다급해진 찰스 1세는 스코틀랜드 인들이 잉글랜드 인들의 숙적인 프랑스와 손을 잡았다고 대중에게 폭로했다. 잉글랜드 인들의 적개심을 이용해 스코틀랜드와의 전쟁에 자발적으로 참가하도록 하려는 속셈에서였다. 여론이 들끓는다고 본 찰스 1세는 드디어 의회를 소집할 시기가 무르익었다고 생각했다.

1640년에 찰스 1세는 의회를 소집했다. 하지만 11년 만에 소집된 의회는 호락호락하지 않았다. 아무리 스코틀랜드와 프랑스에 화가 나더라도 짚을 건 짚어야겠다며, 의회는 선박세 폐지와 영국 국교회 조직 개편을 요구했다. 이를 받아들일 수 없었던 찰스 1세는 3주 만에 의회를 해산하고 말았다.

의회를 통한 전비 조달에 실패한 찰스 1세는 백성을 쥐어짜는 데 최고 전문가로 소문난 인물을 재무 장관으로 불러들여 전비 조달을 맡겼다. 원하는 전비를 마련한 찰스 1세는 스코틀랜드 정복에 나섰다. 하지만 찰스 1세의 중앙군은 스코틀랜드군과의 전쟁에서 참패를 거듭하다 굴욕적인 강화 조약을 맺고 돌아왔다. 찰스 1세는 강화 조약 이행에 들어가는 돈을 구하기 위해 다시 의회를 열어야 했다.

의회는 찰스 1세의 잘못을 성토하면서 그의 두 측근을 체포해 구속했다. 스코틀랜드에 영국 국교회 기도서를 내려 보내 반란을 부추긴 캔터베리 대주교와 백성들을 쥐어짜 전비 조달에 성공한 재무 장관이었다. 또한 의회를 3년마다 정기적으로 열도록 법으로 정했다.

한편, 잉글랜드의 식민지인 아일랜드에서는 가톨릭교도들이 반란을 일으켰다. 잉글랜드 인들은 찰스 1세가 아일랜드 가톨릭교도들을 이용해 청교도 의원들을 제거하려 한다며 격분했다. 1642년 1월, 때마침 찰스 1세가 병사 400명을 동원해 의회로 쳐들어가 의원 다섯 명을 체포하려 하던 때였다. 찰스 1세가 의회를 공격했다는 소식이 퍼지자, 런던에서는 의회를 지지해 폭동이 일어났다. 결국 찰스 1세는 런던을 떠나 요크를 근거지로 삼고 지지자들이 많은 북쪽에서 병력을 모았다. 이에 의회도 군대를 모집해 왕의 군대에 맞섰다.

찰스 1세를 지지하는 왕당파와 의회를 지지하는 의회파 사이에 치열한 내전이 벌어졌다. 처음에는 잉글랜드 안에서 싸웠지만 나중에는 스코틀랜드, 웨일스, 아일랜드까지 모두 내전에 가담해 그레이트브리튼(영국) 전역이 전쟁터로 바뀌었다. 전세는 처음 2년 동안 왕당파가 우세했으나 점차 의회파의 우세로 기울었다.

내전은 좀체 끝나지 않았다. 의회파 군대가 주로 지역 의용병(민병)으로 이루어졌기 때문이다. 지역 의용병들은 왕당파 군대가 쳐들어오면 자기 지역은 곧잘 방어하지만, 승기를 잡고 나면 왕당파 군대를 추격하는 대신 자기 지역 방어라는 목적을 이루었다며 해산하였다. 영국 전역을 작전 반경으로 하는, 보다 전문적이고 잘

훈련된 새로운 형태의 군대가 필요했다. 그러려면 말단 사병까지 모두가 봉급을 받는 직업 군인이어야 했다.

의회파의 군사 지도자 페어팩스와 크롬웰 등은 내전을 끝내려면 새로운 형태의 군대가 필요하다고 의회를 설득했다. 마침내 1645년에 페어팩스를 총사령관으로 하는 새로운 형태의 군대가 만들어졌다. 연대당 600명으로 이루어진 11개 기병 연대와 연대당 1,200명으로 이루어진 12개 보병 연대, 1,000명의 기마 보병으로 군대 편제가 짜였다. 모두 합치면 2만 2,000명이었다. 이들은 중앙의 보병 연대를 주력으로 하되, 좌우에 포진한 기병 연대가 기동력을 이용해 적을 공격하거나 보병을 보호하는 방식으로 전투를 벌였다. 새로운 형태의 군대가 만들어지면서 왕당파 군대를 끝까지 추격해 섬멸할 수 있는 기틀이 마련되었다.

올리버 크롬웰
새뮤얼 쿠퍼가 1656년에 그린 올리버 크롬웰의 초상으로, 영국 런던의 국립 초상화 미술관에 소장되어 있다.

1646년에 의회파는 네이즈비에서 결정적인 승리를 거두었다. 네이즈비 전투 이후 의회파는 찰스 1세가 아일랜드 인들뿐만 아니라 어머니의 나라인 덴마크, 처가인 프랑스 등과 접촉하면서 영국에 외국군을 끌어들이려고 한 각종 기밀문서를 찾아냈다. 국민들은 의회를 향해 찰스 1세와 왕당파에 대항해 끝까지 싸울 것을 요구했다.

스코틀랜드로 도망갔던 찰스 1세는 스코틀랜드 군대에 붙잡혀 감금되었다가 1647년에 잉글랜드 의회로 넘겨졌다. 그 사이 찰스

1세는 스코틀랜드 인들에게 왕위를 되찾아 주면 장로교회를 승인해 주겠다고 약속했다. 이 약속으로 그동안 의회파에 우군이었던 스코틀랜드군은 적군으로 돌변했다. 스코틀랜드군이 침공하자 전국 각지에서 왕당파 잔당들이 동시에 들고일어났다. 하지만 의회파의 새 군대는 막강한 전투력을 갖추고 있었다. 마침내 의회파의 새 군대가 스코틀랜드군과 왕당파 잔당들을 무찌르고 내전을 잠재웠다.

이 일이 있은 뒤, 찰스 1세를 처형하자는 의견이 급속히 대두되었다. 언제 무슨 사달을 일으켜 국가를 위태롭게 할지 모르니 국가의 안전을 위해 아예 죽이자는 것이었다. 의회는 1649년에 찰스 1세를 재판에 부쳐 외부 세력을 끌어들여 국가의 안전을 위태롭게 하고 두 차례에 걸쳐 내란을 일으킨 죄로 사형을 선고했다. 결

1645년 네이즈비 전투의 크롬웰
찰스 랜드시어가 1851년에 그린 작품으로 독일 베를린의 국립 고미술관에 소장되어 있다.

국 찰스 1세는 참수형을 당했다.

의회는 공화정을 선포한 뒤 국왕과 상원을 폐지하고 하원만 남겼다. 그런데 크롬웰이 내전의 뒤처리로 아일랜드와 스코틀랜드의 반란을 진압하는 동안 의회는 제도 개혁은 아랑곳하지 않고 자신들의 기득권 유지에만 집착하였다. 혁명의 성과를 뿌리내리려면 법적, 제도적 개혁이 필수였는데, 의회가 직무를 유기한 것이다.

찰스 1세의 처형
전형적인 도끼 참수형을 그린 그림으로 영국 런던의 국립 초상화 미술관에 소장되어 있다.

크롬웰과 군대는 혁명의 진전을 위해서는 부패한 의회 의원들을 내쫓고 새 의회를 구성해야 한다고 생각했다. 1653년, 의회로 쳐들어간 크롬웰과 군대는 의회를 해산하고 자신이 지명한 인사들로 새 의회를 구성했다.

하지만 새 의회도 크롬웰의 마음에 들지 않기는 마찬가지였다. 새 의회에서는 성인 남자들의 보통 선거, 영국 국교회에 대한 십일조 폐지, 매점매석 금지, 울타리 치기 운동으로 폐쇄된 토지 개방, 소작농에 대한 소작 기간 보증 등 국민의 절대 다수를 차지하는 농민과 장인, 소상공인들의 이익을 대변해 사회 개혁을 추진하고자 했던 것이다. 의회에서 이런 개혁안을 내놓자 이번에는 귀족들과 부유한 상공인들이 두려움에 떨었다. 혁명이 급진적인 방향으로 나아가면 자신들의 생명과 재산이 위태로울지 모른다고 생각했기 때문이다.

크롬웰은 사태의 흐름 속에서 진한 피비린내를 느꼈다. 이번에도 군대가 크롬웰의 손발이 되어 주었다. 크롬웰과 군대의 움직임이 심상치 않자, 새 의회는 자진 해산하고 말았다.

군대는 런던 시민들 앞에서 총사령관인 크롬웰을 호국경으로 하는 새로운 정치 체제의 출범을 선언했다. 크롬웰은 3년마다 소집되는 의회와 국무회의의 자문을 받으며 잉글랜드·스코틀랜드·아일랜드를 다스렸다. 호국경의 자리에 도전할 세력이 전혀 없는 독재 정치였다.

한편 크롬웰은 1651년에 영국 국적의 배만 영국과 그 식민지를 드나들며 무역할 수 있다는 항해 조례를 선포했다. 영국의 해운업과 무역업을 보호하는 조치로 당시 영국과 경쟁하던 네덜란드는 큰 타격을 입었다.

호국경은 왕을 대신해 나랏일을 맡아보던 귀족을 가리키는 호칭이었지만, 1653년 이후 잉글랜드·스코틀랜드·아일랜드 연방을 대표하는 국가 원수이자 정부 수반으로 규정되었다.

영국-네덜란드 전쟁
영국과 네덜란드는 모두 4차에 걸쳐 전쟁을 벌였다. 3차까지는 17세기에, 4차는 1780~1784년에 일어났다. 1차 전쟁에서 패배한 네덜란드의 반격으로 템스 강 하구가 봉쇄되는 등 영국은 큰 피해를 입었다. 그림은 선전 포고 직후인 1665년 6월 3일의 로스토프트 해전 장면이다. 네덜란드 화가 아드리아엔 반 디스트가 1670년대에 그렸으며, 미국 콜로라도 주의 덴버 미술 박물관에 소장되어 있다.

네덜란드는 이에 반발하여 영국과 전쟁을 벌였다. 이 전쟁은 1652년부터 1654년까지 이어졌는데, 엄청난 피해 끝에 영국이 가까스로 승리했다.

그 뒤 크롬웰은 프랑스와 손잡고 에스파냐에 맞섰다. 에스파냐령 자메이카를 점령하고, 에스파냐령 플랑드르에도 군대를 파견했다.

크롬웰의 대외 정책을 통해 영국은 유럽 최고의 강대국으로 자리매김했다. 당시 패권을 다투던 네덜란드를 꺾고 세계 최강의 해군 국가로 발돋움한 것은 이후 영국이 '해가 지지 않는 나라'로 성장하는 밑거름이 되었다.

1658년에 크롬웰이 죽은 뒤 크롬웰의 아들이 잠깐 호국경 자리를 이었지만, 군대와 의회 모두 크롬웰 가의 세습을 바라지 않아 의회에서 해임되었다.

크롬웰은 생전에 엄숙하고 경건한 삶을 추구하던 청교도라 도박이나 음주를 법으로 엄금했다. 따라서 국민들은 일상의 재미를 전혀 느끼지 못하고 해가 뜨면 일하고 해가 지면 잠자는 생활을 되풀이할 뿐이었다. 국민들은 평온하고 잘살지만 따분하고 재미없는 크롬웰의 독재 정치보다는, 위험하고 못살아도 박진감 넘치고 재미있는 왕정이 차라리 낫다고 생각했다. 이러한 생각으로 의회는 1660년에 프랑스에 망명해 있던 찰스 1세의 아들, 찰스 2세를 왕으로 맞아들였다.

명예혁명과 내각 책임제

찰스 2세는 망명지인 프랑스에서 본 바대로 종교적 관용을 확대하고 싶었다. 아버지 찰스 1세처럼 영국 국교회를 중심으로 청교도와 가톨릭교도들을 재편하려는 마음은 추호도 없었고, 단지 영국 국교회 신자이든 청교도이든 가톨릭교도이든 종교에 따라 차별받지 않도록 하고 싶었다. 하지만 영국에서 가톨릭교도를 옹호한다는 것은 정치적 분열이나 내전을 원한다는 것과 같은 뜻이었다. 하원에서는 찰스 2세의 종교적 관용 정책에 제동을 걸었다.

찰스 2세는 크롬웰의 항해 조례를 본받아 항해 조례의 확대를 꾀하는 한편, 네덜란드의 북아메리카 식민지인 뉴 암스테르담(나중에 뉴욕으로 이름을 바꿈)을 무력으로 점령하였다. 1665년부터 1667년까지 네덜란드와 전쟁을 벌였는데, 이번에는 크롬웰 때와 달리 대패하고 말았다.

이후 찰스 2세는 1670년에 네덜란드의 우방인 프랑스와 동맹을 맺기로 비밀 조약을 체결했다. 그중 문제가 된 조항이 있었는데, 찰스 2세가 가톨릭으로 개종하면 프랑스가 찰스 2세에게 재정 지원을 한다는 것이었다. 이 비밀 조약이 드러나면서 찰스 2세는 국민들에게 신뢰를 잃었다.

1685년에 찰스 2세가 죽은 뒤, 동생인 제임스 2세가 왕위에 올랐다. 제임스 2세는 1668년에 가톨릭으로 개종했는데, 왕위에 오르면서 이것이 문제가 되었다. 영국 국민의 머릿속에 가톨릭교도 왕은 여전히 피비린내 나는 내전을 뜻했다. 제임스 2세에 반대하

찰스 2세
존 마이클 라이트가 17세기 후반에 그린 작품으로, 런던 덜위치 회화 미술관에 소장되어 있다.

제임스 2세
1680년대에 영국의 초상화가인 고드프레이 넬러 경이 그린 초상이다.

는 내란이 일어났고, 이는 영국 국교회에 우호적이었던 제임스 2세
를 오히려 가톨릭으로 더욱 기울게 만들었다.

　제임스 2세는 1687년에 신앙 자유령을 공포해 가톨릭교도와 영
국 국교회 이외의 개신교도들에게 그동안 법으로 정해져 있던 모
든 규제를 풀었다. 이러한 움직임은 그동안 의회가 제정한 법률에
대한 무시로 비쳤다.

　1687년에 왕비가 아이를 가졌다는 소식에 영국 국민들은 절망
했다. 대를 이어 가톨릭교도가 왕위에 오른다면 정치적 혼란이 극
에 달할 것은 불을 보듯 뻔하다고 여긴 것이다.

　결국 의회와 영국 국교회의 지도자들은 1688년에 제임스 2세의
딸 메리와 남편 오라네(오랑헤)의 빌렘 공작에게 군대를 이끌고 영
국으로 와 제임스 2세를 몰아내 달라고 청원하는 편지를 보냈다.
프랑스의 힘이 너무 강해지는 것을 막기 위해 노력하던 빌렘은 영
국과 프랑스의 동맹을 막으려고 군대를 이끌고 영국에 상륙했다.

제임스 2세는 중앙군에게 빌렘의 군대를 공격하라고 명령했지만, 중앙군에서 이탈해 빌렘의 군대에 합류하는 군인들이 갈수록 늘어만 갔다. 1689년 1월에 제임스 2세는 잉글랜드에서 탈출했고, 2월에 의회는 제임스 2세의 폐위를 선언하고 메리(메리 2세)와 빌렘(윌리엄 3세)을 왕으로 모셨다.

피 한 방울 흘리지 않고 제임스 2세를 몰아냈다고 하여 이를 명예혁명이라 부른다.

의회에서는 또한 1689년에 권리 장전을 제정했는데, 다음과 같은 내용을 담고 있다.

'의회의 동의 없이 이루어진 법률이나 세금은 모두 무효로 한다. 의회의 동의 없이는 평시에 군대를 징집하거나 유지할 수 없다. 국민의 자유로운 청원권을 보장한다. 의회 의원 선거의 자유를 보장한다. 의회에서의 발언과 토론은 소추나 심의의 대상이 되지 않는다.'

빌렘 공에게 청원한 7명의 주교(왼쪽), 항해 중인 윌리엄 3세(오른쪽)
왼쪽 그림은 영국 런던의 국립 초상화 미술관에 소장되어 있다. 오른쪽 그림은 윌리엄 밀러가 1852년에 그렸다.

메리 2세와 윌리엄 3세의 뒤를 이어 메리 2세의 동생인 앤이 여왕에 올랐는데, 뒤를 이을 자손 없이 죽었다. 의회는 제임스 1세의 증손자인 독일 하노버 공을 영국 왕(조지 1세)으로 모셨다.

조지 1세는 독일에서 자라 영어도 못하고 영국 사정에도 어두웠기 때문에 나랏일을 아예 의회에 맡겼다. 이때부터 영국에서는 의회에서 다수 의석을 차지한 정당이 내각을 조직해 정치를 해 나가는 내각 책임제의 전통이 굳어졌다.

영국의 시민 혁명

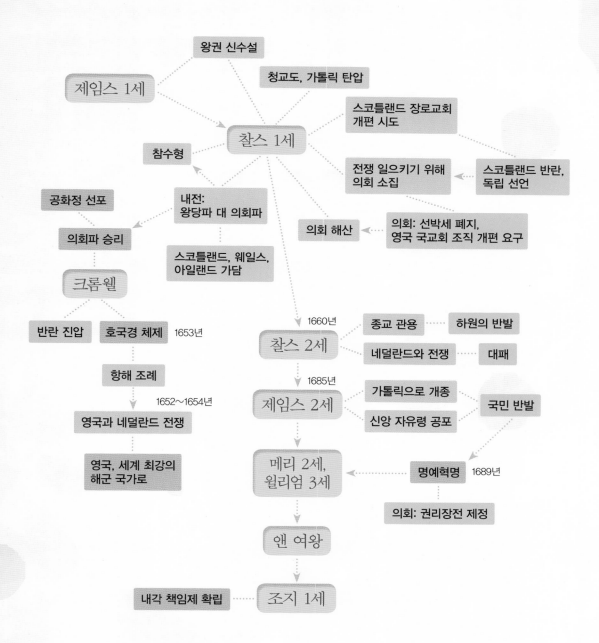

왕권 신수설

청교도, 가톨릭 탄압

제임스 1세

스코틀랜드 장로교회
개편 시도

참수형　　　찰스 1세

전쟁 일으키기 위해　　　스코틀랜드 반란,
의회 소집　　　　　　　독립 선언

공화정 선포　　　내전:
왕당파 대 의회파

의회 해산　　　의회: 선박세 폐지,
영국 국교회 조직 개편 요구

의회파 승리

스코틀랜드, 웨일스,
아일랜드 가담

크롬웰

반란 진압　　호국경 체제　1653년　　　1660년
　　　　　　　　　　　　　　　　　　찰스 2세　　종교 관용　……　하원의 반발

항해 조례　　　　　　　　　　　　　　　　　네덜란드와 전쟁　　대패

1652~1654년　　　　　　1685년

영국과 네덜란드 전쟁　　　　　제임스 2세　　가톨릭으로 개종　　국민 반발

신앙 자유령 공포

영국, 세계 최강의
해군 국가로

메리 2세,　　　명예혁명　1689년
윌리엄 3세

의회: 권리장전 제정

앤 여왕

내각 책임제 확립　……　조지 1세

13 미국이 혁명을 통해 독립을 선언하다

탄압을 피해 북아메리카 대륙으로 이주한 영국인들은 13개 주를 건설하며 자치를 누렸지만, 본국인 영국이 각종 세금 부담을 늘리자 불만이 쌓여만 갔다. 이러한 불만은 보스턴 차 사건으로 폭발하였고, 영국의 가혹한 탄압으로 이어졌다. 이에 식민지 주민들은 독립 선언을 채택하고 독립 전쟁에 나서 영국에서 독립하였다.

북아메리카에 들어선 영국 식민지

북아메리카에 영국인 이민이 처음 도착한 것은 1620년의 일이다. 당시 영국에서는 크리스트교도들을 차별하고 탄압하면서 영국 국교회로 개종할 것을 강요했다. 그래서 신앙을 지키기 위해 영국을 떠나 떠도는 독실한 청교도들이 많았는데, 네덜란드로 간 청교도와 선원 102명이 영국 상선 메이플라워호를 타고 북아메리카 플리머스에 도착한 것이다.

배에서 내린 이들 앞에는 찬바람이 부는 초겨울 들판만큼이나 고난의 시간이 기다리고 있었다. 6개월 동안 이들 중 절반 이상이 추위와 굶주림, 질병, 경계심을 품은 아메리카 인디언을 이겨 내지 못하고 죽음을 맞아야 했다. 이런 고난을 뚫고 이들은 마을을 만들어 뿌리를 내렸다. 북아메리카 최초의 영국 식민지는 이렇게 탄생하였다.

북아메리카에 도착한 이들 **청교도**를 일컬어 '필그림 파더스(순례자)'라고 한다.

필그림 파더스의 상륙
미셸 펠리스 콘이
1803~1807년에 그린 작품으로,
미국 백악관에 소장되어 있다.

"광활하고 비옥한 땅에서 큰돈을 벌면서 종교의 자유도 누릴 수 있다!" 이런 소문이 널리 퍼지면서 북아메리카로 이주하는 영국인들이 갈수록 늘어났다. 이와 함께 영국 식민지도 점점 늘어나 어느덧 13개 주에 이르렀다.

식민지의 주민들은 주민 대표를 뽑아 주 의회(식민지 의회)를 만들고 자치를 하는 등 본국 사람들과 거의 다를 바 없는 권리를 누렸다.

영국 정부와 식민지 주민의 대립

북아메리카에서 영국은 주로 프랑스와 경쟁했다. 18세기 중엽까지 영국은 동부의 13개 주와 서인도 제도의 자메이카, 바하마를 차지하고 있었다. 이에 비해 프랑스는 지금의 캐나다 동부에서 오대호 지역을 거쳐 오하이오 강과 미시시피 강을 따라 지금의 미국 중부에 이르는 광활한 지역을 차지하고 있었다.

하지만 1756년에 시작된 프로이센·하노버·영국 동맹과 오스트리아·작센·프랑스·에스파냐·스웨덴·러시아 동맹 간의 7년 전쟁은 북아메리카에서 영국과 프랑스의 식민지 판도를 근본적으로 뒤흔들었다. 7년 전쟁에서 영국과 프랑스는 주로 북아메리카와 인도의 식민지를 놓고 전투를 벌였는데, 북아메리카에서는 영국이 프랑스보다 훨씬 유리했다.

우선 인구에서 프랑스는 영국의 상대가 되지 못했다. 북아메리카에서 프랑스 식민지의 인구는 고작 7만 명인 데 비해 영국은 동부 13개 주의 인구만 130만 명이었다. 프랑스는 원주민인 아메리카 인디언 부족들과 손잡아 병력의 열세를 극복하려 했다. 하지만 영국이 곳곳에서 보급로를 끊는 바람에 전력을 유지할 수 없었다. 1759년에 영국은 프랑스령 캐나다의 수도인 퀘벡을 무너뜨리고 프랑스의 식민지를 모두 차지했다.

1763년에 7년 전쟁이 끝나자, 북아메리카 식민지 주민들은 승전을 진심으로 반겼다. 주민들이 새롭게 획득한 영토로 이주해 13개 주의 과밀 인구를 해소한다면 모두가 잘살 수 있다고 생각했기 때문이다.

하지만 영국 정부는 '국왕 선언'을 발표해 식민지 주민과 아메리카 인디언의 교역을 금지하는 한편, 새롭게 획득한 서부로 이주하는 것도 막았다. 이를 감시하기 위해 군대를 파견했는데 군대 유지비도 식민지 주민들에게 전가했다. 이러한 조치는 영국 정부가 북아메리카 식민지의 자치를 조금씩 없애고 직접 통치를 강화하고자 하는 것으로 보였다. 더 잘사는 길을 찾기는커녕 그동안 누리던 권리마저 빼앗기게 생겼으니 식민지 주민들에게는 그야말로 날벼락이나 다름없었다.

영국 정부는 이듬해부터 식민지 주민들에게 각종 세금을 징수하는 법률을 잇달아 제정했다. 식민지 주민들에게 거둔 세금으로 식민지 쟁탈전과 식민지 직접 통치에 들어가는 비용을 벌충하겠다는 뜻이었다. 또한 식민지 주민들보다는 본국을 우선하겠다는 선언이기도 했다.

1764년에는 서인도 제도와 식민지의 설탕 무역에 무거운 관세를 매기는 '설탕 법'이 만들어졌다. 식민지 주민들의 설탕 무역을 금지하고 본국이 설탕 무역을 독점하려는 속셈이었다.

1765년에는 모든 인쇄물에 인지를 붙이도록 하는 '인지 법'이 만들어졌다. 인지 판매 수입으로 영국군 주둔 비용을 마련하겠다는 뜻으로, 식민지 관리 비용을 식민지 주민들에게 떠넘기겠다는 속셈을 노골화한 것이다.

1767년에는 종이와 유리, 차에 무거운 수입세를 매기는 '타운센드 법'도 시행하였다. 식민지 주민들이 필요로 하는 물품 전체에 무거운 수입세를 매길 날도 머지않아 보였다.

타운센드 법에서 다루는 물품 중 가장 중요한 것은 차였다. 당시 차는 사람들이 식후에 반드시 마시는 생활필수품이 되어 있었다. 영국 정부로서는 차에 붙는 고율의 관세가 포기할 수 없는 수입원이었다.

식민지 주민들은 타운센드 법에 크게 반발하였다.

"주민 대표로 이루어진 식민지 의회의 승인 없이 세금을 내라는 거냐? 그 세금이 어디에 쓰이느냐? 본국을 위해 식민지를 희생시키는 데, 식민지 주민을 억누르고 죽이는 데 쓰이지 않느냐? 세금을 못 내겠다!"

식민지 주민들은 '대표 없이 세금 없다!'는 구호 아래 하나 되어 일어섰다. 차에 붙은 고율의 관세를 내지 않는 방법은 단 하나, 영국 차를 사지 않는 것이었다.

식민지 주민들은 영국 차를 하역하는 보스턴 항을 중심으로 영

인지 법
모든 인쇄물에 인지를 붙이도록 하는 법으로, 1765년 영국 의회가 통과시켰다. 미국 의회 도서관에서 소장하고 있다.

국 차 불매 운동에 들어갔다. 그렇다고 차를 마시지 않을 수는 없으니 밀수 차를 사는 수밖에 없었다. 식민지 주민들은 바다에서 네덜란드 상선과 비밀리에 접촉해 차를 밀수했다.

네덜란드 상선을 통해 밀수한 차는 관세가 없어 영국 차보다 훨씬 쌌다. 식민지 주민들은 차를 싼값에 마실 수 있어 좋고, 자신들을 억압하는 영국군의 주둔 비용으로 들어가는 고율의 관세를 내지 않아 좋았다.

밀수 차 때문에 영국 차가 팔리지 않게 되자, 영국 정부는 곤란한 지경에 빠졌다. 중국에서 차를 수입해 세계 각지로 수출하는 동인도 회사가 재고가 늘어나는 바람에 자금난에 빠진 것이다. 동인도 회사를 돕는 유일한 방법은 영국 차 불매 운동과 차 밀수 운동을 뿌리 뽑는 것이었다. 그리하여 영국 정부는 운동의 중심지인 보스턴 항으로 군함을 보내 불매 운동을 저지하고 차 밀수를 단속하게 했다.

군인들과 주민들 사이에 높아지던 긴장은 1770년 보스턴 학살로 폭발했다. 군인들이 주민들에게 총을 쏴 다섯 명이 죽거나 다친 것이다. 보스턴 학살을 계기로 식민지 주민들은 곳곳에 통신 위원회를 두고 본격적인 저항 운동에 들어갔다. 결국 영국 정부는 타운센드 법을 폐지했고, 이에 따라 영국 차 불매 운동과 차 밀수 운동도 수그러들었다.

보스턴 차 사건과 '참을 수 없는 법'

영국 정부가 1773년에 또다시 '차 법'을 제정하면서 상황이 돌변하였다. 이번의 차 법은 산더미처럼 쌓인 동인도 회사의 재고를 식민지에서 해소하려는 게 목적이었다. 일반적인 경우라면 찻값을 크게 내려 소비를 촉진했겠지만, 그게 아니었다. 동인도 회사에 식민지에서의 차 무역 독점권을 부여하는 내용이었다. 동인도 회사는 약간의 가격 인하와 밀수 차 단속을 덧붙이면 재고를 해소할 수 있다고보았다.

식민지 주민들은 3년 전에 피 흘려 얻어 낸 성과를 송두리째 부정하는 영국 정부에 절망했다. 자신들을 무시하는 영국 정부에 본때를 보여 줘야 했다.

그해 12월, 아메리카 인디언 수백 명이 보스턴을 습격했다. 이들 인디언은 보스턴의 관공서나 교회가 아니라 항구에 정박해 있던

보스턴 차 사건
〈보스턴 만에서의 차의 파괴〉라는 제목 아래 1773년 보스턴 차 사건을 그린 석판화로, 1846년에 만들어졌다.

동인도 회사 상선 2척을 급습했다. 그러고는 영국 식민 통치의 상징이 된 차 상자 342개를 모두 바다에 던져 버렸다.

동인도 회사 상선을 급습한 아메리카 인디언들은 사실 '자유의 아들들'이라는 단체의 회원들이었다. 영국 식민 통치에 온몸으로 저항하겠다는 뜻으로 차를 바다에 던진 것이다.

이 '보스턴 차 사건'은 영국 정부의 무자비한 보복을 불렀다. 영국 의회는 네 가지 법을 통과시켜 식민지 주민들을 응징하겠다고 나섰다.

첫째, 바다에 던져 버린 차에 대한 배상이 이루어질 때까지 보스턴 항을 폐쇄하는 법안. 둘째, 보스턴이 속한 매사추세츠 주의 자치권을 박탈해 왕령 식민지로 만드는 법안(이 지역에서 군정을 실시하고 집회를 금지하는 것을 골자로 한다). 셋째, 법을 집행하다 죄를 범한 관리들은 본국이나 다른 식민지에서 재판받도록 하는 법안(벌을 두려워하지 않고 식민지 주민들을 마구 다루겠다는 뜻이 숨어 있다). 넷째, 민가를 강제로 징발해 영국군이 머물 수 있도록 하는 법안.

1774년, 식민지 주민들은 영국 정부의 조치를 '참을 수 없는 법'으로 규정했다. 13주에서 쉰여섯 명의 대표가 필라델피아에서 모여 제1회 '대륙 회의'를 열었다. 여기에서 1763년 이후 이루어진 모든 탄압을 철회할 것을 영국 왕에게 탄원하는 '권리와 호소의 선언'을 채택하였다. 하지만 영국 정부의 대응은 '퀘벡 법'이었다. 7년 전쟁으로 새롭게 획득한 영토의 관할권을 퀘벡에 주는 법안으로, 식민지 주민들의 바람을 정면에서 거부하는 도발의 성격이 짙었다.

타오르는 독립 혁명의 불길

식민지 주민들은 영국의 식민 통치에 맞서며 총을 들었다. 1775년 4월, 영국군 700명이 식민지 주민들의 무기고를 파괴하고 주모자들을 체포하기 위해 보스턴 서쪽 교외 콩코드로 출동했다. 영국군은 렉싱턴에서 식민지 주민들과 맞붙어 궤멸적인 타격을 준 뒤, 콩코드 부근의 여관에서 무기고를 찾아내 부수었다.

그러나 보스턴으로 회군하는 길은 멀고도 험했다. 영국군은 곳곳에서 식민지 주민들의 습격을 받아 전사 73명, 중상 174명, 행방불명 29명이라는 큰 피해를 보았다. 식민지 주민들로 이루어진 민병대는 조지 워싱턴의 지휘하에 보스턴에 웅크리고 있던 영국군을 포위했다. 마침내 미국 독립 혁명이 시작된 것이다.

그 사이 13주 대표들은 1775년 5월에 제2회 대륙 회의를 열어

렉싱턴 전투
1775년 4월 19일에 벌어진 렉싱턴 전투는 미국 독립 전쟁의 서막을 연 최초의 전투이다. 1815년 베를린에서 출간된 책에 수록된 삽화이다.

연방 정부 수립을 준비하는 한편, 6월에 각 주의 민병대를 통합하여 대륙군을 창설하고 워싱턴을 총사령관에 임명하였다. 워싱턴은 훈련을 받지 못한 병사들을 이끌고 어려운 전투를 계속하였다.

보스턴을 포위한 대륙군에게 가장 큰 위협은 영국 함대의 함포 사격이었다. 대륙군에게는 대포가 없어 반격할 수 없었기 때문이다. 마침 대륙군 일부가 영국군 요새들을 급습해 대포 수십 문과 화약 수십 톤을 얻었고, 이것이 보스턴을 포위하고 있던 대륙군에게 전해졌다.

워싱턴이 포대를 만들어 영국 함대를 타격할 준비를 마쳤다는 소식에 영국군은 워싱턴에게 협상을 제의했다. 1776년 3월, 영국 함대는 병력을 태우고 캐나다로 후퇴하였고 대륙군은 보스턴을 점령했다. 이로써 대륙군은 13주 중 가장 인구가 많고 영국에 반대하는 의식도 강한 뉴잉글랜드 주를 장악했다.

벙커힐 전투
보스턴 포위전의 일환으로 벌어진 미국 독립 전쟁의 두 번째 전투이다. 영국군이 큰 피해를 보고 벙커힐 요새를 점령했지만, 보스턴 포위전의 전황에는 별다른 영향을 미치지 못했다. 하워드 포일이 1897년경에 그린 작품으로 잡지에 수록된 삽화이다. 원본은 미국 델라웨어 미술 박물관에 소장되어 있다.

한편 제2회 대륙 회의에서는 13주 대표들이 완전 독립이냐 자치냐, 선언이냐 청원이냐를 놓고 치열하게 논쟁을 벌였다. 1775년 7월에 온건파는 영국 국왕 조지 3세에게 식민지와 영국 의회 사이에 중재를 해 달라고 요청했다. 하지만 조지 3세는 도리어 충성스러운 신민들에게 식민지 반란을 진압하는 데 온 힘을 다하라는 명령을 내렸다. 그리고 그해 10월, 영국 군함 1척이 팰머스라는 작은 마을에 온종일 무차별 포격을 가해 마을 전체를 그야말로 가루로 만들어 버렸다. 이로써 온건파의 자치 청원이 얼마나 무의미한지가 똑똑히 밝혀졌다.

하지만 일부 대표는 여전히 완전 독립을 놓고 갈팡질팡하고 있었다. 온건파들은 "완전 독립을 선언하면 영국군이 지금과는 전혀 다른 공격을 퍼부을 텐데, 이를 어찌 감당할 것인가. 설사 영국군을 물리치더라도 국력 소모로 약화된 신생국이 다른 유럽 국가의 침공을 어떻게 막아내겠는가."라는 논리로 독립을 반대하였다. 이처럼 식민지 대표들조차 완전 독립에 확신을 갖지 못하고 있었으니 일반 주민들은 말할 필요도 없다.

토머스 페인의 『상식』
영국에서의 완전 독립이 상식임을 주장하는 소책자로 1776년에 출간되었다.

바로 이때 식민지 대표들과 주민들의 여론을 완전 독립으로 몰고 간 위대한 소책자가 만들어졌다. 토머스 페인이라는 사람이 1776년 1월에 펴낸 『상식』이 바로 그것이다. 페인은 46쪽에 불과한 소책자에서 누구라도 알 수 있는 쉬운 언어로 영국의 왕정을 비판하고 완전 독립을 주장하였다.

식민지 주민들은 "왕정이란 우상 숭배를 퍼뜨리려고 악마가 세상에 내놓은 최고의 성공작"이라는 말에 고개를 끄덕였고, "시민의 요구에 응하지 않는 권력은 독재"라는 주장에 무릎을 쳤다.

『상식』은 인쇄하기 무섭게 팔려 나갈 만큼 선풍적인 인기를 끌었다. 당시 북아메리카 식민지 인구는 300만 명 정도였는데, 무려 50만 부나 팔려 나갔다(『브리태니커 백과사전』에서 제시한 통계인데 과장으로 보인다. 대부분 10~15만 부 정도 팔린 것으로 본다). 이 정도면 글을 읽을 줄 아는 사람이라면 거의 다 샀다고 할 수 있다.

『상식』이 출간된 지 반년 만에 식민지 대표들과 주민들의 여론은 완전 독립으로 기울었다. 『상식』은 '펜이 칼보다 강하다.'는 것을 증명했다.

결국 대륙 회의는 1776년 7월 4일, 토머스 제퍼슨이 쓴 「미국 독립 선언」을 채택하였다.

독립 선언 이후 미국은 프랭클린과 애덤스 등의 활약으로 프랑스, 에스파냐, 네덜란드 등 영국의 적국들로부터 독립 전쟁에 필요한 돈을 빌릴 수 있었다. 이 나라들은 영국의 패권에 흠집을 낼 속셈으로 미국과 동맹을 맺고 영국을 압박하였다. 그 의도가 무엇이든 이들 나라의 지원은 미국 독립에 커다란 힘이 되었다.

미군은 1777년 새러토가 전투에서 영국군을 격파하면서 승기를 잡았고, 1781년 요크타운을 포위해 영국군의 항복을 받아 냈다. 드디어 힘으로 독립을 쟁취한 것이다.

1783년에 영국은 미국과 파리 조약을 맺고 미국의 독립을 인정하였다. 이 조약에서 영국은 미국 영토를 미시시피 강 동쪽, 플로리다에서 오대호까지로 인정하였다.

시민 혁명의 원리를 밝힌 「미국 독립 선언」

토머스 제퍼슨이 초안을 쓰고, 벤저민 프랭클린과 존 애덤스가 수정한 미국 독립 선언은 크게 두 부분으로 나뉜다. 앞부분은 당시 세계를 풍미하던 자연권 사상, 즉 '사람들은 누구나 자신의 생명과 자유를 지키고 행복을 추구할 권리가 있다. 이를 지키기 위하여 사람들은 계약에 의해 정부를 세운다. 만약 정부가 이들 권리를 무시하고 짓밟는다면 사람들은 정부를 뒤집어엎을 권리가 있다.'는 내용을 정리한 것이다.

뒷부분은 영국 국왕과 정부의 폭정을 구체적으로 나열하고 독립의 필연성을 선언한 것이다.

독립 선언(위), 토머스 제퍼슨, 미국 독립 선언, 벤저민 프랭클린(아래 왼쪽부터)
〈독립 선언〉은 존 트럼벌이 1817~1819년에 제2차 대륙회의에서 독립 선언을 논의하는 장면을 그린 작품,
〈토머스 제퍼슨〉은 렘브란트 펄이 1800년에 그린 작품, 〈미국 독립 선언〉은 1818년 존 빈이 그린 작품,
〈벤저민 프랭클린〉은 조셉 시프린 듀플레시스가 1778년에 그린 작품이다. 각각 미국 국회의사당,
미국 백악관, 미국 국회의사당, 영국 런던 국립 초상화 미술관에 소장되어 있다.

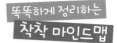

미국 독립 혁명

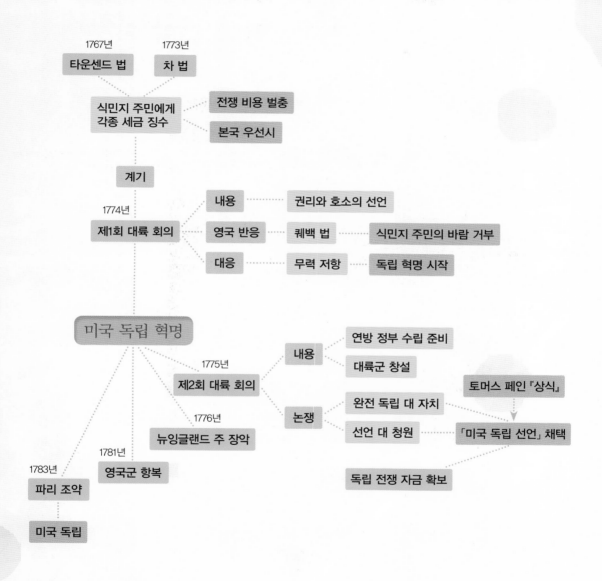

1767년
타운센드 법

1773년
차 법

식민지 주민에게
각종 세금 징수
→ 전쟁 비용 벌충
→ 본국 우선시

계기

1774년
제1회 대륙 회의
- 내용 ········· 권리와 호소의 선언
- 영국 반응 ········· 퀘백 법 ──── 식민지 주민의 바람 거부
- 대응 ········· 무력 저항 ──── 독립 혁명 시작

미국 독립 혁명

1775년
제2회 대륙 회의
- 내용
  - 연방 정부 수립 준비
  - 대륙군 창설
- 논쟁
  - 완전 독립 대 자치 ········· 토머스 페인 『상식』
  - 선언 대 청원 ········· 「미국 독립 선언」 채택

1776년
뉴잉글랜드 주 장악

독립 전쟁 자금 확보

1781년
영국군 항복

1783년
파리 조약

미국 독립

14 과학 혁명과 함께 계몽사상이 널리 퍼지다

코페르니쿠스의 새로운 우주론은 뉴턴의 역학 이론으로 집대성되었다. 이러한 과학 혁명은 신항로 개척을 뒷받침하는 한편, 모든 것을 이성에 맞게 해석할 수 있다는 자신감을 낳았고, 이는 이성을 믿고 모든 불합리에 저항하는 계몽사상으로 이어졌다. 계몽사상은 사람들의 생각을 바꿔 영국, 프랑스, 미국 등지에서 시민 혁명이 일어나는 데 이바지했다.

중세 크리스트교 세계관을 깨부순 과학 혁명

근대로 접어들면서 과학이 눈부시게 발전하였다. 학자들은 이러한 과학의 발전을 '과학 혁명'이라 부른다.

16세기 중엽에 코페르니쿠스가 주장한 태양 중심설(지동설)은 교황청이 교리로 받아들인 지구 중심설(천동설)을 뿌리부터 뒤흔들면서 과학 혁명에 불을 지폈다. 코페르니쿠스는 『천구의 회전에 관하여』에서 "지구는 매일 한 바퀴씩 자전하고 매년 한 바퀴씩 태양을 중심으로 공전한다."고 주장했다. 하지만 교황청에서는 코페르니쿠스의 저서와 이론에 대해서 어떤 신학적인 문제도 제기하지 않았다. 이는 코페르니쿠스가 교회 행정가였고, "태양 중심설이 천문학자들의 계산을 돕는 유용한 도구일 뿐"이라는 서문을 덧붙였기 때문으로 보인다.

이후 독일의 케플러가 코페르니쿠스의 태양 중심설을 바탕으로 행성의 운동 법칙을 발견하고, 이탈리아의 갈릴레이가 자신이 개량한 망원경을 이용해 천체를 관측하여 목성의 위성 네 개를 발견하였다. 그러자 교황청과 교회는 코페르니쿠스의 이론이 중세의 크리스트교 세계관에 얼마나 위협적인지를 비로소 깨달았다. 신이 세계를 창조할 때 넷째 날에 태양, 달, 별 등을 만들어 하늘에 두었다는 성서의 세계관은 지구 중심설을 전제로 하

코페르니쿠스
1580년에 그려진 초상으로 코페르니쿠스가 태어난 폴란드 토루인 박물관에 소장되어 있다.

대우주의 조화
네덜란드계 독일인 지도 제작자인 안드레아스 셀라리우스가 1661년에 그린 천문도이다. 코페르니쿠스적인 세계 체계의 도해를 보여 주면서 우주의 중심이 태양임을 명확히 하였다.

는데, 감히 태양 중심설이라니…….

어느덧 태양 중심설은 널리 받아들여지고 있었다. 당시 신항로를 개척한 모험가와 선원, 무역상들은 대부분 태양 중심설을 알고 있었다. 태양 중심설은 크리스트교의 세계관을 뒤흔들었고, 이에 반하는 새로운 과학적 세계관이 널리 퍼지는 데 크게 이바지하고 있었다.

교황청은 부랴부랴 태양 중심설을 연구하고 주장하는 학자들을 단속하고 나섰다. 특히 교황청의 영향력이 아직도 강한 이탈리아와 에스파냐, 오스트리아 등지에서는 새로운 과학 원리의 발견을 성서와 교회에 대한 도전으로 해석하고 과학자들을 이단으로 몰아 화형에 처할 정도였다.

교황청은 브루노와 갈릴레이를 종교 재판에 부쳤다. 브루노는 화형에 처해졌고, 갈릴레이는 종교 재판소에서 유죄를 선고받았다. 하지만 종교 재판소를 나오며 갈릴레이가 "그래도 지구는 돈다."고 중얼거렸다는 이야기에서 알 수 있듯이, 태양 중심설은 해일처럼 사람들을 휩쓸었다. 갈릴레이는 그 외에도 진자 운동 법칙과 자유 낙하 법칙을 발견하는 등 물리학의 발전에 크게 이바지하였다.

당시의 물리학 발전을 하나로 종합한 사람이 영국의 뉴턴이다. 뉴턴은 『자연철학의 수학적 원리』에서 모든 물체의 움직임을 하나의 운동 법칙으로 설명함으로써 '과학과 이성의 시대'를 열었다. 사람들은 이제 물체와 우주, 자연과 사회, 세계와 인간을 운동이라는 잣대로

케플러
독일의 천문학자인 요하네스 케플러의 초상이다. 케플러는 코페르니쿠스의 천문학을 바탕으로 행성 운동에 대한 케플러 법칙을 발견하였다.

갈릴레이의 망원경
갈릴레이는 한스 리퍼세이가 발명한 굴절 망원경을 개량해 배율이 30배가 넘는 망원경을 직접 제작하여 목성의 위성이 네 개임을 관측하였다.

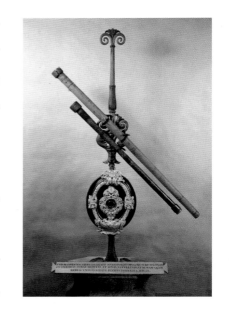

해석할 수 있게 되었다.

근대 유럽의 과학 혁명에서 가장 중요한 점은 과학적 방법론을 발명했다는 것이다. 가설을 세우고 실험과 관찰을 통해 검증하는 과학적 방법론은 과학이 무한히 진보하리라는 확신을 심어 주었다. 이전의 과학 기술이 우연한 실험과 관찰로 일구어 낸 성과라면, 근대 유럽의 과학 기술은 과학적 방법론에 따라 계획적으로 이루어진 성과였다. 이제 과학 기술의 발전이 국가 경쟁력의 근원이라는 생각이 널리 퍼졌고, 유럽 여러 나라는 앞다투어 과학 기술에 투자하기 시작했다.

뉴턴

뉴턴은 모든 물체의 움직임을 하나의 운동 법칙으로 설명함으로써 고전적인 역학 이론을 완성했다. 사람들은 뉴턴의 운동 법칙으로 우주와 세계의 움직임을 예측하고 해석하며 설명할 수 있었다. 뉴턴의 운동 법칙은 제1법칙(관성의 법칙), 제2법칙(가속도의 법칙), 제3법칙(작용·반작용의 법칙)으로 나뉘는데 본질은 단 하나. 모든 물체의 움직임은 그 물체의 질량과 힘, 속도의 관계로 예측할 수 있다는 것이다. 영국의 초상화가인 고드프레이 넬러 경이 1702년에 그린 뉴턴의 초상으로, 영국 런던의 국립 초상화 미술관에 소장되어 있다.

시민 혁명을 이끈 새 사상, 계몽주의

과학 혁명은 기성 학문과 지식이 거짓임을 증명해 그 권위를 무너뜨렸다. 지식인들은 기성 학문과 지식의 권위에 굴복하지 않았고, 권위에 속아 그것들을 무조건 받아들이지도 않았다. 그런데 무엇이 참이고 무엇이 거짓인지 혼란이 찾아왔다. 이때 프랑스의 데카르트와 영국의 베이컨이 학문의 방법론을 제시함으로써 새로운 철학, 새로운 사상의 출발점을 만들었다.

데카르트는 참과 거짓을 구분할 수 없는 과거의 지식은 모조리 폐기하여야 한다고 주장했다. 그는 "명명백백하게 참으로 인식되기 이전에는 그 무엇이든 참으로 받아들여서는 안 된다."는 것을 제1법칙으로 삼았다. 그에게 모든 지식은 진위를 의심해야 하는 회의의 대상이었다. 데카르트는 끝없이 회의했고, 그 끝에서 '의심하는 자신만은 존재하는 것이 아닌가.' 하는 결론에 도달했다. 데카르트는 "나는 생각한다. 그러므로 나는 존재한다."라는 명제를 출발점으로 논리적 추론, 즉 연역법을 통해 새로운 우주를 세웠다. 데카르트가 세운 우주는 중세 크리스트교의 우주관도, 고대 그리스 인의 우주관도 아니었다. 인간의 합리성이 도달한 최고의 원리들, 즉 수학 법칙으로 표현되는 우주였다. 이렇게 데카르트는 합리론 철학의 창시자로 우뚝 섰다.

한편 영국의 베이컨은 데카르트와는 전혀 다른 방법으로 진리에 도달했다. 베이컨이 택한 것은 관찰을 통한 일반화로 진리에 도달하는 귀납법이었다. 베이컨은 "미신과 신학이 뒤섞여 나타난 철학의 타락이야말로 가장 큰 해악"이라고 보았다. 그는 세밀하게 기록된 경험적 실험 방법에 바탕을 둔 협동적이고 모험적인 절차를 통해서만 학문이 진보한다고 주장했다. 집단적이고 과학적인 연구와 관찰이 유용한 지식을 낳고 인류의 운명을 향상시킨다는 주장이었다. 베이컨의 경험론 철학은 과학적 연구 방법론을 널리 퍼뜨린 일등 공신이었다. 경험론 철학은 수많은 지식인과 귀족들을 아마추어 과학자로 만들었고, 이들의 고상한 취미야말로 국가와 왕실을 중심으로 과학 협회가 창설되도록 이끈 원동력이었다.

과학 혁명은 지식인들에게 자연, 즉 우주를 과학적이고 합리적으로 해석할 수 있다는 자신감을 심어 주었다. 이제 지식인들은 한 걸음 더 나아가 인간과 사회, 법률, 제도, 세계를 이성에 맞게 해석하고자 노력하기 시작했다. 데카르트와 베이컨을 출발점으로

계몽 사상가들
왼쪽 위부터 시계 방향으로 데카르트, 베이컨, 홉스, 로크이다. 프랑스의 철학자 데카르트는 연역법을 통한 합리론을, 영국의 철학자 베이컨은 귀납법을 통한 경험론을, 홉스는 사회 계약론을, 로크는 인식론을 주장했다. 데카르트는 프란스 할스가, 홉스는 존 미카엘 라이트가, 로크는 헤르만 베렐스트가 그린 초상이다. 데카르트는 루브르 박물관에, 베이컨·홉스·로크는 영국 런던의 국립 초상화 미술관에 소장되어 있다.

삼아 과학적 연구 방법론을 인간 사회에 적용하려는 움직임이 크게 유행했다.

그 결과 지식인들은 인류의 발전을 위해서는 불합리한 법률과 제도, 무지와 미신은 때려 부숴야 한다고 결론 내렸다. 이렇게 이성을 무기로 삼아 모든 불합리를 때려 부수려는 사상을 계몽사상이라 부른다. 이 사상은 17~18세기 유럽에서 크게 유행했다.

몇몇 계몽 사상가의 삶과 주장을 통해 17~18세기 유럽의 상황이 어떠했는지를 좀 더 자세히 살펴보자.

홉스

영국의 홉스는 1651년에 펴낸 『리바이어던』에서 인간은 기본적으로 이기적인 존재라고 했다. 그냥 놔두면 '만인에 대한 만인의 투쟁'이 일어나 극도의 혼란에 빠지기 때문에 사회 계약을 맺고 국가를 만들어 개인의 생명과 재산을 지킨다는 것이다. 이러한 사회 계약론은 루소의 『사회 계약론』의 발판이 되어 미국과 프랑스 등지에서 시민 혁명의 이론적 토대가 되었다.

로크

로크는 청교도 경향을 띤 영국 국교회 신자 가문에서 태어났다. 외교 사절단의 일원으로 독일로 파견되어 있으면서 데카르트의 합리론 철학을 공부했다. 하지만 인간은 날 때부터 관념을 타고난다는 데카르트의 주장은 받아들이지 않았다. 그는 인간은 태어날 때 백지상태와 같으며 사물을 경험하기 시작할 때, 즉 감각의 힘으로 외부 세계를 인식하기 시작할 때 무엇인가가 인간의 오성에 남는다고 주장했다. 그의 『인간 오성론』은 철학의 가장 중요한 분야 중 하나인 인식론을 창시한 작품이다.

로크는 현실 정치가로도 활약했다. 찰스 2세와 제임스 2세의 폭정에 맞서다 네덜란드로 망명했고, 영국 정부에 의해 반역자 84명 중 하나로 지명 수배되기도 했다. 그는 1688년 명예혁명이 일어나면서 영국으로 되돌아왔다. 이후 영국 정치에는 로크의 주장대로 입헌군주제, 시민의 자유, 종교적 관용, 사상과 표현의 자유, 출판의 자유 등이 뿌리내렸다.

볼테르

볼테르는 누구나 인정하는 계몽사상의 일인자이다. 전형적인 부르주아지(시민 계급) 출신인 그는 영국에서 베이컨과 로크의 사상을 접하고 3년 만에 조국인 프랑스로 돌아왔다.

볼테르는 데카르트의 합리론 철학이 유행하던 유럽 대륙에 영국의 경험론 철학을 널리 퍼뜨렸다. 그는 검증할 수 없는 데카르트 학설 대신 과학적인 관찰로 진리임을 증명한 뉴턴의 과학 체계를 받아들이도록 프랑스 사상가들을 설득했다. 볼테르 덕분에 프랑스 사상가들은 추상적이고 사변적인 거대 담론 대신 구체적이고 현실적인 문제 해결에 관심을 갖게 되었다.

볼테르는 모든 형태의 억압과 광신 그리고 편협함을 증오했다. "자기 자신과 다른 견해를 가지고 있다는 이유로 다른 사람을 박해하는 자는 괴물과 다를 바가 없다."는 말은 억압의 밑바닥에 깔린 광신과 편협함을 그가 얼마나 증오했는지 잘 보여 준다. 이러한 볼테르의 태도는 "나는 당신의 말은 한마디도 믿지 않는다. 그러나 나는 목숨을 걸고 당신의 발언권을 옹호할 것이다."라는 말에서도 고스란히 드러난다.

볼테르는 종교에 깃든 편협함을 가장 혐오했는데, 이러한 태도가 어리석은 미신에 바탕을 두고 있다고 보았기 때문이다. 그는 "미신이 사라지면 사라질수록 광신 역시 사라지며, 광신이 사라지는 만큼 비참한 상태도 없어진다."라는 말도 남겼다. 이는 이성을 무기로 인류의 진보를 이루려는 계몽사상의 본질을 정확하게 보여 준다.

볼테르
볼테르가 영국으로 간 것은 귀족 모독죄로 붙잡혀 추방당했기 때문이다. 어느 날 귀족 청년과 말다툼을 벌이다 하인들에게 뭇매를 맞았는데, 이에 격분해 결투를 신청했다는 것이 이유였다. 프랑스 화가인 니콜라 드 라질리에가 1724~1725년 이후에 그린 초상화로, 카르나발레 박물관에 소장되어 있다.

볼테르는 프랑스 인들에게 명확하게 생각하는 법과 아울러 남을 온전하게 보듬어 안는 관용을 가르쳤다.

몽테스키외

프랑스의 몽테스키외 남작은 『법의 정신』에서 기후·지리 환경, 역사와 종교 전통이 정치 체제에 어떠한 영향을 미치는가를 밝히고자 했다. 인간 행위는 외적 조건에 따라 다양하게 나타나기 때문에 이를 변화시키기란 매우 어렵다는 것이 그의 결론이었다.

몽테스키외는 영국의 의회 민주주의 체제를 선호했다. 삼권 분립을 통해 견제와 균형을 이루기 때문에 일인 독재나 과두제를 용납하지 않는다고 체제라고 보았던 것이다. 이러한 생각은 많은 계몽 사상가들에게 영향을 미쳤으며, 특히 미국 독립 선언과 미국 헌법의 제정에 영향을 주었다.

몽테스키외
몽테스키외는 권력 분립 이론으로 유명한 프랑스의 계몽주의 사상가이다. 1728년에 그린 작가 미상의 작품으로, 베르사유 궁전에 소장되어 있다.

디드로와 달랑베르

디드로와 달랑베르는 인류의 진보를 가로막는 낡은 체제와 사상에 대해 가장 공격적으로 맞부딪친 전투적인 프랑스 계몽 사상가이다. 두 사람은 계몽사상을 널리 보급하기 위해 백과사전인 『백과전서』를 펴낸 것으로 유명하다. 철학, 과학, 기술, 제도, 법에 관한 최신의 지식을 망라해 1751년부터 1772년까지 펴냈다.

모두 17권의 책자와 11권의 도판으로 이루어진 『백과전서』는 당대의 계몽 사상가 대부분이 참여할 만큼 대단한 저작이었다. 비록 엄격한 검열로 종교에 반대하는 기사는 집필할 수 없었지만, 과학

디드로와 달랑베르의 『백과전서』는 크리스트교에서 빵과 포도주를 나눠 먹는 '성체 성사' 항목을 찾으면 식인 풍습을 보라는 식으로 처리했다. 원래 성체 성사는 예수가 최후의 만찬에서 빵과 포도주를 자신의 살과 피라며 제자들에게 나눠 준 것에서 기원한 것인데, 고대 로마 제국에서는 한때 크리스트교인들이 식인을 한다고 오해하기도 했다. 이 점을 모를 리 없는 계몽 사상가들이 굳이 이렇게 처리한 것은 종교의 검열과 탄압을 비판하고 풍자하려는 의도가 깔려 있다.

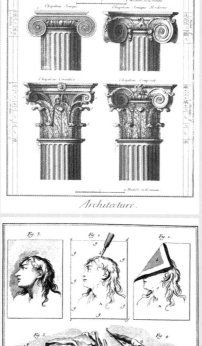

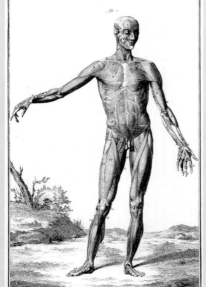

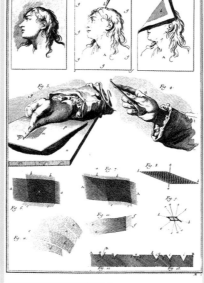

백과전서

왼쪽 위부터 시계 방향으로
『백과전서』 표지, 고전주의
건축 양식, 동판화 제작 과정,
인체 근육 해부도이다.

과 기술 분야를 중심으로 최신 정보를 수록하였다. 이 저작은 모든 분야에서 미신과 무지를 타파하고 과학의 진보를 촉진하며 인간이 처해 있는 온갖 비참한 상태를 줄이는 역할을 했다.

루소

루소는 스위스 제네바에서 가난한 시계공의 아들로 태어나 어린 시절을 보냈다. 아버지가 퇴역한 프랑스 대위와 싸움을 하고는 처벌을 피해 제네바를 떠나 베른 근교의 니옹으로 거처를 옮기면서 루소는 제네바에서 필사 견습공을 하거나 조각가의 도제로 지내면서 생계를 스스로 꾸려야 했다. 열여섯 살 때 봄나들이를 갔다 시간이 늦어 성문이 닫히자, 루소는 조각가에게 매를 맞을까 두려워 그 길로 제네바를 떠나 방랑의 삶을 선택했다. 루소는 백작가의 서기로 일하면서 신학과 철학, 문학, 음악을 공부했다. 서른 살에 파리로 온 루소는 바랑 부인의 후원을 받으며 많은 책을 읽어 다방면에 걸쳐 교양을 쌓았다.

루소
모리스 퀜틴 드 라 투르가 그린 초상으로, 안토니 르쿠예르 박물관에 소장되어 있다.

루소는 디드로와 의기투합해『백과전서』의 대표 필자로 이름을 떨쳤으며, 오페라 작곡으로 왕과 왕실의 인정을 받기도 했다. 루소는 종교에 반대하는 글로 구속된 디드로를 만나러 가다가 '인간은 본래 선하지만 사회와 문명 때문에 타락했다.'는 깨달음을 얻었다. 이러한 생각을 바탕으로『인간 불평등 기원론』과『사회 계약론』,『에밀』을 썼다.

루소는『인간 불평등 기원론』에서 인간이 사유재산을

보호하기 위해 사회 계약을 통해 법과 정부를 만들면서 인위적 불평등이 더욱 심해졌다고 주장했다. 그리고 『사회 계약론』에서는 참된 법은 정당한 주권자인 인민의 집합적 능력에 의해 만들어졌을 뿐 아니라 다 같은 인민이 복종하기 때문에 정당하다고 주장했다.

이들 저작은 영국의 홉스와 로크의 개인 안전과 사회 계약에 관한 국가론을 한 단계 발전시켜 미국과 프랑스에서 일어난 시민 혁명의 이론적 기반이 되었다.

중상주의 대 자유주의

'무엇을 해야 나라의 부가 늘어날까?' 대항해 시대 이후 유럽 여러 나라는 빠르게 변화하는 정치·경제 정세에 발맞추기 위해 고민에 고민을 거듭했다. 나라의 부가 늘어야 그 부를 이용해 상비군과 관료를 늘릴 수 있다. 또한 유능한 상비군과 관료는 전쟁에서의 승리와 해외 식민지 개척을 이끌어 좁게는 왕권에서 넓게는 국민 국가까지 강화할 수 있기 때문이다.

절대주의 시대에는 수출을 많이 해 다른 나라의 부를 가져오되, 수입을 막아 자기 나라의 부를 지키면 나라의 부가 늘어난다고 보았다. 그러려면 나라에서 상공업을 장려하고, 수입 장벽을 쳐야 했다. 이렇듯 상업과 무역이 나라의 부를 늘리는 가장 확실한 수단이라고 보면서 정부가 앞장서서 경제 활동을 통제할 것을 주장하는 경제 철학을 중상주의라 한다.

하지만 모든 나라가 중상주의를 택하면 어떻게 될까? 모든 나라가 상공업을 장려할 것이요, 수입 장벽을 칠 것이다. 그러면 수출 길이 막히고, 팔리지 않은 물건이 이내 산더미처럼 쌓일 것이다. 물건이 안 팔리니 기업이 망하고 실업자가 늘어날 것이다. 결국 모든 나라가 중상주의를 택한다면 모두가 함께 죽는 수밖에 없다.

다른 나라보다 상공업이 발전하고 경제가 발전한 나라일수록, 중상주의를 없애고 무역의 자유를 밀어붙일 때 훨씬 큰 이익을 얻을 수 있다. 수입 장벽을 쳐서 자기 나라 상공업을 보호하는 것은 공정하지 못하다고 비난할 수 있고, 그래도 계속하면 군대를 동원해 쓸어버리면 되기 때문이다. 이렇게 국가의 경제 통제를 반대하고 경제 활동의 자유, 무역의 자유를 주장하는 것을 자유주의, 자유방임주의라고 한다.

자유주의 고전경제학자인 애덤 스미스는 『국부론』에서 국가가 아무것도 하지 않아도 시장의 '보이지 않는 손', 즉 수요와 공급의 법칙이 알아서 생산과 가격을 결정한다고 주장했다. 이들에게 자유란 경제 활동의 자유, 탐욕스러운 돈벌이의 자유일 뿐이다.

콜베르
프랑스의 정치가로, 루이 14세 치하에서 재무장관을 지냈다. 보호 무역과 식민지 건설을 중심으로 한 경제 이론을 편 대표적인 중상주의 경제 이론가이다. 필리프 드 샹파뉴가 그린 1666년의 콜베르 초상으로, 미국 뉴욕 메트로폴리탄 미술관에 소장되어 있다.

애덤 스미스
자유주의 고전경제학의 창시자이다. 1787년 제임스 타시가 그린 초상을 동판화로 만들었다.

과학 혁명과 계몽주의

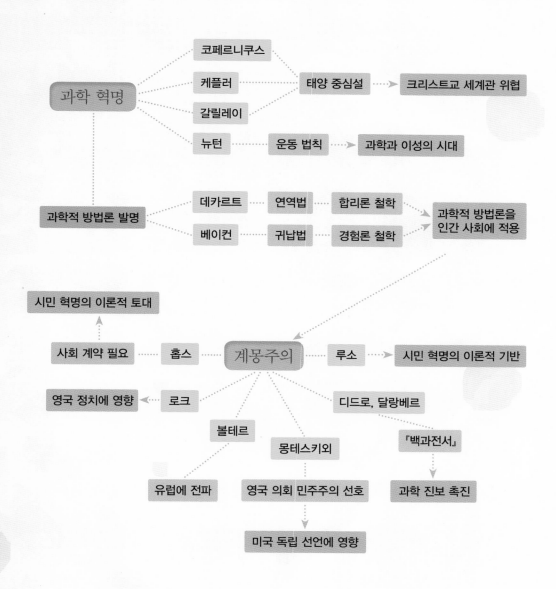

과학 혁명

- 코페르니쿠스
- 케플러 ⟶ 태양 중심설 ⟶ 크리스트교 세계관 위협
- 갈릴레이
- 뉴턴 ⟶ 운동 법칙 ⟶ 과학과 이성의 시대

과학적 방법론 발명
- 데카르트 — 연역법 — 합리론 철학 ⟶ 과학적 방법론을 인간 사회에 적용
- 베이컨 — 귀납법 — 경험론 철학

시민 혁명의 이론적 토대

사회 계약 필요 — 홉스 — 계몽주의 — 루소 ⟶ 시민 혁명의 이론적 기반

영국 정치에 영향 ← 로크

볼테르 ⟶ 유럽에 전파

몽테스키외 ⟶ 영국 의회 민주주의 선호 ⟶ 미국 독립 선언에 영향

디드로, 달랑베르

『백과전서』 ⟶ 과학 진보 촉진

15 프랑스 혁명이 세계사를 뒤바꾸다

프랑스 루이 16세는 재정 적자를 메우려고 삼부회를 소집했다가 의원들이 헌법을 제정하려 하자 삼부회를 강제 해산하려 했다. 이에 파리 시민들이 혁명을 일으켰다. 혁명을 진압하려고 유럽 각국이 쳐들어오면서 프랑스 혁명은 유럽 전체의 혁명전쟁으로 번졌다. 나폴레옹이 황제에 오르면서 혁명은 끝났지만, 유럽 전체에 근대 국민 국가의 씨앗을 뿌렸다.

루이 16세의 삼부회 소집

시민 혁명의 대명사이자 모든 혁명의 교과서는 1789년에 일어난 프랑스 대혁명을 가리키는 말이다. 프랑스 대혁명은 세계사를 바꾼 10대 사건 하면 언제나 꼽히는 매우 중요한 사건이다. 루이 14세 이후 절대 왕권을 자랑했던 프랑스에서 어떻게 이런 어마어마한 혁명이 가능했을까?

7년 전쟁으로 오랜 경쟁자인 영국에 북아메리카 식민지를 빼앗긴 프랑스가 영국의 패권에 흠집을 내고자 미국 독립 혁명을 지원했다는 것은 앞에서 말했다. 당시 프랑스를 다스리던 루이 16세는 영국의 패배를 보고 환호성을 질렀지만, 이것이 스스로 무덤을 파는 일일 줄은 꿈에도 몰랐다.

미국에 대한 원조는 어마어마한 재정 적자를 낳았다. 적자를 메우려면 백성들에게서 세금을 더 거둬야 했다. 하지만 국민들의 동의 없이 무작정 무거운 세금을 매겼다가는 무슨 일이 일어날지 몰랐다.

영국에서는 함부로 세금을 거두었다가 혁명이 일어나 왕의 목이 잘리는 일도 있지 않았던가. 영국은 북아메리카 식민지에서도 함부로 세금을 거두었다가 황금 알을 낳는 거위인 미국을 통째로 잃어버렸다.

1787년 프랑스 재무 장관 칼론은 고위 성직자와 대귀족, 소수 시민 대표로 이루어진 약식 의회인 '명사회'를 소집해 특권층에게 세금을 더 거두려 하였다. 하지만 명사회는 이를 거부하고 150여

베르사유 궁전
파리 근교 베르사유에 있는 왕궁으로, 파리에서 서쪽으로
17.1킬로미터 떨어져 있다. 왕이 사냥할 때 머무는 여름 별장이었지만
1682년에 루이 14세가 궁전을 크고 화려하게 짓고 거처를 파리에서
이곳으로 옮긴 뒤 프랑스 절대 왕정의 심장부가 되었다.

년 동안 소집된 적 없는 삼부회 소집을 요구했다.

1788년 프랑스 전역에서 농민들이 귀족들에게 내는 높은 소작료와 국가에 내는 높은 세금 때문에 못 살겠다며 들고일어났다. 재정 파탄을 막기 위해서는 세금을 올려야 했고, 농민 봉기 속에서 세금을 올리려면 삼부회를 소집해 허락을 받아야 했다. 결국 국왕 루이 16세는 삼부회를 소집할 것을 약속했고, 삼부회 선거를 앞두고 언론의 자유를 허용했다.

국가 재건을 위한 온갖 구상을 담은 소책자가 쏟아지는 가운데 1789년 봄에 삼부회 선거가 치러졌다. 선출된 시민 대표들은 자신을 뽑아 준 사람들의 불만을 해소하고 희망을 담아내려는 열정으로 파리 부근에 있는 베르사유 궁전으로 향했다.

삼부회
1789년 5월 5일 루이 16세는 재정 적자 해소를 위한 증세를 논의하려고 베르사유 궁전 살 드 메뉘 플레지르에서 삼부회를 소집하였다. 하지만 삼부회가 혁명의 도화선이 될 줄은 아무도 몰랐다. 1789년에 헬만과 모네가 그린 그림으로, 프랑스 국립 도서관에 소장되어 있다.

1789년 5월 5일, 귀족 대표 300명과 성직자 대표 300명, 시민 대표 600명 등 모두 합쳐 1,200명이 베르사유 궁전에 모여 삼부회를 열었다. 삼부회는 시작하자마자 머릿수로 표결할지, 신분별로 표결할지 치열하게 싸움을 벌였다. 머릿수로 표결하면 시민 대표가 유리하고, 신분별로 표결하면 귀족과 성직자가 시민 대표를 누르게 되어 있었다. 이 논쟁에서 시민 대표는 귀족에 반감을 품은 성직자들의 지지를 얻어 냈다. 시민 대표는 일부 귀족 대표와 함께 삼부회를 정부를 견제하는 의회로 바꾸기로 하였다. 정부에서 회의장을 폐쇄해 대표들의 활동을 가로막자, 대표들은 6월 20일 테니스 코트에 모여 '헌법을 만들 때까지 해산하지 않기'로 서약했다(테니스 코트의 서약).

테니스 코트의 서약
자크 루이 다비드가 1791년에 그렸고, 카르나발레 박물관에 소장되어 있다.

혁명의 제1단계: 파리 시민의 항거

루이 16세는 삼부회를 '국민 의회'로 바꾸고, 국민 의회에서 헌법을 만드는 것을 인정해야 했다. 그러나 한편으로는 국경 지대에 배치되어 있던 군대를 비밀리에 파리 외곽으로 불러들였다. 군대가 도착하면 국민 의회를 강제 해산하려는 속셈이었다.

군대가 파리 외곽에 속속들이 도착하자, 프랑스 전역은 공포 분위기에 휩싸였다. 군대가 파리로 들어와 국민 의회를 해산한 뒤에는 무자비한 탄압으로 피비린내 나는 내전이 시작되리라는 예상이 팽배했기 때문이다. 파리 시민들은 이러한 사태가 일어나지 않도록 성문을 굳게 닫아 군대의 진입을 막았다. 그리고 거리 곳곳에 바리케이드를 쌓아 군대가 진입하더라도 전투를 벌여 국민 의회를 사수하겠다고 결의를 다졌다.

일촉즉발의 상황으로 긴장이 고조되던 7월 14일, 파리 시민들은 국왕의 폭정을 상징하는 바스티유 감옥을 습격하였다. 왕정에 반대하다 구속되어 있던 정치범들을 석방하고 감옥 요새에 있는 무기와 탄약, 화약 등을 확보하려는 목적이었다.

바스티유 점령 이후 루이 16세는 베르사유 궁전을 떠나 파리로 와 군대 진입은 없으며 국민 주권을 승인한다는 것을 몸소 보여 줄 수밖에 없었다. 이 소식은 삽시간에 프랑스 전역으로 퍼져 나갔다.

"수도 파리에서 혁명이 일어났다! 국왕이 파리 시민들에게 무릎 꿇었다!"

이런 소식에 고무된 농민들의 반란이 프랑스 전역을 휩쓸었다. 며칠 전만 해도 농민들은 국왕과 귀족이 군대를 앞세워 자신들을 탄압할까 봐 두려워했다. 하지만 이제는 귀족과 부유한 시민들이 분노한 농민들에게 죽임을 당할까 봐 두려움에 떨었다.

국민 의회는 농민들을 진정시키지 않으면 자신들도 죽임을 당할 수 있다는 것을 깨달았다. 농민들을 진정시킬 방법은 단 하나였다. 국민 의회는 8월 4일 밤, 봉건제를 폐지한다는 법령을 공포했다. 농노제와 강제 노역이 공식적으로 폐지되었고, 귀족들의 온갖 특권이 폐지되었다. 교회가 거두던 십일조도 폐지되었다.

8월 26일에는 '인간 및 시민의 권리 선언(인권 선언)'을 채택했다. 루이 14세는 이들 조치가 너무 혁신적이라며 승인을 거부했다.

파리 시민들은 다시 들고일어났다. 10월 5일, 가랑비가 내리는

*국민 의회*는 국왕 일가를 처벌하지 않기로 방침을 정했다. 하지만 외국 군대의 도움을 받아 국민 의회 정부를 무너뜨리려는 국왕 일가의 음모에 국민들의 분노는 높아만 갔다.

바스티유 습격
1789~1791년경에 그린 작품으로, 혁명 박물관에 소장되어 있다.

인간 및 시민의 권리 선언

1789년 8월 26일에 결의·공포한 선언으로, 인권 선언이라고도 한다. 국민 의회 의원 라파예트 등이 초안을 썼는데, 전문 및 17개 조항으로 이루어져 있다. 1891년 프랑스 헌법을 비롯하여 세계 여러 나라의 헌법에 크게 영향을 미쳤다.

제1조에서 "인간은 나면서부터 자유로우며 평등한 권리를 가진다."라고 하여, 인간의 자유와 권리의 평등을 내세웠다. 그리고 압제에 대한 저항권(2조), 주권 재민(3조), 사상·언론의 자유(11조), 소유권의 불가침(17조) 등 인간의 기본권과 근대 정치 이념을 명확히 표현하였다.

이 선언은 인간의 자연적 권리(자유·평등·소유권·안전 및 압제에의 저항)를 보전하기 위하여 주권 재민·권력 분립을 원칙으로 국가가 만들어진다고 보았다.

인간 및 시민의 권리 선언
전 세계 여러 나라의 헌법에 크게 영향을
미친 문서로 인권 선언이라고도 한다.
장 자크 프랑수아 르 바비에가 그린
작품으로 카르나발레 박물관에 소장되어 있다.

가운데 파리의 가난한 부녀자들 7,000여 명이 "빵을 달라!"며 베르사유 궁전까지 행진을 시작한 것이다. 이들의 남편인 노동자와 병사들 2만여 명도 뒤따랐다. 여섯 시간에 걸친 행진 끝에 궁전에 도착한 이들은 루이 16세가 사냥에서 돌아올 때까지 네 시간을 기다렸다. 사냥에서 돌아온 루이 16세는 이들 행렬에 질려 빵을 배급할 것을 약속했다.

하지만 이들은 이튿날, 베르사유 궁전으로 쳐들어가 금은보화를 약탈한 뒤 국왕 일가를 데리고 파리로 돌아왔다. 인질로 사로잡힌 국왕 일가는 그 뒤 튈르리 궁전을 벗어나지 못하도록 유폐되었다.

이를 보고 프랑스의 반혁명 세력, 즉 귀족, 성직자, 대부호 등은 국내에서의 싸움을 포기하고 외국으로 망명했다. 이들 망명 귀족 중 다수는 프랑스 북동쪽 국경 부근에서 돈으로 용병을 모으는

베르사유 궁전 행진
1789년 10월 5~6일 여성들의 베르사유 궁전 행진을 그린 작품으로 프랑스 국립 도서관에 소장되어 있다.

한편, 유럽 각국에서 자신들을 지원해 줄 곳을 찾았다.

그 사이 국민 의회는 헌법안을 마련하는 한편, 혁명을 법률로
뒷받침하는 작업을 착착 진행해 나갔다. 먼저 교회 재산을 몰수해
지폐 발행의 담보로 삼았다. 교회의 성직자들을 국민이 선출하되,
성직자의 봉급은 국가 예산에서 지급하도록 했다.

몰수한 교회 토지는 입찰을 받아 매각했다. 하지만 부유한 시
민들이 주로 사들였기 때문에 농민들은 별다른 이득을 보지 못했
다. 자본주의적인 농업 발전을 위해 공유지에 울타리 치기를 진행
했는데, 이는 농민들의 원성을 샀다. 기업의 성장을 위해 상인과
수공업자들의 길드(동업 조합)를 철폐했다. 이러한 조치들에서 알
수 있듯이 제1단계 혁명의 최대 수혜자는 중간 계급(시민, 부르주
아지)이었다.

국민 의회는 국왕의 영지와 귀족들의 영지로 이루어진 구체제의 지방 행정 체계를 철폐하고, 새로운 지방 행정 체계를 구축했다. 아울러 모든 행정 단위에 자치 정부를 두고 행정 관리와 의원, 법관을 선출하도록 했다. 이들 선출직은 신분과 무관하게 누구나 나설 수 있도록 해 권리의 평등을 확립했다.

나아가 국민 의회는 국왕과 의회가 입법권과 행정권을 공유하는 입헌군주정을 설립하려 했다. 하지만 돌발적인 사태가 발생하였다. 국왕 일가가 1791년 6월 20일 새벽, 파리를 탈출해 외국으로 망명하려다 국경에서 체포되어 파리로 붙잡혀 온 것이다. 국민 의회는 1791년 9월 말에 헌법을 제정하고 해산하였고, 새 헌법에 따라 선거가 실시되어 새 의회가 구성되었다. '입법 의회'였다.

붙잡혀 파리로 되돌아오는 루이
파리를 탈출한 루이 16세 일가가 국경 부근 바렌느에서 붙잡혀 파리로 되돌아오는 모습을 그린 작품으로 장 뒤플레시스 베르토가 1791년에 그렸다.

혁명의 제2단계: 국왕 처형에서 공포 정치까지

당시 프랑스는 유럽의 중심부였다. 유럽 인 다섯 명 중 한 명은 프랑스에서 살고 있었고, 유럽 인 대부분은 프랑스를 유럽 문명의 중심으로 생각했다. 프랑스에서 일어난 혁명은 곧바로 모든 유럽 인의 시선을 사로잡았다. 따라서 프랑스 혁명은 프랑스 한 나라의 문제가 아니라 유럽 전체의 문제일 수밖에 없었다.

프랑스 혁명은 유럽의 모든 국가에서 모든 세력을 혁명과 반혁명의 전선으로 불러 모았다. 혁명가들은 혁명가 조직을 건설해 프랑스 혁명을 지원하고 자기 나라에서도 혁명을 일으키려 했다. 왕실을 비롯한 온갖 반혁명 세력은 혁명의 불길이 자국까지 번질까 두려워 혁명가 조직을 색출하고 탄압했다. 할 수만 있다면, 혁명의 진원지인 프랑스로 쳐들어가 그 불씨를 꺼 버리고 싶었으리라.

루이 16세의 왕비 마리 앙투아네트의 친정인 오스트리아 왕실과 신성 로마 제국의 여러 제후국, 특히 프로이센은 루이 16세 일가의 구출과 혁명 진압을 외치며 프랑스로 쳐들어갈 준비에 몰두했다. 오스트리아-프로이센 연합군은 프랑스 북동쪽 국경 부근에서 용병을 모으고 있던 프랑스 망명 귀족들을 앞세우고 프랑스로 쳐들어갔다.

1792년 4월, 입법 의회 정부는 오스트리아와 프로이센에 전쟁을 선포하였다. 그러나 연전연패를 거듭했다. 전국 각지에서 혁명과 조국을 사수하려는 청년들이 앞다퉈 의용군에 지원하였지만, 전황은 갈수록 악화되어 갔다. 오스트리아-프로이센 연합군이 빠른 속도로 파리를 향해 진격하자, 입법 의회는 패전의 책임을 지고 해산했다.

혁명 세력은 외적과 맞서 싸우려면 내부가 하나로 통일되어야 한다고 보고 반혁명 세력 척결에 나섰다. 9월 초순에 파리 군중을 비롯해 곳곳의 군중이 감옥을 습격해 투옥되어 있던 귀족과 사제들을 학살했다. 이러한 분위기는 새로운 의회인 '국민 공회'를 급진적인 방향으로 몰고 갔다.

1792년 9월 20일, 프랑스군이 사력을 다해 발미에서 프로이센군을 막아내는 데 성공했고 이날 국민 공회가 열렸다. 국민 공회는 외국 군대의 진격으로 위기에 빠진 혁명을 지키기 위해 왕정을 폐지하고 공화정을 채택했다. 이후 전황은 급격히 기울었다. 프랑스 혁명군이 승승장구를 거듭해 벨기에, 라인란트, 사보이, 니스 주를 점령하고 봉건 제도를 폐지했다.

상황이 이렇게 바뀌자 국민 공회는 두 개의 파벌로 나뉘었다. 하나는 프랑스에 부르주아 공화국을 건설하고 전 유럽으로 혁명을 확산하려는 온건파 지롱드 당(온건 공화파 연합의 다수가 지롱드 지방의 부르주아지였기에 이런 이름이 붙음)이었다. 다른 하나는 수공업자, 소상인, 노동자, 소농, 농업 노동자, 빈민 등 하층 계급의 이익을 옹호하는 새로운 공화국을 만들되 혁명 활동을 국내로 국한하려는 급진파 산악당(온건파를 평원당, 급진파를 산악당이라고 함)이었다. 산악당은 지롱드 당의 반대에도 루이 16세를 재판에 부쳐 반역죄로 사형을 선고했다. 이윽고 1793년 1월 21일, 루이 16세를 기요틴(단두대)으로 처형하였다.

기요틴은 프랑스 외과 의사 출신이자 국민 의회 의원인 기요틴이 발명한 처형 기계이다. 떨어지는 칼날이 죄수의 목을 자르기 때문에 단두대라고도 한다. 1792년 4월 25일에 처음 쓰였는데, 1960년대까지 널리 쓰이다가 1981년 프랑스에서 사형 제도가 폐지되면서 완전히 사라졌다.

　프랑스 혁명의 불길이 본격적으로 유럽 전역으로 번져 나간다고 본 각국이 전쟁에 끼어들면서 전세는 다시 급변하였다. 영국, 네덜란드, 에스파냐, 나폴리, 로마 교황령이 참전하였고 오스트리아·프로이센·영국을 중심으로 동맹을 맺었다. 동맹군은 벨기에에 이어 라인란트를 차지하고, 다시 프랑스로 쳐들어갔다. 왕당파를 비롯한 반혁명 세력의 반란까지 겹치면서 파리가 위협당하는 상황이 닥쳤다.

　혁명이 위기에 빠지자 국민 공회에서는 혁명 수호를 위해 공안위원회를 설치했다. 공안위원회는 처음에는 비교적 온건한 마라와 당통이 이끌었지만, 마라가 지롱드 당원에 의해 암살된 틈을 타 급진적인 로베스피에르가 주도권을 장악했다. 공안위원회는 온건파인 지롱드 당을 내쫓고, 급진파인 산악당을 중심으로 활동했다.

이들은 외국과의 전쟁, 내부 적의 색출과 제거, 과격하고 진보적인
경제·사회 정책 실행 등을 통해 혁명을 수호하려 했다. 정부에서
가격 상한선을 정하는 최고 가격 제도를 시행하고, 가난하거나 경
제적 능력이 없는 사람들에게 국가 보조금을 지급하며, 자유 의무
교육을 실시하는 한편, 그 재원으로 부자들에게 세금을 부과하고,
망명 귀족들의 재산을 몰수해 매각했다.

당통 상
프랑스 조각가 오거스트 파리가
1891년에 조각한 동상으로, 파리
6구 카르푸 드 오데옹에 있다.

　이러한 조치는 곳곳에서 거센 반발을 불러일으켰지만, 산악당
은 강경한 진압으로 대처했다. '공포 정치'
였다. 최소 30만 명의 용의자가 체포되어 1
만 7,000명이 처형당했고, 더 많은 수가 감옥에서
죽거나 재판도 받지 못하고 살해당했
다. 산악당이 반대파를 처형하고 독재
를 강화해 나가자, 언제 어떻게 반대파
로 몰려 처형당할지 모른다는 두려움이
국민 공회 의원들을 덮쳤다.

　한편 산악당 정부는 동맹군의 침입에 대
응해 100만 명 이상의 남자를 군대로 징집했
다. 혁명군이 어마어마한 규모로 보충되면서
1794년 6월 오스트리아군을 대파하
고 벨기에와 라인란트를 탈환했다.

　혁명군의 승리로 이제 더는 산악당의
공포 정치가 필요해 보이지 않았다. 1794년
7월 27일, 국민 공회의 온건파 의원 일부가

쿠데타를 일으켜 공안위원회를 해산하고 로베스피에르를 기요틴으로 처형하였다. 이를 '테르미도르의 반동'이라 한다.

1795년 프랑스는 네덜란드, 토스카나, 프로이센, 에스파냐 등 대부분의 나라와 평화 협상을 벌였다.

총재 정부와 나폴레옹의 등장

국민 공회는 1795년 5월에 다섯 명의 총재가 행정권을 갖고 원로원과 500인회의 양원이 입법권을 가진다는 내용의 새 헌법을 국민투표로 통과시켰다. 그런데 새 헌법에 따라 8월에 치른 선거 결과, 기존 국민 공회 의원의 3분의 2 이상이 낙선했다. 국민 공회의 온건파가 가진 자의 편에 서서 최고 가격 제도를 폐지하면서 물가가 몇 배나 뛰어올랐고, 살기 힘들어진 국민들이 표로 심판한 것이다.

문제는 새 입법부가 의원의 3분의 2에게 다음 입법부 의원의 자리를 보장하는 내용으로 헌법을 개정하고, 그 헌법에 따라 다시 선거를 치렀다는 것이다. 선거에서 이길 때까지 선거를 다시 치르자는 식이었으니 결과는 보나 마나였다. 프랑스 국민들에게는 기존 의원들의 압승으로 끝난 선거 결과를 받아들이느냐 마느냐밖에 남지 않았다. 프랑스 국민들은 당연히 반대 시위를 벌였다.

1795년 10월 5일, 온건파 정부는 이들 시위에 왕당파의 반란이라는 덫을 씌워 5,000명의 군사를 동원해 진압에 나섰다. 하지만 워낙 많은 국민이 시위에 참가했기에 진압 작전은 실패로 돌아갔다. 온건파 정부는 코르시카 섬 출신의 청년 포병 장교 나폴레옹 보나파르트에게 지원을 요청했다.

나폴레옹은 프랑스 남부 툴롱에서 정밀한 포병 운용으로 요새에 의지해 저항하는 영국 군대와 왕당파 반군을 격파해 스물네 살의 젊은 나이에 준장에 오른 천재 전략가였다. 로베스피에르의 앞잡이로 낙인찍혀 투옥되었다가 풀려난 뒤 당시에는 아무 직책도 맡지 못하고 있었다. 그러던 참에 온건파 정부에서 구원 요청을 해 온 것은 나폴레옹에게 천재일우의 기회였다. 나폴레옹은 바리케이드를 치고 저항하는 시위대를 향해 일말의 주저도 없이 포격을 집중했고, 혼비백산한 시위대는 뿔뿔이 흩어지고 말았다. 나폴레옹은 내친김에 노동자와 빈민을 바탕으로 한 급진파까지 체포하고 해산시켰다.

나폴레옹의 기민하고 과감한 작전에 감명을 받은 새 정부(총재정부)는 그를 프랑스군 국내 사령관에 임명했다. 지금으로 치면 국

나폴레옹은 평생 코르시카 섬 사람 특유의 거칠고도 솔직한 태도를 잃지 않았다. 그래서 농민 출신 사병들로부터 신뢰를 받았다. 여기에 더해진 엄청난 스케일의 상상력, 현실을 똑바로 보는 지적 능력, 강력한 추진력은 사람들을 매혹했다. 유럽인들은 지금도 군사 작전에 발휘된 나폴레옹의 천재성을 알렉산드로스 대왕이나 카이사르에 버금간다고 믿고 있다.

가정보원장과 기무사령관을 겸임하는 자리라 국내의 정치 흐름 전체를 파악할 수 있었다.

하지만 나폴레옹이 진정으로 바란 것은 자신의 재능을 꽃피울 수 있는 전쟁터였다. 총재 정부 역시 국민들에게 워낙 인기가 없던 터라 외국과 싸워 군사적으로 승리하는 모양새가 절실히 필요했다.

1796년 3월, 나폴레옹은 자신이 바라마지 않던 이탈리아 원정군 사령관으로 임명되었다. 나폴레옹은 오합지졸 3만여 명을 정병으로 조련하여 이탈리아 원정에 나섰다. 이윽고 이탈리아 북부의 사르데냐와 배후인 오스트리아를 맞이해 연전연승했다. 나폴레옹은 그해 5월에 밀라노를, 이듬해인 1797년 2월에 만토바를 해방했다. 그리고 10월에는 오스트리아가 나폴레옹과 캄포포르미오 조약을 맺고 이탈리아에서의 영향력을 포기했다. 그 뒤 이탈리아 각지에는 프랑스를 본뜬 공화국이 건설되었고, 이탈리아는 프랑스의 벗이 되었다.

1797년 12월, 이탈리아에서 돌아온 나폴레옹의 인기는 하늘 높은 줄 모르고 치솟았다. 인기가 없던 총재 정부는 나폴레옹의 인기에 힘입어 권력 기반을 다지고 싶어 했고, 나폴레옹은 자신의 인기를 정치권력으로 전환하고 싶어 했다.

나폴레옹과 줄다리기를 거듭하던 총재 정부는 상승장군 나폴레옹을 이용한 혁명의 확산을 꾀했다. 프랑스군은 1798~1799년에 스위스, 교황령, 나폴리로 진격해 각각의 지역에 공화국을 수립했다. 유럽 각국의 혁명 세력은 프랑스군을 해방자로서 환영했다.

전쟁 영웅에서 황제로

이제 유럽 대륙에서는 전쟁이 없어졌다. 프랑스는 바다 건너에 있는 숙적 영국과만 전쟁을 계속했다. 총재 정부는 나폴레옹에게 영국 해협에 집결한 군을 이끌고 영국으로 쳐들어갈 것을 요구했다. 하지만 영국 해군은 에스파냐 무적함대를 격파한 뒤부터 세계 최강을 자랑하고 있었다. 그간 네덜란드와도 여러 차례 전쟁을 벌였지만 모두 승리해 바다에서는 더는 적을 찾아볼 수 없었다. 그런 상황에서 군대를 이끌고 영국 해협을 건넜다가는 영국에 상륙하기도 전에 모두 수장될 게 뻔했다.

나폴레옹은 두 가지 대안을 제시했다. 에스파냐와 손잡고 연합 함대를 꾸려 영국 해군에 맞서자는 장기적인 해군 육성 방안이 첫째였다. 그리고 이집트를 점령해 오스만 제국, 인도, 동남아시아, 중국 등과의 교역에 타격을 주어 영국 국부의 원천을 말려 버리자는 경제 전쟁 방안이 둘째였다.

1798년 5월, 나폴레옹은 병력 5만여 명을 이끌고 이집트 원정에 나섰다. 나폴레옹은 몰타와 알렉산드리아, 나일 강 삼각주를 장악하며 승승장구했다. 영국에게 이집트는 세계 경영 전략의 핵심이었다. 영국은 넬슨이 이끄는 대규모 함대를 투입해 나일 강 하구 아부키르 만에서 나폴레옹의 이집트 원정군에 맞섰다. 프랑스 해군은 영국 해군의 상대가 되지 못했다. 이제 나폴레옹과 프랑스 군은 이집트라는 독 안에 든 쥐 신세가 되었다. 나폴레옹은 동부 지중해 연안과 아나톨리아를 거쳐 육로로 돌아가려는 계획을 세

이집트 원정
1798년 7월 27일 이집트
피라미드 앞에서의 전투를
그린 작품으로, 안토니 장
그로스가 1810년에 그렸다.

웠지만, 십자군 전쟁의 격전지인 아크레에서 영국군에 가로막혀 되돌아와야 했다.

이집트에서의 전투 상황은 나폴레옹이 이끄는 프랑스군이 질 가능성도 있는 것으로 보였다. 나폴레옹의 위세에 숨죽이며 전세를 살피던 오스트리아, 러시아, 오스만 제국은 영국과 손잡고 프랑스에 맞서는 새로운 동맹을 맺었다. 1799년 봄에는 이탈리아에서도 프랑스군이 패배해 이탈리아 반도의 대부분을 포기해야 했다. 유럽 각지에서 패배가 이어지자 프랑스 국내에서도 동요가 일어 강경파가 쿠데타로 집권하는 일이 벌어졌다.

상황이 급박해지자 나폴레옹은 1799년 8월 부하 몇 명만 데리고 이집트를 떠나 10월 파리에 도착했다. 나폴레옹은 총재 정부의 시에예스와 손잡고 11월 9일(브뤼메르 18일)에 쿠데타를 일으켜 총재 정부를 타도하고 새로운 통령 정부를 수립했다(브뤼메르 18

일의 쿠데타). 통령 정부는 나폴레옹과 다른 두 명의 통령이 권력을 공유하는 모양새를 취했지만 사실상 나폴레옹 1인의 군사 독재였다.

나폴레옹이 복귀했다는 소식에 대프랑스 동맹은 흔들렸고, 러시아와 오스만 제국이 동맹에서 이탈하는 일이 벌어졌다. 상황이 무르익었다고 생각한 나폴레옹은 1800년, 알프스 산맥을 넘는 기발한 작전을 펼쳐 이탈리아의 마렝고에서 오스트리아군을 격파하였다.

이제 유럽 대륙에서 나폴레옹이 이끄는 프랑스군을 막을 자는 어디에도 없어 보였다. 오스트리아의 패배로 대프랑스 동맹은 무너졌다. 나폴레옹은 1801년 오스트리아와, 1802년 영국과 평화 조약을 맺었다. 전쟁의 승리는 유럽의 평화와 정권의 안정, 국민의 지지로 이어져 나폴레옹은 그해에 국민투표를 통해 종신 통령에 올랐다.

하지만 유럽의 평화는 얼마 가지 못했다. 나폴레옹이 프랑스의 경제적 발전을 위해서는 대륙에서 영국의 지위를 무너뜨려야 한다고 생각해 영국을 압박했기 때문이다. 아무리 유럽 최강 육군 국가인 프랑스라지만, 세계 최강

브뤼메르 18일 쿠데타
1799년 11월 9일 나폴레옹이 쿠데타로 500인 회의(의회)를 해산하자, 의원들이 샤토 드 생클루 궁전에서 나폴레옹에게 거세게 항의하고 있다.
브뤼메르는 프랑스 혁명력의 두 번째 달로, 10월 23일부터 11월 21일까지이다.
'안개달'이라는 뜻인데, 이즈음에 안개가 자주 끼기 때문에 이런 이름이 붙었다.
프랑수아 부쇼가 1840년에 그린 작품으로, 베르사유 궁전에 소장되어 있다.

해군 국가인 영국으로서는 두려워할 이유가 없었다. 영국은 1803년 프랑스에 전쟁을 선포했다.

　1804년에 왕당파의 나폴레옹 암살 음모가 발각됐는데 영국이 뒷돈을 댄 것으로 밝혀졌다. 나폴레옹은 제정을 선포했다. 종신 통령 제도를 세습 제정으로 바꾸어 암살로 체제를 뒤엎으려는 희망을 없애는 것이 좋겠다는 제안을 받아들인 것이다. 나폴레옹은 제정에 대한 반발이 있을 것을 우려하여 정치 선전과 언론 검열을 강화했다.

나폴레옹 1세의 대관식
1804년 12월 2일 노트르담 성당에서 열린 대관식에서 나폴레옹 1세가 황후 조세핀에게 직접 왕관을 씌워 주고 있다. 자크 루이 다비드가 1805~1807에 그린 작품으로 루브르 박물관에 소장되어 있다.

베토벤은 나폴레옹을 낡은 제도를 때려 부수고 자유와 평등을 퍼뜨리는 해방자로 보아 *교향곡 제3번 〈영웅〉*을 나폴레옹에게 바치려 하였다. 하지만 1804년에 나폴레옹이 황제로 즉위하였다는 소식을 듣고, 작곡하던 악보에 펜을 던지며 "인민의 영웅도 역시 속물에 불과했군."이라며 한탄하였다.

대륙 봉쇄령과 나폴레옹의 몰락

당시 영국과 프랑스는 힘이 서로 팽팽한 상황이었다. 프랑스로서는 육군이 영국에 상륙해야만 승리를 기대할 수 있었고, 영국은 대륙에 있는 나라들과 동맹을 맺어야만 프랑스를 이길 수 있었다.

나폴레옹은 군함을 2,000척가량 끌어 모으고 군대를 집결시켜 영국 침략을 준비했다. 영국 해협을 건너려면 바다를 장악해야만 했다. 하지만 프랑스와 에스파냐 해군이 힘을 합쳐도 영국 해군이 거느린 함대 중 하나를 겨우 상대할 정도였다. 1805년, 영국 해군은 프랑스-에스파냐 연합 함대를 궤멸시켰다. 에스파냐 남서쪽 트라팔가르 곶 앞바다에서였다. 비록 지휘관인 넬슨 제독이 목숨을 잃었지만, 이제 영국은 본토가 침략당할 위험에서 벗어나 마음껏 바다를 누빌 수 있었다.

트라팔가르 전투에서 나폴레옹이 패전하자 기회만 엿보던 오스트리아와 러시아, 스웨덴, 나폴리 등은 영국과 손잡고 프랑스에 맞섰다. 하지만 나폴레옹이 이끄는 프랑스군은 지상전에서는 여전히 무적을 자랑했다. 나폴레옹은 1805년 12월 아우스터리츠에서 오스트리아와 러시아의 동맹군을 격파하는 한편, 1806년 10월 예나에서 프로이센군을 격파했다.

오스트리아는 이탈리아에 대한 모든 권리를 포기하고 베네치아와 달마티아를 나폴레옹에게 넘겨주었으며, 독일에 있는 광대한 영토를 프랑스의 속국인 바이에른·뷔르템베르크·바덴에 넘겨주었다. 나폴레옹은 서부 독일에 라인 연방을 만들어 프랑스의 보호를 받는 속국으로 삼았고, 나폴리 왕국의 부르봉 왕가를 내쫓고 그 왕관을 자신의 형인 조제프에게 씌워 주었다. 나폴레옹은 프로이센 북부 러시아 국경과 가까운 틸지트에서 러시아 황제 알렉산드르 1세와 만나 프로이센에서 떨어져 나온 폴란드 지방에 바르샤바 대공국을 세우겠다고 약속했다. 그 결과 동유럽은 러시아가, 서유럽은 프랑스가 지배하게 되었다.

하지만 프랑스에 대항하는 동맹의 핵심인 영국은 여전히 건재한 상태였다. 나폴레옹은 영국 침략은 불가능하다고 보아 영국 경제를 질식시켜 항복을 받아 내기로 마음먹었다. 영국과의 모든 교역을 금지하고, 영국과 영국의 식민지에서 들어오는 모든 상품을 몰수하도록 했다. 그런 한편, 영국 국적의 선박뿐만 아니라 영국이나 그 식민지를 들르는 모든 배를 나포하겠다고 선언했다. '대륙 봉쇄령'이었다.

대륙 봉쇄령은 영국과의 무역 금지로 경제적 타격을 입은 유럽 여러 나라의 반발을 불러일으켰다. 위험을 무릅쓰고 영국과 밀무역을 하는 일이 갈수록 늘어났다. 영국과 오랫동안 교역해 온 포르투갈이 대륙 봉쇄령을 어기자, 나폴레옹은 포르투갈로 군대를 보내 수도 리스본을 점령하는 등 응징에 나섰다. 하지만 프랑스군이 에스파냐에 너무 오랫동안 머물자, 에스파냐 각지에서 프랑스군에 대한 거센 저항이 일었다. 나폴레옹은 이 기회에 에스파냐 왕실을 내쫓고 그 자리에 나폴리 왕인 자기 형 조제프를 앉히려 했다. 그러자 반란은 더욱 걷잡을 수 없이 커졌고, 프랑스군은 반란군의 유격 전술에 말려 패배를 거듭했다.

포르투갈과 에스파냐 반군은 영국의 지원 아래 프랑스군에 조직적으로 반항하였다. 하지만 1809년에 결국 나폴레옹에게 진압당하고 말았다. 이를 틈타 다시 반기를 든 오스트리아군까지 나폴레옹에게 격파당하면서 대륙 봉쇄 체제는 더욱 굳건해졌다.

그런데 러시아 황제가 점점 나폴레옹에게 반기를 들더니 아예 대놓고 대륙 봉쇄령을 무시하기까지 하였다. 자신의 권위에 도전하는 러시아에 본때를 보이려고 나폴레옹은 1812년 6월, 프랑스-프로이센-오스트리아 연합군 45만여 명을 이끌고 러시아 원정을 감행했다.

나폴레옹은 보로지노에서 러시아군을 격파하고 모스크바를 점령했다. 하지만 러시아의 초토화 전술로 모스크바가 불타면서 위기 상황에 놓였다. 현지 보급이 어려워져 프랑스에서 오는 보급품만 기다려야 했던 것이다. 그런데 엄청난 추위와 러시아군의 게릴라전으로 갈수록 보급이 어려워졌다. 결국 나폴레옹은 러시아에서 철수하기로 했다. 철수하는 길 곳곳에서 러시아군의 기습 공격을 맞이해 연전연패하였다. 10만 명이 포로로 붙잡혔고, 그 몇 배가 죽거나 다쳤다.

정예 프랑스군의 붕괴는 나폴레옹의 몰락으로 이어졌다. 연합군을 이룬 오스트리아군과 프로이센군이 전선에서 이탈했다. 나폴레옹의 패전 소식은 프랑스의 속국이었던 독일과 이탈리아에서 반란이 일어나도록 부추겼다. 이제 나폴레옹의 프랑스군은 더는 혁명을 위한 해방군이 아니었다. 오히려 나폴레옹의 프랑스군에 대항하는 이들이 자유를 위해 싸우는 국민군이 되었다.

1808~1814년에 일어난 프랑스의 에스파냐 침략에 반해 에스파냐의 화가 프란시스코 고야가 그린 기록화 중의 하나이다. 에스파냐 마드리드의 프라도 미술관에 소장되어 있다. 고야는 프랑스 혁명을 지지했지만 조국 에스파냐를 침략한 프랑스군의 만행을 있는 그대로 묘사하였다. 여기에서 알 수 있듯이 나폴레옹 전쟁은 침략당한 유럽 각국에서 국민 의식을 드높이는 데 크게 이바지하였다.

1813년 10월, 나폴레옹은 라이프치히에서 오스트리아-프로이센-러시아 3국 연합군에 패배하였다. 이후 오스트리아-프로이센-러시아-영국의 대프랑스 동맹군이 프랑스군을 뒤쫓아 프랑스로 쳐들어갔다. 결국 동맹군은 1814년 3월 파리를 점령하고 나폴레옹을 엘바 섬에 가두었다.

나폴레옹은 엘바 섬을 탈출해 1815년 3월 다시 파리로 들어가 전열을 가다듬었다. 하지만 프랑스는 혁명의 열정을 잃고 탐욕에 가득 찬 황제를 더는 바라지 않았다.

나폴레옹이 이끄는 프랑스군은 마지막 힘을 다해 프로이센군을 격파하고 워털루에서 웰링턴이 이끄는 영국군과 맞붙었다. 격렬한 전투 끝에 승리를 눈앞에 둔 순간, 프로이센군이 합류하면서 전세가 역전되었다. 워털루 전투에서 패한 뒤 파리로 돌아온 나폴레옹은 의회의 요구에 따라 황제 자리에서 물러나야 했다. '백일천하'는 이렇듯 허망하게 끝났다. 영국은 나폴레옹을 대서양 세인트헬레나 섬으로 유배하였다.

프랑스 대혁명을 지키는 성격에서 침략적인 성격으로 바뀐 나폴레옹 전쟁은 19세기 유럽에 커다란 발자취를 남겼다. 나폴레옹이 이끄는 프랑스군을 따라 자유주의와 국민주의가 유럽 여러 나라로 전파되었고, 자유·평등·박애 등 프랑스 대혁명의 사상이 널리 퍼졌다. 나폴레옹과 프랑스군은 점령지에서 낡은 봉건 제도를 폐지하고 민주적인 입헌정치를 세웠다. 이러한 자유주의의 확대는 나중에 민족의 독립과 통일을 요구하는 국민주의 운동으로 발전하였다.

한편 나폴레옹 전쟁으로 크나큰 위기를 겪은 유럽 여러 나라는 오스트리아 수도 빈에 모여 일체의 혁명에 반대하기로 약속했다. 그 결과 혁명 이전의 군주정이 복권되었다. 빈 체제는 나폴레옹 전쟁으로 불기 시작한 유럽 각국의 자유주의·민족주의 운동을 억압하였다.

프랑스 국기와 국가

프랑스 국기는 파란색과 흰색, 빨간색으로 이루어져 삼색기라고도 부른다. 세 색깔은 각각 프랑스 대혁명의 이념인 자유 · 평등 · 박애를 상징한다. 1789년 프랑스 대혁명 당시 바스티유 감옥을 습격한 다음 날인 7월 15일, 국민군 총사령관으로 임명된 라파예트가 시민에게 나누어 준 모자 색깔에서 유래하였다.

프랑스 국가는 〈라 마르세예즈〉라고 하는데, 작사 및 작곡자는 공병장교 루제 드 릴이다. 1792년 4월 프랑스가 오스트리아와 프로이센을 상대로 선전 포고를 했다는 소식을 듣고 스트라스부르 숙소에서 하룻밤 만에 썼다고 전한다. 파리로 모여든 마르세유 의용군이 이 노래를 부르면서 파리로 들어왔기 때문에 〈라 마르세예즈〉라는 이름이 붙었다.

1절
가자 조국의 아들들아 영광이 날이 왔다! / 압제에 맞서 피 묻은 깃발을 들었다! (두 번) / 들판에서도 들리는가, 저 포악한 병사들의 외침이 / 그들이 여기까지 닥쳐와 당신의 자식과 아내를 죽이려 한다.
후렴
무장하라, 시민들이여 무리를 지어라! / 행진하자, 행진하자! / 불순한 피가 우리의 밭을 적실 때까지!

민중을 이끄는 자유의 여신
민중을 이끄는 여인은 한 손에 프랑스 국기를, 다른 손에 총을 들고 있다. 삼색기는 프랑스 혁명의 정신인 자유, 평등, 박애를 상징한다. 외젠 들라크루아가 1830년 7월 혁명을 기념해 그해에 그린 작품으로 루브르 박물관에 소장되어 있다.

프랑스 대혁명

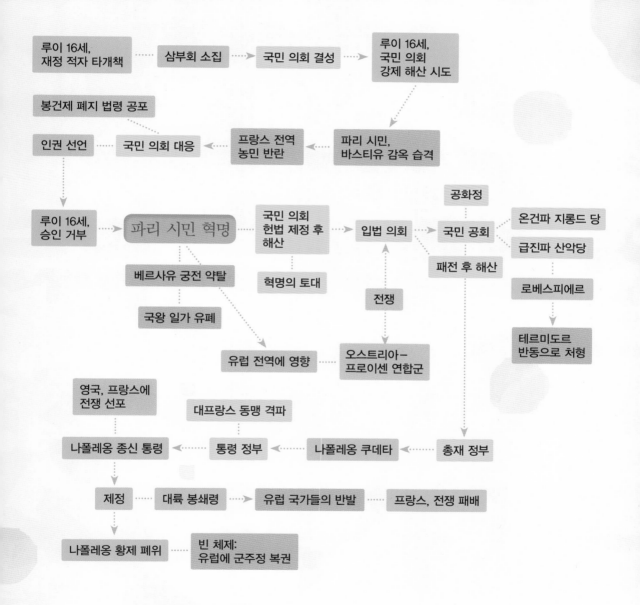

루이 16세, 재정 적자 타개책 ┈▶ 삼부회 소집 ▶ 국민 의회 결성 ┈▶ 루이 16세, 국민 의회 강제 해산 시도

봉건제 폐지 법령 공포

인권 선언 ◀ 국민 의회 대응 ◀ 프랑스 전역 농민 반란 ◀ 파리 시민, 바스티유 감옥 습격

루이 16세, 승인 거부 ┈ 파리 시민 혁명 ┈ 국민 의회 헌법 제정 후 해산 ▶ 입법 의회 ▶ 국민 공회 ┈ 온건파 지롱드 당

공화정

급진파 산악당

베르사유 궁전 약탈 · 혁명의 토대 · 패전 후 해산 · 로베스피에르

국왕 일가 유폐 · 전쟁

테르미도르 반동으로 처형

유럽 전역에 영향 ┈ 오스트리아-프로이센 연합군

영국, 프랑스에 전쟁 선포

대프랑스 동맹 격파

나폴레옹 종신 통령 ◀ 통령 정부 ◀ 나폴레옹 쿠데타 ◀ 총재 정부

제정 ┈ 대륙 봉쇄령 ▶ 유럽 국가들의 반발 · 프랑스, 전쟁 패배

나폴레옹 황제 폐위 · 빈 체제: 유럽에 군주정 복권

이미지 제공

26 adriatikus · wikipedia 30~31 Wurzelgnohm · wikipedia 34 كفن · wikipedia 47 GFreihalter · wikipedia 49 Benjamín Núñez González · wikipedia 56 Hbar.cc · wikipedia, Tobias Helfrich · wikipedia 59 Dhugal Fletcher · wikipedia, Fanghong · wikipedia, wang leon · wikipedia 62 Guillaume Jacquet · wikipedia 69 Vmenkov · wikipedia 75 Yyk · wikipedia 77 upyernoz · wikipedia 79 Rheo1905 · wikipedia 80~81 Ariel Steiner · wikipedia 83 663highland · wikipedia 94 Phillip Capper · wikipedia 95 Rama · wikipedia 100 Tobi 87 · wikipedia 101 Mkill · wikipedia, a.stafiniak · wikipedia, Raymond · wikipedia 109 Siyuwj · wikipedia 112 Slb nsk · wikipedia 114 helennawindylee · wikipedia 115 Vassil · wikipedia 129 PHGCOM · wikipedia 146 Nev1 · wikipedia 149 Ealdgyth · wikipedia 150 sailko · wikipedia 153 Jean-Marc Rosier · wikipedia 165 Ljuba brank · wikipedia 166~167 Gilad Rom · wikipedia 173 ICTY staff · wikipedia 176~177 SohaibTahirST · wikipedia 184 猫猫的日记本 · wikipedia 187 hassan saeed · wikipedia, Vmenkov · wikipedia 209 Rico Heil GNU-FDL · wikipedia 215 Ondřej Žváček · wikipedia 219 Javier mansilla g. · wikipedia, Badz Patanag · wikipedia 226 DIMSFIKAS · wikipedia 236 besopha · wikipedia 240~241 Trizek · wikipedia 303 Fred.th · wikipedia

＊이 책에 사용된 이미지는 저작권자의 허락을 받은 것입니다. 저작권자와 초상권자를 찾지 못한 경우는 연락이 닿는 대로 허락을 받겠습니다.

끄덕끄덕 세계사
2 중세에서 근대로

1판 1쇄 펴냄 2015년 5월 30일
1판 6쇄 펴냄 2023년 1월 20일

지은이 서경석
펴낸이 김정호
펴낸곳 아카넷주니어

책임편집 박수용
교정 공순례
디자인 새와나무
본문 삽화 김수박
지도 이대응

마케팅 나영균
제작관리 박정은

등록 2006년 11월 22일(제406-2006-000184호)
주소 10881 경기도 파주시 회동길 445-3 2층
전화 031-955-9515(편집) 031-955-9514(주문) 팩스 031-955-9519
전자우편 editor@acanet.co.kr 홈페이지 www.acanet.co.kr

ⓒ 서경석, 2015

ISBN 978-89-97296-50-7 44900
ISBN 978-89-97296-46-0 44900 (세트)

＊ 아카넷주니어는 학술, 고전 전문 출판사인 아카넷의 어린이·청소년 브랜드입니다.
＊ 책값은 뒤표지에 있습니다.